论《文子》对儒道思想的修正

张彦龙 著

九州出版社 JIUZHOUPRESS 全国百佳图书出版单位

图书在版编目（CIP）数据

论《文子》对儒道思想的修正 / 张彦龙著. —— 北京：
九州出版社，2020.11
ISBN 978-7-5108-9833-4

Ⅰ. ①论… Ⅱ. ①张… Ⅲ. ①道家②《文子》—研究
Ⅳ. ①B223.95

中国版本图书馆CIP数据核字(2020)第227143号

论《文子》对儒道思想的修正

作　　者	张彦龙　著
出版发行	九州出版社
地　　址	北京市西城区阜外大街甲 35 号（100037）
发行电话	(010)68992190/3/5/6
网　　址	www.jiuzhoupress.com
电子信箱	jiuzhou@jiuzhoupress.com
印　　刷	北京九州迅驰传媒文化有限公司
开　　本	720 毫米 ×1020 毫米　16 开
印　　张	11.5
字　　数	240 千字
版　　次	2020 年 11 月第 1 版
印　　次	2020 年 11 月第 1 次印刷
书　　号	ISBN 978-7-5108-9833-4
定　　价	52.00 元

目　录

绪论

（一）选题缘起

受辨伪思潮的影响，长期以来《文子》一直被当作一部伪书来对待，因而鲜被论及。直到1973年河北定州出土竹简《文子》后，《文子》的讨论才迎来一个高潮，但这一阶段的讨论以对《文子》的考据为主，思想的研究仅处于附属地位。考据的重心有两个：就人而言，文子、平王究竟指谁？文子、平王、老子三者是什么关系；就文本而言，主要集中在《文子》真伪，简、今本《文子》的成书时间，今本《文子》、竹简《文子》、《淮南子》三者的关系等。学者对上述问题进行了大量讨论，业已形成一些共识，但仍有一些问题由于缺乏材料而无法断言。笔者在吸收他人研究成果的基础上得出如下结论：《文子》和孟尝君田文有关，平王应指齐襄王，今本《文子》虽经汉代黄老学者修订，但主体部分仍属战国末年，《淮南子》抄自《文子》而不是相反，《文子》完全可以作为研究文子思想的主要材料，详细的论证可参见附录中的两篇文章，正文只研究《文子》思想。

从学界对黄老思想的认识来看，《文子》是毫无疑问的黄老学著作，陈丽桂认为"《文子》属黄老学派论著"[①]，李定生甚至认为《文子》是"黄老学之始祖"[②]，郭莉华认为《文子》中的"道家为司马谈所论之道德家，即今日所言之黄老"[③]。但《文子》的重要性似还未引起足够重视，从较早的《黄老帛书》来看，出现在这本书中的一些思想论题在《文子》中有更加充分的论述，如《黄老帛书》重视君臣分职的名分制度，《文子》在保留名分制度的同时还特别重视御臣之术，《黄老帛书》虽提到"上虚下静"，但还未像《文子》一样有明确的"性静"说。从司马谈《论六家要旨》对道家也就是黄老的总结来看，《文子》与此高度吻合[④]。另外，文子[⑤]似有自觉与法家

---

① 陈丽桂：《近四十年出土简帛文献思想研究》，北京：中华书局，2015年，第111页。
② 李定生、徐慧君：《文子校释》，上海：上海古籍出版社，2004年，"前言"第26页。
③ 郭梨华：《〈文子〉哲学初探》，杨国荣主编：《思想与文化》第九辑，上海：华东师范大学出版社，2009年，第227页。
④ 赵雅丽认为"文子学派思想与司马谈所论最为相合"，赵雅丽：《〈文子〉思想及竹简〈文子〉复原研究》，北京：燕山出版社，2005年，第444页。
⑤ 为了行文方便，本文兼用"文子"与"《文子》"。

相区别的意识，他总是批评商鞅的严刑峻法以突出自己法治思想的"宽缓"特征①。这些都说明《文子》是典型的黄老著作，是战国末期黄老学的集大成之作。

战国以来，"大一统"成为历史发展的普遍趋势，"富国强兵"成为各国的首要目标。萧公权指出："国非富强无以应世变，君非专断无以图富强。"②君主集权是国家富强的先决条件，因为君主不能专断，就无法集中全国的各种资源与他国竞争，秦国统一六国的历史说明君权越是集中，就越能处于有利的竞争位置。君主集权往往与人的工具化和手段化紧密相关，因为君主一旦集中所有的权力，就要将所有人统一地带向同一个目标，但人恰恰又丰富多彩，各人的目标实际上非常不同，使所有人接受相同的目标最终只会使所有人统一地成为君王的"工具"和"手段"，君主集权正与普通百姓的"物化"相一致。战国的以力争雄与春秋的霸政体系根本不同，霸政要讲道理、重信义，霸主要承担责任，如此才会赢得其他诸侯的服从，战国则是弱肉强食、强者为雄，实力决定一切，道义礼信都被蔑视和抛弃。

面对这样的世局，知识人也出现分化，大体可分两种类型：一种是与统治者保持距离并能独立发声的士人；一种是参与统治并以"治"的心态维护统治的士人③。前者的代表是老庄孔孟，老庄坚持"理想"与"超越"，批判统治者的"有为"，向往本真自然的人；孔孟既希望参与政治又富有道义精神，他们主张"谋道不谋食"，因而也能与现实保持一定距离，进而追求一些"理想"与"超越"的东西；后者的代表是致力于现实功利的法家，他们主张君主集权，施行严刑峻法，视人性为恶，极度反智，把人作为实现"富国强兵"目的的"工具"和"手段"。总之，道家超越

---

① 《文子·道原》曰："夫法刻刑诛者，非帝王之业也；箠策繁用者，非致远之御也。好憎繁多，祸乃相随。"《道德》曰："法烦刑峻，即民生诈。"《微明》曰："相坐之法立，则百姓怨。减爵之令张，则功臣叛。故察于刀笔之迹者，不知治乱之本。"刑法刻诛、频施惩戒一般被当作商鞅之法的特征，"相坐之法"也应该指商鞅之法，而且在《淮南子·泰族》中直接称为"商鞅为秦立相坐之法"。从这些言辞看，文子对商鞅之法是颇有微词的，文子把自己的法治思想寄托在"先王之法"的名义下，《道原》曰："故先王之法非所作也，所因也；其禁诛非所为也，所守也。"《精诚》曰："法省不烦……法宽刑缓"（本书所用《文子》为王利器疏义本，北京：中华书局，2000 年，下不再注），竹简《文子》0582 简云"循道宽缓"（河北省文物研究所定州汉简整理小组：《定州西汉中山怀王墓竹简〈文子〉释文》，《文物》，1999 年第 12 期，第 29 页）。可见与商鞅的"严峻"相比，文子有自觉主张"宽缓"的意识。

② 萧公权：《中国政治思想史》，北京：商务印书馆，2010 年，第 192 页。

③ 朱汉民将先秦士人分为三种类型：依附型、疏离型、合作型。"依附型"士人"在参与政治时往往将投靠君主、依附王权作为根本目的，愿意放弃士人的独立性立场于主体性思想，自觉成为王权政治的附庸。"这恰是本文所说的法家和黄老型士人；"疏离型"士人"强调个体存在、精神自由的价值高于一切，坚持自己作为士人的独立性立场与主体性思想。……绝不愿意成为王权的附庸。"这正是老庄思想的特点；"合作型"士人"愿意成为王权政治的臣僚，主动参与到王权政治体系，竭力维护以王权为中心的政治秩序，……另一方面，他们仍然坚持士人的独立性立场与主体性思想"（朱汉民：《先秦诸子政治态度平议》，《现代哲学》，2017 年第 2 期，第 116 页）。这正是孔孟思想的特点，不过在本文中我们将孔孟和老庄放在一起，正是看到了他们坚持"独立性"和"主体性"的一面。

现实，儒家与现实有距离，法家完全现实。儒道法都有各自鲜明的思想个性，但在战国末年各家思想普遍向"务为治"靠拢的大背景下，出现一种以"道法融合"为主并能"兼采儒墨之善"的思想——黄老，黄老介于儒道和法家之间。就现实功利而言，黄老与法家一样追求"富国强兵"和"一统天下"；就对思想文化的态度而言，黄老又与法家的毁灭文化不同，黄老还吸收其他学派的思想。前者使黄老不同于儒道，后者又使黄老至少在表面上靠近儒道，这种既"靠近"又"不同"的关系就比较奇特，那么儒道思想在黄老思想中起着怎样的作用？黄老到底在吸收儒道的哪些思想？又在拒绝儒道的哪些思想？黄老和儒道的关系到底以"靠近"为主还是以"不同"为主？这都是我们需要关注的问题。我们以《文子》为中心研究黄老和儒道的关系，力争对以上问题做出细致深入的解析。

（二）《文子》思想研究综述

与其他诸子思想的研究相比，学界对《文子》思想的研究还比较薄弱，但也有一些学者做出显著的成绩。通过对《文子》思想现有研究成果的爬梳，我们发现有两种不同的研究趋向贯穿始终：多数学者认为文子是对老子思想的"继承""发展"和"超越"，个别学者认为文子思想是对老子思想的"偏离"和"修正"，下面我们将分作"文子之'道'与老子之'道'""道与德、理、一、气""无为""法治"和"性静"五个方面对此进行讨论。

1. 老子之道与文子之道

李定生认为庚桑楚和庄子从唯心方向阐释老子的"道"，文子则从唯物方向阐释。前者认为"道"非"物"，"道"是"无"，把"道"看作超于一切物之外的独立存在的实体；后者认为"道"是无形的实体"气"，是构成万物的本原[①]。李定生把老子之后的思想线索分为庄子的主"心"和文子的主"物"，但他没有辨析是庄子还是文子更接近老子，因为老子思想必有所主，不可能既主"物"又主"心"。王三峡则认为文子更近老子，她认为老子提出"道"，其后的学者不断阐释"道"，最得老子本意的自属老子的弟子——文子，这是考据学上的根据。思想上的根据是她认为老子的"道"不是"无"，"夷""微"和"希"等只表明"道"幽暗不见其形，并非绝对的"无"，这实际在肯定"道"之"有"的特性，而文子恰恰以"无形""水"和"气"等解释老子的"道"，说明文子也更加看重"道"之"有"的一面。她又指出庄子也谈论有、无问题，但庄子总将论述指向玄而又玄的抽象领域，文子则将论述导向可

---

① 李定生、徐慧君：《文子校释》，上海：上海古籍出版社，2004年，"前言"第27—28页。

感觉的现实世界，所以她认为文子对"道"的唯物化解释"比较贴近老子的本真"①。

如果说王三峡还在争究竟是庄子还是文子更加"贴近"老子思想之真意，陈静、黄钊、丁原明等学者已用"发展""进步"和"超越"等来描述文子和老庄思想的关系。陈静认为《老子》之道始终是虚无缥缈的"而文子则把"道"拉向现实，甚至"已经开始稳固封建名教"，并认为这是一种"发展"②；孟鸥认为："《文子》之于道并非简单的因循守成，而是在承袭老子思想的基础上有所发展。"主要体现在两个方面：一是文子将老子的"道"与"一"等同；一是老子之"道"被转化为文子之"气"。在另一篇解读《文子》"尚水"思想的文章中，孟鸥把"道"与"气"、"一"的关系描述为《文子》增加"道"的"可把握性""物质性"以及使阐释力度更"实"③；刘伟认为老子既讲"万物生于有"，也讲"有生于无"，但竹简《文子》没有"无"的概念，"有"是终极，文子抛弃老子的"有生于无"，将玄无虚妙的"道"拉向社会性的一面，并认为这是文子思想的"闪光点"④；黄钊认为庄子把"非物"作为天地万物的本原而文子把"气"当作天地万物的本原，因而《文子》"就比《庄子》迈进了一大步"⑤；丁原明认为文子的"一""无形"表明"道"之实存性、可把握性，老庄以"虚无"论说"道"，因而文子是对原始道家的"变革性超越"⑥。

李定生客观论述了对"道"的两种不同诠释，王三峡在这两种诠释中选择主"物"的文子更加"贴近"老子思想，其余的学者则已用"发展""进步"甚至"超越"等带有较强主观判断的词语衡量文子和老庄思想的关系。无论王三峡的"贴近"，还是其余学者的"发展""超越"，其所使用的判断标准都值得商榷。王三峡以为老子的"无"不应指绝对的"没有"是正确的（而且是不言而喻的，因为绝对的"没有"根本就不应该纳入讨论范围），但不能由此而言老子的"无"指"无形"，因为"无形""有形"仍旧是在"物"的层面讨论"道"，老子的"无"指精神上的"无"，不在"物"的层面。王三峡在根本上把"道"当作"客观"的，因而才认为文子以"无形"解释"道"更加"贴近老子的本真"，实际上庄子在"玄而又玄的抽象领域"的"道"才更加符合老子，从"无形"的"物"化倾向解释老子的"无"是对老子思想的偏离。其他学者表面以客观性、社会性、可把握性为标准来衡量文子"发展""超越"老子，但深层次上却不自觉地遵循着一种简单的线性进步观。细察陈静

① 王三峡：《文子探索》，武汉：湖北人民出版社，2003年，第172—175页。

② 陈静：《文子之"道"探析》，《职大学报》，2014年第6期，第29—31页。

③ 孟鸥：《〈文子〉论道》，《青岛大学师范学院院报》，2010年第4期，第64—67页；《上善若水：浅析〈文子〉的尚水思想》，《青岛大学师范学院院报》，2008年第3期，第27页。

④ 刘伟：《竹简〈文子〉天道论初探》，《管子学刊》，2012年第1期，第56—57页。

⑤ 黄钊：《论〈文子〉的黄老新道家思想特色》，《湖南大学学报》，1990年第4期，第9—11页。

⑥ 丁原明：《黄老学论纲》，济南：山东大学出版社，1997年，第217页。

衡量"发展"的标准实是"不同",也就是说"实用"的文子之"道"与"虚无"的老子之"道"两者明显"不同",故在后的文子必是对在前的老子思想的"发展",刘伟、黄钊、丁原明本质上与陈静相同,都以"不同"作为标准衡量"发展";孟鸥的"发展"以能否充实老子的"道生万物"为标准,文子以"气"充实老子的"道生万物",故而在后的文子是对在前的老子思想的"发展"。但以这样的标准衡量"发展""进步"甚至"超越"似乎失之于轻率,因为"发展""进步"和"超越"总是意味着向更好前进,而且表明文子思想与老子思想之间是"连续"的,以上诸人都没有进一步分析文子与老子的"不同"以及文子对老子的"充实"到底意味着什么。

与"发展""进步"和"超越"说不同,在文子与老庄思想的关系上还有一种偏向于"修正"的声音。张丰乾以为文子的"道"始于"柔弱"与道家一致,但成于"刚强"则是对道家的"修正",又认为这种"修正"并未导致对道家原则的根本背离①。陈丽桂虽未用"修正"的表述,但观其行文她更强调文子对老子的"修正",她指出老子主张"无名",《文子》更看重"有名",《文子》把"名"和"功"联系起来,主张成功有名,与老庄的无名弃用走着相反的方向②。乔健明确使用"修正",他将《文子》置于春秋到战国思想发展的普遍趋势中去考察,认为力争使思想变得实用是各家各派的共同特点,尤其是黄老的突出特点。但老子的思想是个例外,老子以"人人自为"为理想"解构"和"批判"一系列以"务为治"为核心的统治思想和统治方式。以"务为治"为核心的《文子》常常把老子超越的"道"具体化为与尊君密切相关的"法度",将老子着眼于"批判"的思想修正成"建构性"的观念。老子的"道"是超越和绝对的因而也必然永恒,文子把恒常的"道"修正成随时可变、因时而变的东西,趋时顺势往往与对功利的追求一致,而不肯趋时顺势恰恰是老子思想的特点③。张丰乾虽意识到文子对老子的"修正",但又认为文子本质上没有脱离老子思想,那么老子到底主张"柔弱"还是"刚强"?老子必主"柔弱",因而文子主张的"刚强"必定脱离老子思想。乔健坚定认为文子"修正"老子思想,因他看到战国思想普遍向"务为治"发展,老子思想则始终面向"超越"和"理想",老子"超越"的"道"最终落实为"人人自为",文子"现实"的"道"则与君主集权密切相关,文子主张的"君主集权"与老子主张的"人人自为"根本矛盾。

现在我们能较清楚地看到对《文子》与《老子》思想关系的判定存在两种充满张力的视角:"发展"与"修正"。"发展"指老子思想与文子思想之间"连续"是主要的,而且在线性进步观的推动下,"发展"还总与"进步""超越"等词语连在一

---

① 张丰乾:《出土文献与文子学案》,北京:社会科学文献出版社,2007年,第100页。
② 陈丽桂:《近四十年出土简帛文献思想研究》,北京:中华书局,2015年,第77页。
③ 乔健:《论文子对老子思想的修正》,《中国哲学史》,2014年第2期,第12—14页。

起；"修正"指老子思想与文子思想之间"断裂"是主要的，在思想的关键处文子总是与老子矛盾，以老子最为核心的"人人自为"为标准来看，文子主张的君主集权实是一种"退步"。在文子与老子的思想关系上，"发展"与"修正"两种视角贯穿始终。

2."道"与"德""一""理""气"

其一，"道"与"德"。陈丽桂认为《老子》的"道"与"德"有区分，"德"是"道"在现象世界里的功能显现，"道"与"德"总分开提，有并称，没有合一连称，但由于《文子》重视政治层面的论述，"道"与"德"便模糊混同，"道""德"常并称甚至连称，而且成为文子的最高价值标准，以与儒法之标准相对①。丁原明认为老子将"道"说成脱离物质的精神理念，文子则将"道"与"德"说成整体与部分、本体与功能的关系，"道"与"德"相互含渗，不可分割，"道"遍存于具体事物中②。

其二，"道"与"一"。李定生认为文子为强调"道"的无形和贯通一切，就称"道"为"无"，为强调天地万物皆由"道"而生，就称"道"为"一"③；刘伟认为在《老子》中"道"是"一"的内在本质，"一"是"道"的外在形式，"道"和"一"本质上含义相同，在《文子》中"道"和"一"关系更加紧密，甚至没有内在和外在的差别，这样的简化使文子的道生万物变得更加明确④；郑国瑞认为"一"是"道"的别名，"一"又是"气"，《文子》道论不出老庄范围⑤。上述诸人都将"道"和"一"等同，王三峡没有将"一"看作"道"，她把"一"放入老子的"道生一，一生二，二生三，三生万物"中去理解，认为"一"最接近"道"，但又不等于"道"，根据《文子·九守》论述气化宇宙观的一段话，她认为"一"指"和"⑥。

其三，"道"与"理"。李定生以为老子只讲"道"和"德"，文子则兼谈"理"，"道"是普遍规律，"理"是具体规律⑦，这基本上是学界的普遍看法，但丁原明进一步认为文子谈"理"强化"道"的客观性，并与对"道"做物质性诠释相一致⑧。

其四，"道"与"气"。李定生和丁原明都认为"道"的"规律"意含来自文子

---

① 陈丽桂：《近四十年出土简帛文献思想研究》，北京：中华书局，2015年，第79—81页。

② 丁原明：《黄老学论纲》，济南：山东大学出版社，1997年，第219页。

③ 李定生、徐慧君：《文子校释》，上海：上海古籍出版社，2004年，"前言"第28页。

④ 刘伟：《竹简〈文子〉天道论初探》，《管子学刊》，2012年第1期，第57页。

⑤ 郑国瑞：《文子研究》，台北：花木兰文化出版社，2010年，第71页。

⑥ 王三峡：《文子探索》，武汉：湖北人民出版社，2003年，第169—170页。

⑦ 李定生、徐慧君：《文子校释》，上海：上海古籍出版社，2004年，"前言"第35页。

⑧ 丁原明：《黄老学论纲》，济南：山东大学出版社，1997年，第218—219页。

以"气"代"道",文子将"道"与"气"统一起来,"道"之规律实即"气"之规律,道论与气论贯通是《文子》对先秦道家宇宙论之延续与发展。丁原明指出"道"既然是阴阳二气的整合,则"道"和天地万物之运动变化是自身使然,无超自然之意志力量做主宰,这就肯定天地万物乃自然存在者,老子的"自然"是自己如此的自然而然的状态,文子思考的是真实的自然界及其变化规律①。丁原明的这一说法极其精彩,尤其看到文子以"气"释"道"就消解"超自然之意志力量",实际等于说消解"道"的至高无上性,再往前走一步,既然"道"不是最高,整个宇宙都是物质的,君王自然就最高。他还看到文子重视客观的"规律",老子则强调自主自为。

从上所述来看,一些学者客观论述"道"与"德""一""理""气"的关系,但没有进一步说明文子的"德""一""理""气"对老子的"道"而言意味着什么。李定生、刘伟、郑国瑞则把"一"等同于"道",丁原明认为"道"与"气"贯通是文子对道家宇宙论的"发展"。乔健则认为将老子的"道"具体化为与"批判"和"理想"无关的"德""理""规律""法度"和"仁义"都是对老子思想的根本性"修正",也就是说凡将老子"超越"的"道"向确定化、具体化的方向拉扯都是对老子思想的修正,虽然乔健没有谈到"一"和"气",但依其思想逻辑,他会认为文子的"一"和"气"也是对老子之"道"的"修正",这显然与认为"一"等同于"道"以及"气"是对老子之"道"的"延续"和"发展"的观点不同。

3. 无为

王三峡认为老子的"无为"反对统治者的任意妄为和沉重的赋税劳役,"无为"意味着百姓的"自为""自化",但她实际又认为老子主张"无为而无不为","无为"的目的是"无不为",但从"无为"到"无不为"缺乏过渡环节,文子通过丰富"无为"的内涵补充上这一缺失环节。具体而言,文子"无为"的内涵主要有以下四点:第一,文子的"无为"就是"有为",而且"有为"的时机非常重要;第二,"无为"就是因循顺势,不违背规律;第三,"无为"就是不违背"公道","执一""守静"也是"无为";第四,文子的"无为"指君主"无为"而臣下"有为","无为"是一种统治术。王三峡认为经过文子学派的改造,"无为"的保守性被消解,代之以积极的"有为",这种特征表明文子学派有自己的理论特色,与庄子一派迥异②。王三峡在"无为"与"法治"的关系上处理得并不清楚,"公道"实际指"法治","执一"和"守静"也指不破坏"法治"的客观性。与王三峡不同,乔健认为文子的"无为"是

---

① 李定生、徐慧君:《文子校释》,上海:上海古籍出版社,2004年,"前言"29页;丁原明:《黄老学论纲》,济南:山东大学出版社,1997年,第220—223页。

② 王三峡:《文子探索》,武汉:湖北人民出版社,2003年,第186—199页。

对老子"无为"的修正，文子的"无为"是"重法"之上的"无为"，与老子着眼于"批判"而强调君主"绝对无为"的"无为"根本不同。文子的"无为"归结在"仰上之德"，老子的"无为"则在"批判"一切由君主主导的不自然的政治运转模式，文子的"因循"主要指因循"法度"，"法度"又与"尊君"紧密相关①，乔健将"无为"与"重法""尊君"的关系说得很清楚。黄钊论述的"无为"与王三峡所论的第一和第二点内容大体相同，但他认为君无为臣有为体现的是战国末年的君主集权思想②，则比王三峡单纯说"统治术"更进一步。丁原明将"无为"分作"修身"与"治国"两个方面，"治国"上的"无为"与王三峡所论基本相同，"修身"上的"无为"实际就是王三峡第三点中的"守静"，但王三峡没有突出文子的"性静"，丁原明则从"性静"论述"无为"，而且指明"性静"与欲求、智识的矛盾③。曾春海认为文子的"无为"代表"治人"取向，"治人"实际指统治者，也就是说他对"无为"的论述也从统治者的修养方面说，与王三峡、丁原明所持论点大致相同④。

王三峡与丁原明、黄钊、曾春海都客观陈述文子"无为"的内涵，但王三峡对文子"无为"与老子"无为"之关系的理解并不妥当。王三峡正确论述了老子之"无为"，也意识到文子与庄子的差异，但由于她把文子当作承传老子思想的"正宗"，因而就以文子的"无为"去补充老子的"无为而无不为"，因而文子的"无为"自然就是对老子"无为"的承续和发展，而且文子"无为"还消解老子"无为"的"保守性"，显然王三峡充分肯定文子的"补充"。事实上对老子的"无为而无不为"存在不同的看法，因为有些《老子》版本也写作"无为而无以为"，老子到底主张"无不为"还是"无以为"？老子主张的"自化""不宰"以及老子一系列贬低君抬高民的认识都与"无以为"相当吻合而与"无不为"根本矛盾。如果认为老子主张"无不为"，"无为"就仅是"手段"，这与老子思想根本不符，以"无为"为手段与以"无不为"为目的的解释恰将老子向阴谋化的方向拉扯。王三峡认为老子的"无为"具有"保守性"，相应地就肯定文子"有为"的"积极性"，"保守"的依据是老子思想"高妙玄虚"，而文子思想具有"现实可操作性"，这又在以实用性来评价思想的优劣。但这恐怕是对思想的误解，思想主要不是看它有多少"可操作性"而是看它在"应然""理想"和"超越"的层面有多少见解，思想主要针对人的精神和灵魂而不是客观的现实，精神的东西总是很虚，没有多少实用的价值，但标出"应然"的

---

① 乔健：《论文子对老子思想的修正》，《中国哲学史》，2014 年第 2 期，第 17—19 页。

② 黄钊：《论〈文子〉的黄老新道家思想特色》，《湖南大学学报》，1990 年第 4 期，第 13 页、第 21 页。

③ 丁原明：《黄老学论纲》，济南：山东大学出版社，1997 年，第 224—231 页。

④ 曾春海：《竹简〈文子〉与汉初道家的"无为"观》，《哲学与文化》，1996 年第 9 期，第 1955—1960 页。

方向却总能对现实起到批判和引领的作用，以实用来衡量思想就会使思想不断远离"应然""理想"和"超越"，终至于没有思想可言，人就失去对"理想"存在的追求，只是围绕生存打转。老子的"无为"批判君王的"有为"，从而为百姓的自主自为拓开空间，人只有自主自为，才能向老子所说的自然本真靠近。文子的"无为"确实具有"可操作性"，但正如上文梳理所言，"无为"是一种"统治术"，是君主集权的表现，君主集权与百姓的自主自为根本矛盾，王三峡对老子"无为"的评价并不妥当。以"实用性"来衡量思想反映的更为深层的问题是缺乏更高的价值关怀，因为没有更高的价值关怀，往往就会以平面的直线的进步观为标准，以实用性来评价思想也可以归入进步观中，所以即使王三峡客观地分析文子"无为"的内涵，但仍旧要把文子的"无为"说成对老子思想的补充，这是潜意识中的进步观在起作用。与王三峡不同，乔健明确提出文子的"无为"修正老子的"无为"，因为乔健的衡量标准是老子的"人人自为"，文子"无为"的"重法""尊君"特征与老子的"人人自为"根本矛盾。

王三峡的主要问题是把文子的"无为"当作老子"无为"的"接着讲"，没有发现两者思想之间明显的"断裂"，沈清松、商原李刚、周耿则误将文子的"无为"当作老子的"无为"，导致对文子的"无为"评价过高。沈清松认为文子的"无为"即"不先物为"，具体指任万物依其本性成就自己，《文子》既认为万物各有其性，基本对立状态亦为多元，则已在宇宙论层面赋予多元主义以基础，进而得出文子主张人性化的政治、人性化的管理[①]。商原李刚认为"无为"是《文子》"道治主义"的主要体现，"道治主义"是对儒家的"人治主义"和法家的"法治主义"的超越并且兼取二者之长，无疑"进步"。"道治主义"的归宿在"民本主义"，《文子》的"民本主义"比《孟子》的"民本"思想更为深入和具体[②]。周耿也将"道治天下"具体化为"无为"，又从"道"为万物赋性的角度提出人有"自正"的人性能力，故言"'以道治天下'是对人性的充分信任、尊重，给人性自我端正、自我净化一个宽容的空间，从人的内在自主性上达成社会的治理"[③]。上述三人的共同点是把文子的"无为"当作老子的"无为"，沈清松以为"不先物为"就是万物的自主自为，但文子的"不先物为"是顺客观规律而为，这与老子的"自主自为"所强调的主观并不同，正因他误解文子的"无为"就得出"多元主义""人性化政治"等具有老子色彩的结论；商原

---

① 沈清松:《〈文子〉的道论——兼论其与老子的比较》，《哲学与文化》，1996 年第 8 期，第 1864 页。

② 商原李刚:《论〈文子〉的道治主义政治文化取向》，《长安大学学报》，2001 年第 1 期，第 11—12 页。

③ 周耿:《〈文子〉的政治思想体系》，《北京师范大学学报》，2014 年第 3 期，第 110—113 页。

李刚将文子的"无为"归结在"民本主义"与他对"道治"的理解有关，他把"道治"和儒家的德治、法家的法治相区别，但治国的手段无外乎"德"与"法"，因此"道治"就没有着落，只好将"道治"和老子思想挂钩，于是作为"道治"核心的"无为"就自然与老子的"无为"混同。实际上"道治"也是"法治"，文子确实反对法家的法治，但并不反对"法"本身，文子把自己所主张的与法家不同的法治理念称作"道治"。周耿的思维与商原李刚类同，也认为文子主张"道治"，"道治"的核心是"无为"，于是就从老子思想顺推文子思想，所以才会把文子的"无为"说成"对人性的充分信任、尊重"。

上述三位学者将文子的"无为"混同于老子的"无为"是由于他们将文子置于老庄道家的序列内讨论，他们把文子思想当作老子思想的延续与发展，因而总是不自觉地认为后面"发展"前面，这种错觉再进一步就会出现要么以老子解释文子，要么以文子解释老子，文子与老子的"无为"相混同就是这种情况的一个体现。相反，"修正"的视角关注文子与老子思想之间的"断裂"，这就势必不能以文解老或以老解文，必须深入到各自思想的内部。

4. 法治

其一，文子之法与法家之法。褚兆勇认为文子的"法"与法家的"法"既有同又有异，相同在强调"法与时变""一断于法"，相异在文子强调君主要以法"自正"以及"法宽刑缓"[1]。王三峡认为这种相异是由于文子意识到商鞅的专任法治和严刑峻法存在弊端，因而主张"法宽刑缓""德法并用"[2]。徐文武认为"道法结合"使文子之法区别于法家之法[3]，郭梨华认为《文子》重视"刑"，但又不主张"重刑"[4]。上述各家所论基本相同，都认识到文子一方面重视法，另一方面文子的法又与法家的法有所不同。褚兆勇从内容上指出不同，王三峡分析这种不同产生的背景，徐文武则从"道法结合"来标识文子之法的特征。

其二，法与时。王三峡认为《文子》中与法相关的"时"指的是"变法革新"，并肯定法与时变的精神[5]。郭梨华认为"法"的时变性来源于"道"，"道"之特质之一即在于其"时"[6]，但这恐怕是对老子思想的误解，"永恒"才是"道"的特征，"道"

---

① 褚兆勇：《论〈文子〉中"法"的思想》，《管子学刊》，2000 年第 4 期，第 53 页。
② 王三峡：《文子探索》，武汉：湖北人民出版社，2003 年，第 200 页。
③ 徐文武：《简本〈文子〉与黄老道家思想体系的构建》，《湖北社会科学》，2016 年第 11 期，第190 页。
④ 郭梨华：《〈文子〉与黄老哲学》，《国学学刊》，2016 年第 2 期，第 28 页。
⑤ 王三峡：《文子探索》，武汉：湖北人民出版社，2003 年，第 208 页。
⑥ 郭梨华：《〈文子〉与黄老哲学》，《国学学刊》，2016 年第 2 期，第 30 页。

肯定要强调"常"而不是"时"。褚兆勇认为"法与时变"的依据是"利民"①，但吴显庆指出"其所谓的利民，只是一种手段，而利君则是真正目的"②。

其三，法与人性。刘绍云认为文子主张依人性制法，他所说的人性似乎指"自然性情"，"自然性情"指什么又没有具体说明，但却云："这种立法思想将人置于法律的核心，尊重人性，闪耀着民本主义的光辉，具有进步合理的因素，较之后来法家'定分止争'的立法思想显然立意更高。"③褚兆勇认为法家的法治思想建立在性恶的基础上，文子的法治思想建立在性静的基础上，性静指人的本性静平，"没有经过嗜欲干扰的清静、恬和的自然状态的人性"，但由于与外界的欲和智接触，人本性的清静就丧失了，为重返清静本性，就要发挥"法"的制约作用④；王三峡也认为文子的法治建立在人性的基础上，但她认为这个人性指"民之衣食"等"百姓的基本生存"需要⑤，这与褚兆勇所说的性静正好相反，因为性静排斥欲望。乔健认为制法所因的是"人的'实然'之性，也就是趋向功利的人欲，而不是老子带有'应然'性质的'本真'之性。因'人欲'的目的就是为了实现统治者所期望的'征伐'，人的低俗欲望常常是统治者利用来实现自己目的的凭借"⑥。褚兆勇认为法治是实现性静的方式完全正确，但说性静是法治的基础又不通，因为性静与法治相矛盾，如果已然性静，就根本无需法治。王三峡与乔健对文子之人性的见解相近，但乔健更进一步指出文子制法所因的"低俗欲望"被统治者利用来实现自己的目的，这就与刘绍云对文子法治思想热情洋溢的赞扬相反。刘绍云的问题在于没有弄清文子的人性具体指什么就遽下判断，而且对人性的层级也没有了解，黄老所说的人性一般指"好利恶害"，这应该比法家的"性恶"进步，因为承认人好利的自然倾向，但无论"性恶"还是"好利恶害"显然都不算特别美好特别高尚的人性，法律的制定以"低俗欲望"为基础就不是"将人置于法律的核心"而是着眼于人的工具价值，过高评价《文子》的法治思想并不妥当。与上述诸人皆不同，王沛认为在《文子》中道、人性和礼义都不能成为制法的依据，"法"只能"各因其宜"，但当法"各因其宜""趋行多方"时，"法"的系统性和神圣性就被破坏，"法"就只是君王手中的工具⑦。我们承认文子的"法"具有工具性，但首要的原因是君高于法而不是"各因其宜"，"法"当然要"各因其宜"。而且王沛的分析是有预设的，他认为《文子》中"道生法"的命题

---

① 褚兆勇：《论〈文子〉中"法"的思想》，《管子学刊》，2000 年第 4 期，第 54 页。
② 吴显庆：《〈文子〉政治辩证法思想初探》，《北京大学学报》，1992 年第 3 期，第 70 页。
③ 刘绍云：《文子法思想探析》，《理论学刊》，2002 年第 1 期，第 109 页。
④ 褚兆勇：《论〈文子〉中"法"的思想》，《管子学刊》，2000 年第 4 期，第 55—56 页。
⑤ 王三峡：《文子探索》，武汉：湖北人民出版社，2003 年，第 201—202 页。
⑥ 乔健：《论文子对老子思想的修正》，《中国哲学史》，2014 年第 2 期，第 15 页。
⑦ 王沛：《〈文子〉中的黄老"法"理论》，《辽宁大学学报》，2007 年第 4 期，第 93—96 页。

不见了，"道"不能成为"法"的上源，就只好在人性中去寻找，但人性人心又人人不同，所以人性人心也不能成为法的上源。但这种看法并不妥当，"道生法"的字样确实不见于《文子》，但类似的从天道引申治道的例子就太多，而且说人性就指人的普遍性，又说人人不同，这显然矛盾。"法"的工具性与制法所因的"人欲"并不矛盾，法律的制定不可能没有任何的人性基础。

其四，法与仁义礼。褚兆勇、丁原明、李定生、郭梨华都认为法与仁义礼共同发挥着治世的作用，互相并不排斥，也都认为仁义礼高于法。但郭梨华同时也指明《文子》中还存在礼的位置退让而法的位置提升的情况①。实际上当"法"是法家意义上的"严刑峻法"时，仁义礼才高于法，仁义礼代表"德"的一面，法代表"刑"的一面，文子主张德主刑辅，这也是黄老一致的观点。针对《文子》的"法生于义"，王三峡认为"义"的内涵可以用"正"替代，指道德伦理上的为上辅弱、为下守节，立法执法上的公正无私，"义"的作用主要表现在主持正义、匡正天下②。李定生认为"义"是"调和人道之际即人与人的关系，法是根据这种关系，由人们自己制定而又反过来约束自己，用强制的办法维护这种关系的"③。王三峡的解释将"义"从其语境中剥离了出来，然后又按照儒家的理念进行解释。李定生将"义"解释成一种"关系"，更多源于《文子·上礼》的"义者，所以和君臣父子兄弟夫妇人道之际也"。但似乎与"法生于义"的语境不合，这个"义"与"众适"相关，实际指上文提到的"好利恶害"的"人欲"，和儒家的关系并不大。

其五，法与君。褚兆勇认为文子强调君主要"以法自正"，做守法的模范，百姓才能守法④。刘绍云则更进一步认为商鞅的法使君主超越法律，文子的法则把君主也纳入法的规范下，法律是对官吏和君主权力的制约，是一切人言行的最高规范，君主概莫能外，但他又认为法律是君王统治的工具⑤。王三峡从法治体现的公平原则出发，进而认为文子的法对抗等级观念、伦理观念和君主专制，并云这是文子法治思想中"民主性的精华""极具光彩"⑥。褚兆勇指出百姓守法的前提是君主守法，实际就是担忧君主并不能守法。刘绍云和王三峡的评价则有些过于夸张，法只要制定出来就具有客观性，就都有"禁君横断"的功能，原本无分法家之法还是黄老之法，

① 褚兆勇：《论〈文子〉中"法"的思想》，《管子学刊》，2000年第4期，第56—57页；丁原明：《黄老学论纲》，济南：山东大学出版社，1997年，第232—234页；李定生、徐慧君：《文子校释》，上海：上海古籍出版社，2004年，"前言"第38—40页；郭梨华：《〈文子〉与黄老哲学》，《国学学刊》，2016年第2期，第29—30页。

② 王三峡：《文子探索》，武汉：湖北人民出版社，2003年，第217—222页。

③ 李定生、徐慧君：《文子校释》，上海：上海古籍出版社，2004年，"前言"第39页。

④ 褚兆勇：《论〈文子〉中"法"的思想》，《管子学刊》，2000年第4期，第55页。

⑤ 刘绍云：《文子法思想探析》，《理论学刊》，2002年第1期，第108页。

⑥ 王三峡：《文子探索》，武汉：湖北人民出版社，2003年，第215—216页。

关键要看君在法上还是君在法下。刘绍云既然说法是君王统治的工具，就可见君在法上，法制约君主的功能就不应过分夸大。同样的道理，如果君主独尊，法对抗君主专制就是一句空话。

法治是文子最为重要的思想，老庄道家反对法治，这已能显出文子与老子思想的巨大鸿沟，然而为弥补老子和文子在法治方面的歧见，论证文子继承老子之学，王三峡反说老子未必然反对法治①。老庄道家尚且反对儒家的仁义，更何况法治，法治思想的出现绝不是老庄道家思想发展的结果。《文子》法治思想的研究最清楚的莫过于文子与法家的法治不同，但也正因为这种不同导致过高评价文子的法治思想。有些学者把文子的顺人性制法、禁君横断等解释得相当现代，如果我们以文子"修正"而不是"发展"老子的视角看问题，进而比较文子与老子对人的不同看法，这种过高的评价或许就能避免。

5. 性静

学界对性静的讨论还没有充分展开，除了上文提及褚兆勇说到性静与法治的关系以及丁原明偶提到性静外，只有王三峡、孟鸥做了研究，他们一致认为文子的性静与老庄有联系，但却没有将性静与法治相关联，实际上性静与法治的关联才应是研究的重心所在。王三峡认为道家"崇尚清静平和、朴素纯真"，但她又未交代这与文子的性静到底有何关系。她指出性静表明人性非恶，智也不属于人性，保持清静之性就是为善，所以她认为文子虽不言性善，人性却是至善②，这等于她把文子的性静当作性善，孟鸥与王三峡的观点没有大的出入③。王三峡可能把"虚静"当作老子的人性论，故她认为文子的性静是老子思想的发展，而孟鸥确实把"虚静"当作老子对"一切存在的本性"的规定。但老子本身就不讲人性，更何况以性静概括，这是不当地将文子置于老庄道家思想发展的序列内造成的。因为人性是一个抽象概念，讲人性肯定意味着人的普遍性，老子关注真切活泼的每个个体的本真存在而非抽象普遍的人性，普遍的人性观将使人同质化、单一化。而且性静是否就等于性善？王三峡、孟鸥已明确看到性静与追求智慧、财富矛盾，如果一种性善论否定智慧与财富，这种性善论就极其可疑。由于不当地将文子置于老庄道家思想发展的序列内，孟鸥说出以下言辞："人的重要性被凸显出来"，"追寻人性本真"，"《文子》……在终

① 王三峡：《文子探索》，武汉：湖北人民出版社，2003 年，第 199 页。
② 王三峡：《文子探索》，武汉：湖北人民出版社，2003 年，第 225—241 页。
③ 孟鸥：《〈文子〉的思想史意义》，《齐鲁学刊》，2011 年第 4 期，第 39 页。

极的层面上，追求人之为人的境界与品格"，"实现生命的自由与精神的超越"①，这幅面孔的文子就与老庄毫无区别，但与文子的黄老身份格格不入。

另外，与多数学人认为文子"发展"老庄道家不同，在文子与儒家的思想关系上学界的主流观点似应归入"修正"视角。丁原明认为文子以"墨家的兼爱无私和仁者利人的思想来诠释儒家的仁"②。陈丽桂认为文子赋予德、仁、义和礼以道家的气质③，张海英认为文子的"礼"带有老子尚柔弱的道家色彩，与儒家的"刚健"之礼有差别④。丁原植认为"精诚"就是"因袭着以气所形成的'精气'运作，并以'精气'所确定的'精神'质素标显出沟通感应的实情。文子在以"精"的概念重新阐发《中庸》的"诚"⑤。赵雅丽认为《文子》"慎独"思想的关键在"不忘欲利人"，与儒家意指修身的"慎独"不同⑥。可见，文子都不是以儒家的本义在解释儒家的核心概念。

（三）过往《文子》研究中存在的问题及本文的基本思路

学界对《文子》思想的研究取得了一些重要成绩，尤其注意到老子的"道"以玄虚为主要特征而文子的"道"则更加实在，文子的"无为"与君主集权密切相关等等。但也存在不容忽视的问题，主要是宏观框架上把文子置于老庄道家思想发展的序列内进而误判文子与老庄思想的关系。除了乔健明确使用"修正"，其他学者基本上使用"发展""进步"甚至"超越"。这两种对立观点的出现是由于判断标准的不同，支撑"发展"说的标准主要是平面的线性的进步观，"修正"说则站在价值关怀的立场上，以老子的"人人自为"为标准。长期以来学界倾向于关注"知识性"的进展而忽视对人的"价值关怀"，致使学术研究缺乏应有的温情和对个人存在的关注，"发展"视角就只关注历史中的"知识"进展，"修正"视角则关切历史中个人的存在状况。而且简单的进步观导致学者对文子与老子的思想关系缺乏进一步深入的研究，因为只要在后的学者与在前的学者不同，就可以套用"发展""进步"和"超越"这样的词汇，而"修正"必定要具体分析如何修正，这就使研究更加深入。

"发展"说的出现与学界对黄老思想的整体定位有一定关系。曹峰指出："黄老道

① 孟鸥：《"守内而不失外"——〈文子〉的人道超越》，《青岛大学师范学院学报》，2010 年第 2 期，第 63—66 页。

② 丁原明：《黄老学论纲》，济南：山东大学出版社，1997 年，第 233 页。

③ 陈丽桂：《近四十年出土简帛文献思想研究》，北京：中华书局，第 81—84 页。

④ 张海英：《论〈文子〉的礼学思想》，《湖南大学学报》，2015 年第 6 期，第 119—124 页。

⑤ 丁原植：《文子新论》，台北：万卷楼图书有限公司，1999 年，第 310—314 页。

⑥ 赵雅丽：《略论〈文子〉的慎独思想》，《中州学刊》，2002 年第 5 期，第 139—141 页。

家的思想，一种以道家为主导的政治哲学。"① 刘笑敢指出"黄老之学基本上是道家的一支，而不是法家的一翼。"② 这基本上代表学界对黄老的主流看法。就表面使用的词语看，黄老的很多词汇确从老庄而来，最明显的是《文子》大量引用《老子》和《庄子》，但如果要将黄老归入道家的一支，判定标准只能是黄老思想接近老庄思想，而非词汇接近，因为相同的概念完全有可能表达相反的思想。黄老是面向现实求功利因而就要靠近君王，老庄是面向理想求超越因而就要远离君王，黄老主张"君主集权"而老庄向往"人人自为"，这在本质上是完全不同的两种学说。陈丽桂云："所谓黄老，其实是道家学说的政治化、法家化。"③ 徐复观云："老子与法家的结合，并非出于老学必然的发展。这种结合，在学术上，是出于申韩有意的依附。"④ 黄老不是老庄思想的"必然发展"，也就是说按照老庄思想的正常演进，根本不会分出黄老这一支，是黄老主动"依附"老庄，这都说明黄老与老庄思想之间的"断裂"才是最主要的方面。正因为学界普遍把黄老置于道家序列内，即使看到老子与文子的差异，仍旧要强调两者之间的连续性，反倒忽视两者之间的巨大鸿沟，"修正"视角也未得到足够的重视。

黄老根本上"修正"老庄道家，也不完全接受法家思想，故使黄老成为既不同于老庄道家也不同于法家的一个学派。治国上的"严酷"是法家的主要特征，黄老出入于儒道从而使其具有不同于法家之"严酷"的"温和"特征，这也正是黄老"修正"儒道的意义所在。但法家和黄老的"不同"主要在"用"而不在"体"，也就是说两者的"不同"主要体现在治国手段的"软"和"硬"上。就"用"的层面而言，法家主张"严苛"而黄老主张"宽缓"，黄老尚能一定程度上承认"尚贤"，法家则唯君是从；就"体"的层面而言，黄老恰恰以"道"的绝对无限来支持君权的绝对化、以天道的谨严有序来支持以君主为首的等级制度，这在本质上与法家并没有区别。不过也应看到，在具体实践上法家和黄老取得的效果并不一样，秦专用法家思想治国，以吏为师，焚书坑儒，不允许异见存在，严酷的刑法导致百姓怨声载道，结果二世而亡；但以黄老思想为治国方针的文景之治，与民休息，各家思想又渐露头角，汉初七十年的休养生息为武帝朝的强盛奠定基础。从成效上而言黄老确实比法家更加合理，黄老的政治智慧也比法家更加灵活多样。

鉴于上文指出的问题，本文主要立足于乔健的"修正"说之上，但拙文与乔健文章的不同主要体现在三点：一是乔健只以老子思想批判文子，拙文扩大比较范围，

---

① 曹峰：《近年出土黄老思想文献研究》，北京：中国社会科学出版社，2015年，"导论"第1页。
② 刘笑敢：《庄子哲学及其演变》，北京：中国人民大学出版社，2010年，第275页。
③ 陈丽桂：《战国时期的黄老思想》，台北：联经出版事业公司，1991年，第181页。
④ 徐复观：《中国思想史论集》，台北：学生书局，2002年，第218页。

加上庄子、孔子和孟子，老庄思想非常接近，儒家有与权力靠近的一面，但又坚持士人的立场从而也引出理想和超越的一面，我们主要看重的当然是后者，这在拙文的"第一章"中会具体说明；二是乔健分析《文子》的"时""因循"和"法治"观念，这些本文当然也绕不开，但本文在乔文的基础上有更加细致的研究，同时本文也分析理、气、一、心、性静、自然等重要概念，尤其对心、气、一和性静的分析是乔文没有涉及的；三是乔健虽指出黄老与老子的巨大差异，但并未涉及黄老的定位，本章则认为如果以老庄"超越"的视角看，黄老实更靠近法家，但黄老总从天道引出治道，对人性也有一套看法，因而黄老也还总要讲点道理，而法家理论完全是现实的操作规范，这又是黄老和法家的不同，本章以老庄的立场分析《文子》，因而自然对黄老的批评多于肯定。就整个文章的思路而言，第一章是总说，概括儒道思想的"超越性"与黄老思想的"功利性"，儒道思想的"超越性"也就是本章所持的批判标准，其余各章分析《文子》的一些重要概念，表明文子在根本处总在"修正"老子思想，结语对全文进行总结，并附带辨析黄老的"采儒墨之善"和"重民"说，也由文子引用老子进而对《老子》第一章提出一些看法。附录中的两篇文章主要在总结他人研究成果的基础上考证文子其人与《文子》其书，因拙文的重点在思想的分析上，故将考据部分置于最后。

第一章　儒道思想的超越性与黄老思想的功利性

第一节　儒道思想的超越性

春秋战国正处在"轴心时代"，这一时期人类的思想观念有了重大突破。余英时指出："这一觉醒直接导致了现实世界与超现实世界的区分。作为一种新视野，超现实世界使思想者——他们或者是哲学家，或者是先知，或者是圣贤——拥有必要的超越观点，从而能反思与批判性地检视与质疑现实世界。""超世间的出现，使人可以根据最高的理想——道——来判断世间的一切是与非。"[①]"道"代表"超现实"的"理想"，在春秋战国时代孔孟老庄思想可作为这一"理想"的代表。"理想"之所以为"理想"就在于它是"人之为人"的"常道"，是人类发展的永恒方向。"常道"是指在现实功利之上的"精神""超越"和"道义"的东西，以"常道"为依据，我们才可以"检视与质疑现实世界"。徐复观指出："人类的行为，都带有主观的感情和利害；其是非得失，常各有各自的说法，很难有一共同标准。尤其是政治行为，常挟带着现实权威以作其后盾，所以若没有一个比行为当事者更大的范围以作比较，而仅就一个行为的平面单元来论其是非得失，那更不容易得出结论。"[②]如果只强调现实社会，我们将很难对是非善恶做出正确的判断，只有跳出现实社会，站在"高处"才能判断人类社会的大是大非。刘再复指出："情感上却宁肯相信上帝的存在，觉得承认有一种比人更高的眼睛与尺度存在，才能谦卑。"[③]列奥·施特劳斯指出："存在着某种独立于实在权利而又高于实在权利的判断是非的标准，据此我们可以对实在权利作出判断。"[④]从世界范围看，中国古代的"道"、西方的"上帝"正是刘再复所言"更高的眼睛与尺度"，而"道"引领我们向"精神""超越"和"道义"的东西迈进。如果不从"高处"的"道"看问题，人间的价值就会以君王的价值为"最高价值"，对是非善恶的判定就会完全遵照君王的旨意，人类社会就没有真正的正义可言。

---

① 余英时：《知识人与中国文化的价值》，台北：时报出版社，2008 年，第 302 页、第 178 页。
② 徐复观：《学术与政治之间》，台北：学生书局，1985 年，第 361 页。
③ 刘再复：《两度人生》，郑州：河南文艺出版社，2016 年，第 8 页。
④ 列奥·施特劳斯：《自然权利与历史》，彭刚译，北京：生活·读书·新知三联书店，2003 年，"导论"第 2 页。

老子云："谷神不死，是谓玄牝。玄牝之门，是谓天地根。"①（《老子·六章》）"有物混成，先天地生。寂兮寥兮，独立而不改，周行而不殆，可以为天下母。"（《老子·二十五章》）"道生一，一生二，二生三，三生万物。"（（《老子·四十二章》））林启屏指出："从'存有论'的角度来看，'人'与'物'是为天之所生，则在'存有'面前，人与物当是一种存有的平等状态。"②万物皆为"道"所生，站在"道"的高度，万物在根本上一律齐平，每一物皆有自己独特的价值；"道"又"生而不宰""长而不有"，王中江指出："道产生万物而不控制万物，也不占有万物，而是让万物自我变化，这是道的美德。"③可见万物有充足的自为自主空间，故万物齐平与人人自为是老子最为核心的思想。《庄子·齐物论》云："物固有所然，物固有所可；无物不然，无物不可。故为是举莛与楹、厉与西施、恢诡憰怪，道通为一。"④杨国荣指出"对庄子而言，一般所理解的差异与区分，包括大和小、美和丑、成与毁，等等，都源于以人观之，如果从'道'的角度看，则这些似有差别的事物其实处于统一的形态。"⑤在"道"的参照下，庄子意识到每一物都有自己的"然"和"可"，因而"恢诡憰怪"的万物在根本上是"平等"的，故罗安宪指出："在庄子的思想世界中，万事万物与人是完全平等的。"⑥《庄子·逍遥游》云："乘天地之正，而御六气之辩，以游无穷。""乘云气，御飞龙，而游乎四海之外。"庄子强调"游"，也就是独立自主基础上的自由自在，老庄在根本上是一致的。只要强调"精神"的东西、强调人的"自主"，就必然逻辑地强调以独立的价值判断为核心的"自我意识"，因为"精神"最终均会指向"自我意识"，反过来"自我意识"肯定内涵着"精神"的"超越"。强调"自我意识"就为个体的自主自为留下了余地，并且无论"客观"的现实社会是怎样的，人都可以依据自己独特的价值判断标准对其进行自己独特的评判，进而独立自主地选择自己的人生道路，故白奚指出"老子的学说同政治权力之间保持了一定的距离，从而保留了对现实政治进行批评的权力，以庄子为代表的道家拒不与当权者合作，所以才能够成为社会批评意识的主要承担者。"⑦作为"超越"基础的"永恒普遍"的东西都是"主观"的产物，所有"超越"的东西都是看不见摸不着的，因而都不具有"客观性"。"超越"的东西是"常"，"现实"的东西则具有"时"的特点，而后者正是

---

① 本书所用《老子》为陈鼓应《老子注译及评介》本，北京：中华书局，2006年。亦参酌高明：《帛书老子校注》本，北京：中华书局，1996年。除特别注明"帛书本"外，其余皆引自陈鼓应本。

② 林启屏：《心性与性情：先秦儒学思想中的"人"》，《文史哲》，2011年6期，第27页。

③ 王中江：《早期道家的"德性论"和"人情论"》，《江南大学学报》，2012年第4期，第8页。

④ 本书所用《庄子》底本为曹础基浅注本，北京：中华书局，1982年，下同，不再注。

⑤ 杨国荣：《〈齐物论〉释义》，《华东师范大学学报》，2015年第3期，第11页。

⑥ 罗安宪：《"有用之用""无用之用"以及"无用"》，《哲学研究》，2015年第7期，第36页。

⑦ 白奚：《学术发展史视野下的先秦黄老之学》，《人文杂志》，2005年第1期，第151页。

黄老强调的。"主观"的东西看似很"虚",但它却是具有较为充分完全的"自我意识"因而存在层次较高的人实实在在的支撑,因此它"客观上"起的作用就非常"实",至少对存在层次较高的人而言其作用是非常"实在"的。有了这样"实在"的"精神支柱",现实中的等级贵贱和功名利禄对他而言就不重要了,他完全可以在内心深处实实在在地看低功名利禄。

孔孟思想中也含有"理想"和"超越"的成分。孔子云:"君子喻于义,小人喻于利。"①(《论语·里仁》)"君子之于天下也,无适也,无莫也,义之与比。"孟子云"王何必曰利,亦有仁义而已矣。……苟为后义而先利,不夺不厌。"②(《孟子·梁惠王上》)"口之于味也,有同耆焉;耳之于声也,有同听焉;目之于色也,有同美焉。至于心,独无所同然乎?心之所同然者何也?谓理也,义也。圣人先得我心之所同然耳。故理义之悦我心,犹刍豢之悦我口。"(《孟子·告子上》)超越于"现实"之上的"道义"是孔孟追求的"理想"。当孔孟高举"道义"大旗时,以"尚功利"为核心的"富国强兵""一统天下"的时代主流精神必然要受到批判,因为这种"尚功利"精神必然引发也必然内涵的"杀人盈野""杀人盈城"就肯定违背"道义"了,此时此刻"道义"的具体内容是什么其实并不重要,反正在现实功利之外之上还有一个神圣的"道义"。正是在坚持"道义"的层面,孔孟与现实保持了一定的距离,与世俗价值有了一定的差异。《孟子·滕文公下》云:"景春曰:公孙衍、张仪岂不诚大丈夫哉?一怒而诸侯惧,安居而天下熄。孟子曰:是焉得为大丈夫乎?子未学礼乎?丈夫之冠也,父命之;女子之嫁也,母命之,往送之门,戒之曰:往之女家,必敬必戒,无违夫子! 以顺为正者,妾妇之道也。居天下之广居,立天下之正位,行天下之大道。得志与民由之,不得志独行其道。富贵不能淫,贫贱不能移,威武不能屈。此之谓大丈夫。"当孟子高举"道义"大旗时,功绩赫赫、威势震天的人就有可能被目之为"妾妇"而不是"大丈夫",有自己独立的价值判断进而"富贵不能淫""威武不能屈"且充盈着"浩然之气"的人才是铁骨铮铮顶天立地的"大丈夫"。在只追求现实功利和煊赫势位的"妾妇之道"之外之上,还有一个讲求道义的"大丈夫之道"。有独立价值判断的人大概都不会完全肯定"妾妇"的煊赫势位而完全否定"大丈夫"的存在价值,不会完全肯定"妾妇之道"而完全否定"大丈夫之道",虽然在现实社会中追求权势的"妾妇"极多而坚守独立价值判断的"大丈夫"极少。在中国历史上孟子之所以有显著的地位与《孟子》中内涵着不容完全否定的"世道人心"密切相关,与这些"世道人心"能够切切实实地打动读书人甚至普通老百姓

---

① 本书所用《论语》为杨逢彬《论语今注今译》本,北京:北京大学出版社,2016年,下同,不再注。

② 本书所用《孟子》为杨伯峻《孟子译注》本,北京:中华书局,2005年,下同,不再注。

的"心"密切相关。虽然统治者也利用了《孟子》中与专制统治相一致的东西，但在政治相对清明因而统治者不是完全依靠暴力强制来进行统治的时代，《孟子》所内涵的"君子之道"和"大丈夫之道"肯定对所有的人、特别是读书人、甚至包括帝王都能产生切实的正面影响。

孟子云："尽其心者，知其性也，知其性则知天矣。"（《孟子·尽心上》）强调"尽心"就强调了"主观能动性"，且这种主观能动性是活泼泼的，是自主自由的。"心"肯定偏向"主观"，而"性"就偏向"客观"了，因此强调"尽心知性"肯定有强调"主观"的意味。从"心"到"性"到"天"越来越"客观"。孟子强调的是"主观"上有所认知了，"客观"的东西就清楚了。甚至可以说在"主观"上做好了，"客观"的问题就解决了，因此孟子强调的肯定是"主观"而不是"客观"。只要强调"主观"，必然进而强调"精神""超越"和"道义"，因为"超越"肯定是主观的精神活动，"超越"的结果也必须由"精神"来感悟。只要强调"主观"，必然进而强调"自我意识"，只要强调"自我意识"，就必然强调自主性，因为"自我意识"一定是"个体自我"的事情，一定指向了个体的自主，而活生生的个体自主的结果一定是千差万别的，因而一定是独特的。强调"主观"与强调"客观"完全不同，强调"客观"就必然强调"规律"和"法则"，强调"整体"，强调普遍一致的东西，这是在压抑个体独立的价值判断，企图将人引向普遍遵循的东西。强调"心"，人就有了"实在"的"精神支柱"，再往人的头上放东西就困难了，无论是放"天""神"还是"君"，或者说"天""神""君"等等被以独立的价值判断为核心的"自我意识"有效地消解了。老子思想最终落实在"人之自为"上，孟子的"尽心"最终落实在了"人"的"主观能动性"上，"人之自为"与"人"的"主观能动性"显然有相通相合性。"人之自为"和"主观能动性"都拒绝再往活生生的"人"上面"放东西"，无论"放"什么。

孟子突出强调了"人"与"动物"的区别，林启屏指出："从中西的哲学史来看，'人'与'物'、'人'与'禽'之区别，是当时富于怀疑及批判的心灵，所必然意及的对象。"[①]在中国历史上大概是孟子第一次明确划清了"人"与"动物"的界限，这一贡献怎么估价似乎都不过分。孟子曰："人之所以异于禽兽者几希。庶民去之，君子存之。"（《孟子·离娄下》）"无恻隐之心，非人也。无羞恶之心，非人也。无辞让之心，非人也。无是非之心，非人也。恻隐之心，仁之端也；羞恶之心，义之端也；辞让之心，礼之端也；是非之心，智之端也。人之有是四端也，犹其有四体也。"（《孟子·公孙丑上》）正如林启屏所言："'人'被自觉地思考时，代表着一种具有自

---

① 林启屏：《心性与性情：先秦儒学思想中的"人"》，《文史哲》，2011 年 6 期，第 25 页。

我'认同'意味的觉醒。"① 梁涛指出："人还有不同于、高于禽兽的特性，这些特性才能真正显示出人之不同于禽兽之所在，显现出人之为人的价值与尊严。"② 是"人"就应该强调"精神""超越"和"道义"，只求"利"而不管"义"离"人"总很远，只求"利"不管"义"也使"人"感到没有意义，所以"人"就不能只管"利"而不顾"义"，只有在"精神""超越"和"道义"的层面人才能与动物明确区分开来。在孟子之后，恐怕没有人再说"人"与"动物"没有本质区别或这种区别完全不重要，也没有人堂而皇之地彻底否定"精神""超越"和"道义"的价值，即使他们在内心深处追求的是别的东西。只要强调"精神""超越"和"道义"的东西，就要强调以独立自主为核心的"自我意识"，就要承认人的自主自为，这与老庄思想又有了相通相合性。在"自我意识"的支撑下，孟子主张君与臣人格对等。孟子云："君之视臣如手足，则臣视君如腹心；君之视臣如犬马，则臣视君如国人；君之视臣如土芥，则臣视君如寇仇。"（《孟子·离娄下》）臣对君的态度完全取决于君对臣的态度，说明君臣职分虽不同，但应该有对等的人格，可以说儒家是尊君而不卑臣，这与黄老主张的"尊君卑臣"以及为了"富国强兵"而强制使人成为君王"富国强兵"的"工具"和"手段"的思想根本不同。儒道两家都反对黄老对人的"物化"，"物化"有两层意思：一是指人的工具化和手段化，一是将人性限定在低级欲望中，限制人向更高的精神领域发展，反对人追求独立自主的价值判断。这两层意思又紧密关联，人一旦不能拥有独立的思想、自主的判断，不能向更高的精神发展，仅仅着眼于欲望满足，君王只要控制利禄之途，人的工具化和手段化就不可避免。老子主张向"本真"的"根"处返，孟子高举"义"，说明人在物质欲望之上还有更高的精神追求。

徐复观指出："孟子所说的性善，实际便是心善。经过此一点醒后，每一个人皆可在自己的心上当下认取善的根苗，而无须向外凭空悬拟。"③ 孟子把"道德"建立在人心的自主判断上，儒家所言的"道德"与"自主"就没有冲突。"自主"是"道德"的基础，不是发自个人的自主的善恶判断，就不是真道德，故徐复观云："没有人的主体性的活动，便无真正的道德可言。"④ 吴经熊指出："我不说自由意志就是道德，但自由意志是一切道德、一切人格底生死关键和必备条件。"⑤ 但荀子认为"性恶"，则道德在人身没有存在的基础，所以荀子抬出了"圣王"以安立"道德"，认为人们遵循"圣王"制定的礼义规范才是"道德"。一旦"道德"由圣王规定，就已经不是真

①　林启屏：《心性与性情：先秦儒学思想中的"人"》，《文史哲》，2011 年 6 期，第 26 页。
②　梁涛：《孟子"道性善"的内在理路及其思想意义》，《哲学研究》，2009 年第 7 期，第 33 页。
③　徐复观：《中国人性论史》，台北：商务印书馆，2010 年，第 163 页。
④　徐复观：《中国人性论史》，台北：商务印书馆，2010 年，第 37 页。
⑤　吴经熊：《法律哲学研究》，北京：清华大学出版社，2005 年，第 75 页。

道德了，所以吴经熊嘲笑"礼治"的说法，他指出"'礼治'是一个自相矛盾的概念。……假使把政治和道德混在一起，其结果是'强迫的道德'、'麻烦的政府'。在强迫的道德和麻烦的政府之下，人民的人格永不会有发展底机会了！"①在人心之上自主生长的道德是孟子所说的道德，而荀子的道德正是吴经熊所说"强迫的道德"。前者的目标在于培养有独立价值判断的人，而后者则似乎只能是培养符合君王意志的顺民，所以荀子从外由圣王制定的道德规范就和法家的"法"靠得比较近了。孟子实际是将为善的主导权交给了个人，人心对善恶能进行自主判断，而无须被君王确定的"价值"所左右。

第二节　黄老思想的功利性

孔孟老庄从"高处"看人，关注人的内在精神，期望人性往高处提升，黄老关注的是以君主利益为核心的"富国强兵""一统天下"等"功利"目标的实现，为此黄老主张君主集权，提倡法治，企图使所有人成为君王"富国强兵"的"工具"和"手段"，他们把人变成"混蒙"的"婴儿"，反对人的"自我意识"，一切听从君王的安排，反对"小国寡民"式的自由自在的生活，反对"三皇五帝"所代表的历史传统和价值理念，更要将人性规定为"恶"，因为只有人性中"恶"的部分才能被"利用"来实现君王所期望的"富国强兵"。凡是使人的精神挺立起来的东西他们都要反对，因为人一旦挺立，有了自己的价值判断，有了高级趣味，就很难认同君王所确定的价值。只有将人变成与文化传统毫无联系，没有任何价值判断能力，只汲汲于物质享受的人，人才能服从现实中君王的权威，君王的命令也才能从上到下一竿子捅到底。为此他们强调"隆法""重法"，要将所有的人全部牢笼在"法"之内，使人对是非的判断只能与"法"一致，也就是与君王一致，而不能再有自己独立的价值判断。黄老特别重视"时"。"时"本身没有任何道义原则的意义，强调"时"就表明现实的"功利"是黄老衡量事物的唯一标准，这就与"精神""超越"和"道义"的东西越来越远了。

君王要实现"富国强兵""一统天下"的目的，就要使人"齐同化"，将多姿多彩、不同个性的人变成"同质化"的存在，而"法"正是用来"整齐划一"百姓的。庄子也讲"齐物"，但庄子的"齐物"实质上是承认万物的"不同"，黄老则要用"法"强制使人人"同"。列奥·施特劳斯指出："这时兴起了一个关键概念，即方法的观念。方法一出现，便拉平了心智的种种差异。"②"法治"的出现便意味着心智的

---

① 吴经熊：《法律哲学研究》，北京：清华大学出版社，2005年，第75页。

② 潘戈编：《古典政治理性主义的重生》，郭振华等译，北京：华夏出版社，2011年，第308页。

降低,"拉平了心智"也即意味着人的"齐一化"和"童蒙化"。人的"齐一化"和"童蒙化"又为君主集权提供了方便。傅武光指出:"故主体精神之迷失,允为晚周思想所以趋向法家而助长法家势焰之内因也。"[①]托克维尔指出:"只要平等和专制结合在一起,人们的心智水准就会不断下降。"[②]这里的"平等"不是老庄意义上的"平等",即每个人都是活生生的人,而是指君主之下的所有人的地位、心智的趋同化。"心智的趋同化"实际就是托克维尔所说"心智水准"的"下降"。在一个"人人自为"而非"整齐划一"的社会,人的心智水平总是参差不齐的,这是人的天性决定的。黄老为达到"富国强兵"的目的,强制以"法"使人人"同",将人变成"无知之物",又倡导"文武""德刑"两手并用的治国方针,也就是在强调暴力强制的同时也注重以实际利益引诱百姓,从而使百姓与君主保持高度一致,进而百姓也就被君主带领到"富国强兵"的"功利"目标上了。由此亦可见君主集权的"反智"倾向,君主集权只能与人较低的智力水平相适应。

近现代以来,颇有人同情"法治"观念。牟宗三指出:"李克、吴起、商鞅是前期的法家,都是做事功的。他们提出'法'之观念,但没有提出一套 ideology(意地牢结)来,所以并不算坏。做客观的事业不能没有'法'。""客观的事业则不属于个人,而是公共的事。公共的事就当有一客观的标准,所以当时提出法的观念来作为办事的客观标准是必要的,并不算坏。"[③]池桢指出:"'定分'就是官位的确定和分配,它的首要原则是公平。"[④]任剑涛指出:"法家主要讲的是'法',在法被规定为严格规则的时候,对于中国政治的规范化运转是具有积极的作用的,其中也包含了承诺人的尊严的意义。"[⑤]关志国指出:"'自然'指万物的本性,法律的目的就是成就每个人的本性。法必须根据人们的本性制定,法的目的是成就人的本性。"[⑥]以上诸人不同程度地对春秋战国时期的"法"存在误解,要么将"法"当作"公共事业"的代名词,要么认为"法"体现"公平"原则,要么"法"还保护"人的尊严"。春秋战国时期的"法"最重要的特点就是君主居于"法"之上,"法"是君主统治万民的工具,是维护君尊的手段。这种"法"更接近于"刑",指暴力手段,徐复观指出:"法家的'法'偏向于刑法,与现代法治不同。"[⑦]梁治平指出:"中国古代法只能是合兵刑

①　傅武光:《中国思想史论集》,台北:文津出版社,1990年,第96页。
②　托克维尔:《旧制度与大革命》,钟书峰译,北京:中国长安出版社,2013年,"前言"第2页。
③　牟宗三:《中国哲学十九讲》,《牟宗三先生全集》第29册,台北:联经出版公司,2003年,第166页。
④　池桢:《静静的思想之河——战国时期国家思想研究》,台北:文津出版社,2006年,第222页。
⑤　任剑涛:《以尊严论宪政》,《经济观察报·观察家·书评》,2013年9月30日。
⑥　徐炳主编:《黄帝思想与道、理、法研究》,北京:社会科学文献出版社,2015年,第290页。
⑦　徐复观:《中国思想史论集》,台北:学生书局,2002年,第140页。

于一的强暴手段，是一方以暴力无条件强加于另一方的专横意志。"[①]李振宏指出："帝制时代的法律，是皇权意志的集中体现，是专制皇权的主要工具。"[②]庆明指出："不能说'依法而治'就是法治，秦始皇'事皆决于法'，但他的法是刚愎自用、意得欲从的主观意志，所以不是'法治'，而是'人治'。"[③]"法"是君主意志的体现，是君主治民的暴力工具。黄老的"法"强调"同"与"公"，但这个"公"只能是指君主利益。赵馥洁指出："法家所谓的'公'，并非指全体社会成员的利益和愿望，更不是劳动人民的利益和愿望，而是以君主为代表的统治阶级的整体利益和阶级意志。"[④]只有法律保护的是天下万民的"私"时，才可以说法律是公正的，故顾炎武指出："天下之私，天子之公也。"[⑤]亚里士多德指出："种种政体都应以公民共同的利益为着眼点，正确的政体会以单纯的正义原则为依据，而仅仅着眼于统治者的利益的政体全部都是错误的或是正确政体的蜕变。""正确的政体必然是，这一个人、少数人或多数人以公民共同的利益为施政目标。"[⑥]君主集权下所说的"公"并不是真正的"正义原则"，只是披着"公"之外衣的君主之"私"，这也就更谈不上保护"私有财产权"以及"人的尊严"了。如果黄老的"法"保护"人的尊严"，又让谁为君主贡献人力和物力去"富国强兵""一统天下"呢？黄老的"法"也不可能体现"公平原则"，只要君主高居"法"之上，就无所谓"公平"可言。再以君臣关系而言，黄老都主张君无为臣有为、君无职臣有职，这在本质上是"尊君"的安排，臣可以用职去考核，而君则无职得以考核之，无职即意味着君主超越于官僚系统之上，整个官僚系统都是君王的"工具"。

黄老将"法治"建立在道家的"道""自然"等概念之上，这使人误以为法律是用来"成就人的本性"，如果说中国古代有与"成就人的本性"相关的观念，那也不是黄老的"法"，而是由老子的"道"、庄子的"齐物"以及孔孟的"仁"等概念所引申出来的观念。吴经熊指出："在法律领域，古代中国发展出一个自然法学派，以老子为鼻祖；一个以人本学派，孔子为首，文王为典范；一个实证学派，以商鞅为领导人物。"[⑦]"道"之下万物齐平，万物有充足的自主自为空间，"平等"和"自主"是人类的"理想"，这与"自然法"的观念是相通的。"人本"是说法律"以人为本"。

---

① 梁治平：《寻求自然秩序中的和谐——中国传统法律文化研究》，北京：商务印书馆，2013 年，第 40 页。

② 李振宏：《秦至清皇权专制社会说的思想史论证》，《清华大学学报》，2016 年第 4 期，第 25 页。

③ 庆明：《黄老思想的法哲学高度》，《比较法研究》，1993 年第 3 期，第 332 页。

④ 赵馥洁：《论先秦法家的价值体系》，《法律科学》，2013 年第 4 期，第 18 页。

⑤ 转引自余英时：《人文与理性的中国》，程嫩生、罗群译，上海：上海古籍出版社，2007 年，第331 页。

⑥ 亚里士多德：《政治学》，苗力田主编：《亚里士多德全集》第九卷，北京：中国人民大学出版社，1994 年，第 86 页。

⑦ 孙伟、李冬松编译：《吴经熊法学文选》，北京：中国政法大学出版社，2012 年，第 118 页。

吴经熊指出："法律终极乃是爱。"① 这是说法律应该最终体现"仁"的精神,徐复观指出："儒家的'礼'正合于现代之法治。"② 因为"礼"正如萧公权所言是"调整君臣上下之权利与义务之谓"③。"实证学派"的"法"与"严刑峻罚"同义,只是"暴力"工具。这样的"法"实质只是加强君权的手段。萧公权指出:"法家寓君权于械数之内。"④ 正可见法家以"严刑峻罚"加强君权的用意。虽然黄老言"道生法"、言"自然",但黄老的"道"已经不是老子的"道","自然"也不指向老子的"本真"人性,而是人性中较低层次的"好利恶害",黄老正是利用人性中的"好利恶害",将其法治思想建基于其上并诱使人们成为君王"富国强兵"的"工具"和"手段"。所以,吴经熊指出:"所谓'法家'实在是真正法治的罪人。"⑤ 萧公权指出:"盖先秦法家思想,实专制思想之误称。其术阳重法而阴尊君。故其学愈趋发展,则尊君之用意愈明,而重法之主张愈弱。"⑥ 张翰书指出:"依中国法家的理论,君主掌握立法权,存废由之,别无立法机关,仍不脱实质之'人治',与西方法治及民主之思想相辅而进展,逐渐蔚成近代民主法治之体制者迥异。"⑦ 这三位研究中西政治思想的学者不约而同得出中国古代的"法治"与真正的法治不同的结论,中国古代的"法治"只不过是"人治"思想的"变种",其作用乃在于强化君主集权。

黄老的"法"与法家的"法"也有一些差异,这主要与黄老对天道、人性的认识有关,黄老将天道具体化为"阴阳""刚柔""四时"等,这就说明不能单纯地使用"刚硬"的手段。白奚指出:"调和儒法是黄老之学区别于法家学派的一个关键"⑧,黄老能吸收一些儒家思想,从而对法家之"法"的严酷有所"润饰"。就人性而言,法家认为人性一无是处,人本质上就是"恶"的,所以就应用严刑峻法驱使人服从,而黄老则认为人性"好利恶害",既然人有"好利"的一面,就不能只用严刑峻法,还应该有利诱的一面,但要强调的是利诱得以实现的前提仍旧是"暴力"。至少从"刚柔"和"文武"的表面上看,黄老之"法"的严酷性当比法家弱一些,但无论如何,黄老与法家的"法"均是维护君主集权的工具。在春秋战国时期施行"法治"就要反对人的自主自觉,甚至要将人的"精神"泯灭到"死人"和"土块"的程度,才可以顺利地施行"法治",而人的自主自觉在儒道两家的思想中体现得最为充分,故萧公权言"孟子之

---

① 吴经熊:《正义之源泉——自然法研究》,张薇薇译,北京:法律出版社,2015 年,第 239 页。
② 徐复观:《中国思想史论集》,台北:学生书局,2002 年,第 140 页。
③ 萧公权:《中国政治思想史》,北京:商务印书馆,2010 年,第 64 页。
④ 萧公权:《中国政治思想史》,北京:商务印书馆,2010 年,第 120 页。
⑤ 吴经熊:《法律哲学研究》,北京:清华大学出版社,2005 年,第 24 页。
⑥ 萧公权:《中国政治思想史》,北京:商务印书馆,2010 年,第 265 页。
⑦ 张翰书:《比较中西政治思想》,长春:吉林出版集团,2009 年,第 122 页。
⑧ 白奚:《学术发展史视野下的先秦黄老之学》,《人文杂志》,2005 年第 1 期,第 151 页。

政治思想遂成为针对虐政之永久抗议",“无为之政治哲学遂成为失望之有心人对于暴君苛政最微妙而最严重之抗议"①。所以儒道两家的思想是君主集权最为主要的对手。

结语

布克哈特指出:“所有高级的文化都具有这样一个特性,那就是他们能够复兴。"②“轴心时代"所创建的文化成为不同历史时期人类回归的恒定方向,西方的“文艺复兴"是对希腊哲学、文学、艺术等的全面回归,中国的魏晋时代是对先秦道家思想的回归,宋明时代是对先秦儒家的回归。为什么“轴心时代"所创发的“高级文化"会成为人类回归的恒定方向呢? 一种文化如果不是深植于人性之中,与人心毫无关系,就绝不可能使不同时期的人们流连忘返。布克哈特指出:“宗教实际上是人们在内心里对形而上需求的表现形式。从本质上说,人的这种需求是永恒的和不可摧毁的。"③ 如果我们将布克哈特所说的“宗教"换成“真善美",也是可以成立的,这即是说人类对“真善美"有着永恒的追求,物质的满足仅是人类的低级欲望,人心有自觉追求美好事物的内在驱力,而这种“驱力"乃是“道"“天"赋予人类的“性",正如徐复观所云:“人的所以有明善的要求,乃至所以有明善的能力,在《中庸》看,还是出于自己的性;性以其自明之力而成就其自身。"④ 世界范围内高级文化不断“复兴"的现象,恰恰说明了人性在“高处"和“根源处"的美善,如果不是人性有自觉追求更高精神的潜力,这种世界范围内的文化复兴将不可能出现,长时段、大范围的历史证明了法家“性恶"说的谬误,如果人性在根源处就是恶的,人类将绝不可能对美好事物有着深切的追求。我们要体认万物之上的“道",而且“道"先验地赋予了人类美善之性,如果没有“超越"的“道",人性不美善,那么君王将会粗暴地对待人类,正如韦政通所言“倘若上帝不存在,则任何事情都会被允许"⑤。在“道"的参照下,人能具有一定的“超越"视角,能自觉地追寻“精神"“道义"和“理想"的东西,能对人世间的不公不义提出自己独立的批评。弗洛姆指出:“对没有权力的人来说,在争取自由与生存的斗争中,正义和真理是最重要的武器。"⑥ 现在我们研究黄老思想,是我们为追求“正义"所做的“清障"工作,我们正该对“轴心时代"的孔孟老庄思想,甚至对世界范围内的伟大文明做出“创造性转化"。

① 萧公权:《中国政治思想史》,北京:商务印书馆,2010 年,第 97 页、第 166 页。
② 布克哈特:《世界历史沉思录》,金寿福译,北京:北京大学出版社,2007 年,第 61 页。
③ 布克哈特:《世界历史沉思录》,金寿福译,北京:北京大学出版社,2007 年,第 34 页。
④ 徐复观:《中国人性论史》,台北:商务印书馆,2010 年,第 156 页。
⑤ 韦政通:《传统与现代之间》,北京:中华书局,2011 年,第 207 页。
⑥ 弗洛姆:《恶的本性》,薛冬译,北京:中国妇女出版社,1989 年,第 371 页。

第二章　道

老庄猛烈批判了春秋战国时期流行的"功利主义"和"实用主义"，袁保新指出"老子哲学的特征之一即在于批判的精神"①，庞朴指出"道家观点都是解构性的"②，这说明"批判"和"解构"时代的"主流价值"是老子思想的主要特征。春秋战国的"主流价值"是君王孜孜以求的"富国强兵"及在此基础上的"一统天下"，为了实现"富国强兵""一统天下"的目标，君王必要以"功名利禄"引诱世人，得到君王给予的"功名利禄"就是平常人心目中最大的"成功"，但这种"成功"意味着人本身成了君王"富国强兵""一统天下"的"工具"和"手段"。文子将老子的"道"修正成与实现"功利"目标密切相关的"术"。安乐哲指出："新的思想往往都是披着传统的外衣，在其内部作为其对立面来表现的。"③文子思想正是"披着"老子之"道"的"外衣"而"作为其对立面来表现的"。布克哈特指出："最严重违背基督教教义的事情莫过于把德行和权力嫁接在一起。"④同理，最严重违背老子思想的事情莫过于把"道"与对"功名利禄"等世俗价值的追求"嫁接"在一起。伟大的思想往往是超功利的，如果思想是用来追求世俗价值的，就已经失掉了思想的超越性和理想性，正如理查德·霍夫斯塔特所言："随着他们越来越被认可、被改编和被派用，他们将开始一味地顺从，从而不再具有创造性、批判性和真正的作用。"⑤思想之伟大就在于无论时代如何变化，它始终能给人永恒的启示，给人判断是非善恶提供永恒的标准，使人们知道应该追求什么，应该放弃什么，虽然这要冒着违背"时代潮流"的风险。我们批判春秋战国时期的"富国强兵""一统天下"潮流，正是因为在这一潮流之下，是非善恶变得不重要了，讲求功利成败成为唯一重要的事情，民众普遍地"物化"了，而文子思想正与此一致。

---

① 袁保新：《老子哲学之诠释与重建》，台北：文津出版社，1991 年，第 212 页。
② 庞朴：《中国文化十一讲》，北京：中华书局，2009 年，第 73 页。
③ 安乐哲：《主术——中国古代政治艺术之研究》，滕复译，北京：北京大学出版社，1995 年，第 4 页。
④ 布克哈特：《世界历史沉思录》，金寿福译，北京：北京大学出版社，2007 年，第 250 页。
⑤ 费迪南·布伦蒂埃等著：《批判知识分子的批判》，北京：中国社会科学出版社，2007 年，第 145 页。

第一节　文子修正老子的玄虚之"道"

《道原》曰：

有物混成，先天地生，惟象无形，窈窈冥冥，寂寥淡漠，不闻其声，吾强为之名，字之曰道。夫道者，高不可极，深不可测，苞裹天地，禀受无形，原流泏泏，冲而不盈，浊以静之徐清，施之无穷，无所朝夕，表之不盈一握[①]。

文子所引《老子》"有物混成"与传世诸本、马王堆帛书本同，唯郭店本《老子》作"有状混成"。刘笑敢指出："'状'比'物'更有原初、原始的意味，'有状混成'比以后诸本的'有物混成'更能体现'道'似有非有、似无非无、亦有亦无的特点。"[②]乔健指出："'状'相比'物'更具'无'之特性，因此作'状'当然更接近老子思想。"[③]"物"是实在、具体的，而"状"则是幽幽冥冥、似有似无、非具体不确定的。老子说"道"无形无名、恍惚，则用"状"要更加接近老子思想。文子用"物"体现的是他对老子之"道"的认知[④]，而这种认知正是对老子思想的修正。文子不能理解老子玄虚的"道"所具有的意义，"道"越是玄虚，越是不能被确定地把握，人世间就越不应该出现思想权威，乔健指出："如果说对'道'这一最为终极的存在人们无法确定地加以把握，那么任何人、包括'圣人'便不可能、当然也无权对人世间一切高低上下及是非正误作出绝对确定、绝对'正确'的判定，这无疑为个体自我独立的价值判断提供了最为'形上'的根据。"[⑤]老子玄虚的"道"实际上引领人们独立探索真理，也就是真理是向每个人开放的，认识"真理"的权利并不专属君王。文子将老子的"有状混成"变成"有物混成"，实际是将老子"玄虚"、不能被任何人所确定把握的"道"向具体、确定的方向修正了。列奥·施特劳斯指出："可知就意味着可控"[⑥]，如果"道"能被人确定地把握，那么这迟早会成为君王的"专利品"，君王将垄断对"真理"的认知，最终君王本人将成为"真理"的化身。老子的"道"之下万物平等，万物有充足的自主自为空间，老子在强调个体独立的价值判断，

---

① 本书所用《文子》底本为王利器《文子疏义》本，北京：中华书局，2000年，下同，不再注。

② 刘笑敢：《老子古今》，北京：中国社会科学出版社，2006年，第285页。

③ 乔健：《中国古代思想研究》，北京：民族出版社，2008年，第182页。

④ 虽然我们不能确定老子的"有状混成"是何时被写成"有物混成"的，但既然文子也写作"有物混成"，就说明他是认同"有物混成"的。

⑤ 乔健：《中国古代思想研究》，北京：民族出版社，2008年，第110页。

⑥ 潘戈编：《古典政治理性主义的重生——施特劳斯思想入门》，郭振华等译，北京：华夏出版社，2011年，第331页。

而一个人能做出独立的价值判断，正是"人之为人"的基本要求，正如吴经熊所言："每一个造物都是一个个性，而只有一理性之生命方可谓之以'人'之称谓。"①独立的价值判断也正是"理性"的主要内涵，文子以"有物混成"来描述"道"显然与老子偏向于"无"的"道"不符。

虽然文子也说"道先天地生"，但他的逻辑其实不能自洽，因为他把"道"下拉向具体、确定的东西，凡是具体、确定的东西绝不可能"先天地生"。"道"是老子构想出来的创生万物的"母"，在"道"之下，万物一律平等。如果"道"是具体、确定的存在，它就只能是它自己，也就绝不可能生万物了。文子偏偏将老子"超越"的"道"理解成具体、确定的存在，这便意味着老子主张的"平等"和"自主"思想一概不见了。如果取消掉老子的"道"，文子对"道"的描述除了"神化"君主以外，就没有其他的意义可言。故紧接着的"无形，窈窈冥冥，寂寥淡漠，不闻其声"等类似于描述"道"的言辞就只能是对君道的规定，而一旦君王"无形无声"、不可捉摸，也就意味着超越于整个官僚体系之上，"君"不再是官僚体系中的一个职位，反倒官僚体系也成了君王的工具。孔子曰"君君，臣臣"，虽然孔子仍旧强调君臣不同，但在"正名"思想下，君有君的职责，臣也有臣的职责，孔子也不会认同君主应该"无形无声"的说法。文子的"吾强为之名，字之曰道"和老子的"吾不知其名，强字之曰'道'，强为之名曰'大'"相比（二十五章），《文子》少了关键的"吾不知其名"，既然"吾不知其名"也就意味着"吾"不能确定把握"道"，"道"是偏向于"无"的存在，在根本处无法言说，而文子偏偏少了这一句，这就使他所说的"吾强为之名，字之曰道"的意含变成实际上是他把握了"道"并强行命名，这与老子思想就完全相反了。

"夫道者，高不可极，深不可测"等根本不可能出现在老子思想中，这样的描述使人对"道"产生惊奇、崇拜与渴望的心情，"道"之"不可极"的"高"、"不可测"的"深"遮蔽了渺小的个体。老子也从没说过因为"道"有怎样不可思议的"高"和"深"才能生万物，老子说"道"为"万物母"，"道生一，一生二，二生三，三生万物"显得很低调克制。因为老子的"道"是偏向于"无"的存在，本身就说不清，说清了反倒不是"道"。"道"根本不是"外在"的"客观存在"，"客观存在"或可从体形上的"高"和"深"去描述，但偏向于"无"的存在绝不可能用体形上的"高"和"深"去描述。黄老总是将"内在"的东西"外在化"，将"精神"的东西"物质化"，将"主观"的东西"客观化"。文子有意将老子"主观"的"道"向"客观"的方向拉扯了，而一旦向"客观"拉扯，就意味着要强调"规律"和"法

---

① 吴经熊：《正义之源泉——自然法研究》，张薇薇译，北京：法律出版社，2015 年，第 182 页。

则"，要强调世俗普遍认同的东西，要强调君王的价值观，这恰恰是在淹没个人独立的价值判断，而在老子的"道"之下，万物自主自为，明显老子是在强调人的"主观"，强调"主观"就必然逻辑地肯定个体的独立价值判断，强调个人独立的生活方式。孟子强调"义"，在现实之上还有个"理想"的"道义"存在，"道义"也正是孟子的批判资源，这也与完全认同现实有很大的距离，老子孟子的思想均与文子的思想正相对待。从外在的"高"和"深"描述"道"，"道"即下降而为具体、确定的存在，老子万物平等、人人自为的思想就隐没不见了。如果"平等"和"自主"观念不能凸显出来，现实中以君王为首的"尊卑贵贱"等级秩序就因缺乏更高的参照而不能受到恰当的批判。

文子对"道"的"高"和"深"做了种种夸饰的描述，但无论怎样夸饰，如果"道"是具体、确定的存在，也就绝不可能有"生万物"的能力。徐复观在研究《淮南子》对"道"的描述时说："《原道训》的作者，则只能作罗列式的铺陈，繁缛而重复；多一句少一句，对道的属性无所损益，无关痛痒。在这种地方，他们实际是以作赋的文学手法，代替了哲学的思维；这是老子思想中形而上学的堕退。"[1] "作赋"的手法将老子"形而上"的"道"下拉向具体、确定的存在，但偏向于"无"的"道"就不应该被"具体化"，对"道"的任何具体的描述都是对老子思想的偏离。"道"一旦下拉向具体、确定，至少会有两方面的影响：第一，"道"无论如何"高"和"深"，总是可以把握，正如陈丽桂所言"经过这样一连串具体、明确、大开大合地显像，《老子》恍惚不可闻见的道体，不论如何地不可捉摸，终究是较有轮廓，且容易辨识了"[2]。"道"一旦下降落实而与"外在"的"客观存在"齐平，就总有能被人把握的方面，君主又是权力的掌握者，以权力为后盾君主完全可以宣称自己对"道"的理解才是唯一正确的；第二，"道"如果下拉向"客观存在"，它就不可能再生万物，老子主张的"自然""无为""自为"等思想就被完全消解了，"小国寡民"的"理想"自然也就隐没不见了，没有更高的"理想"作为参照，现实中以君主为首的尊卑贵贱等级秩序就完全是合理的，对功名利禄的追求就是人活着的全部意义，人找不到判断是非善恶的标准，只能遵从现实中君王的价值，最终成为君王"富国强兵"的"工具"和"手段"。

老子云："生而不有，长而不宰，为而不恃。"（五十一章）又云："天地不仁，以万物为刍狗。"（四章）这是说"道"生万物之后，是使万物自己生长发展。老子又

---

① 徐复观:《两汉思想史》卷二，台北：学生书局，1976年，第213页。

② 陈丽桂:《秦汉时期的黄老思想》，台北：文津出版社，1997年，第67页。

将"道"描述为"绵绵若存","道"于万物而言是一种"弱作用力"①,而文子对"高"和"深"的描述,好像生怕人们不知"道"的威力似的,这即失去了老子"生而不有"的精义,使万物失去了独立自主性,故徐复观云:"一般人常常是在恐怖绝望中感到自己过分地渺小,而放弃自己的责任,一凭外在地神为自己做决定。在凭外在地神为自己做决定后的行动,对人的自身来说,是脱离了自己的意志主动、理智导引的行动。"②在"道"的引领下,老子主张人们应过自己认可的独立自主的生活,所以老子的思想归结在"人人自为"上,"自为"即意味着人要做自己的主人,要发挥人的"主观能动性",要使用自己的"意志"和"理智",而不是让他人为自己做主。文子对"道"的描述正如徐复观所云使"个体"感到"过分地渺小",从而放弃"意志"和"理智",全凭外在权威做主,这与君主如"神"一般高高在上,众庶百姓匍匐于下正好相应③。

---

①　参见王中江:《出土文献与先秦自然宇宙观重审》,《中国社会科学》,2013年第5期,第78—81页。

②　徐复观:《中国人性论史》,台北:商务印书馆,2010年,第20页。

③　文子所描述的"道"与埃德蒙·柏克对"崇高"事物的分析相当一致,他指出:"一般而言,要想使某个事物异常恐怖,模糊总是需要的。""尺寸上的巨大,是促发崇高感的一个有力原因。""崇高的另外一个来源就是无限;……无限能使人产生一种欣喜的恐惧感,这是崇高最为本真的影响所在。""在色彩之中,……(带给人崇高感的)是那种阴郁的、深的颜色,比如黑色、棕褐色或者深紫色等等。"文子说:"高""深""包裹""窈冥""无穷"等正是对"模糊""巨大""无限""深黑"的描述,而"崇高"的产生总是与痛苦、恐惧等不好的感情联系在一起,柏克指出:"凡是能以某种方式激发我们的痛苦和危险观念的东西,也就是说,那些以某种表现令人恐惧的,或者那些与恐惧的事物相关的,又或者以类似恐怖的方式发挥作用的事物,都是崇高的来源。""崇高"产生的"恐惧"使我们不能进行理性思考。柏克指出:"自然界中的伟大和崇高,当其作为原因最有力地发挥作用的时候,所促发的激情,叫做惊惧;惊惧是灵魂的一种状态,……在这种状态下,人们心中只剩下他所面对的对象,而不能同时注意到其他的事物,也不能对占据其心神的那个对象进行理性分析。由此,崇高才具有如此巨大的力量,它不但不是通过理性分析产生,恰相反,它通过某种不可抗拒的力量把我们席卷而去,根本来不及进行理性分析。""没什么能像恐惧这样有效地使心智丧失所有活动和推理的能力了。"这即是说"崇高"的事物不需要主体有理性思维的能力,而只需要主体有宗教般的虔诚归顺,"崇高"需要的是闭塞主体精神的"皈依",而非有思维能力的主体。与文子不同,老子认为"水几于道"。柏克指出:"美的事物则是娇小的;美的事物应当是平滑、光亮的。"这比较符合"水"的特性。柏克又言:"美是一种极能触动人的事物,……也由于它在打动我们的时候并不依赖功用,甚至在那些美的事物上我们根本无法找到任何功用。"这也就是说"美"是超功利的、超世俗的。"美"产生的感情与"崇高"不同,柏克指出:"在敬慕和爱恋之间有很大的区别。崇高是激发前一种感情的原因,它总是出现在巨大的事物之上,令人感觉恐怖;而后者则出现在小的事物之上,令人感觉愉快。"如前所说,"恐怖"不能让人进行理性思维,而"愉快"则促发人探索"愉快"之源,换言之,对"美"的事物追寻需要人的理智,而"崇高"则遮蔽人的理智。中国两千多年君主专制所表现的形态也反证了柏克观点的价值,为了维持君主专制,就必要将君主塑造成"崇高"的,而君主的"崇高"于上,正与百姓的"愚昧"于下恰构成对比。总之,从美学观点来说,文子的"道"是"崇高"的,而老子的"道"是"美"的。埃德蒙·柏克:《关于我们崇高与美观念之根源的哲学探讨》,郑州:大象出版社,2010年,第51页、第62页、第63页、第71页、第36页、第50页、第106页、第95页、第96页。

第二节　文子修正老庄的齐物思想

《道原》曰：

约而能张，幽而能明，柔而能刚，含阴吐阳，而章三光；山以之高，渊以之深，兽以之走，鸟以之飞，麟以之游，凤以之翔，星历以之行；以亡取存，以卑取尊，以退取先。古者三皇，得道之统，立于中央，神与化游，以抚四方。

"约而能张，幽而能明，柔而能刚"也不符合老庄思想。乔健指出"如果说只有'道'是绝对的，其他一切都是'杂多的、相对的'，那么以'人'为之本的万物相对'道'至高无上的存在便是完全平等、一律齐平的。"① 这是老庄的"齐物"思想，也就是万物一律平等的思想。老庄对如"约""张"、"幽""明"和"柔""刚"等两两相对的事物是平等关照的，绝没有"去彼取此"的意思。老子云："唯之与阿，相去几何？美之与恶，相去若何？"（二十章）"相去几何""相去若何"表明老子并不区分"唯"与"阿"、"美"与"恶"，"唯"与"阿"、"美"与"恶"是现实世界的区分，站在"道"的"超越"视角，"唯"与"阿"、"美"与"恶"可以齐平。老子云："善者，吾善之；不善者，吾亦善之。"（四十九章）又云："是以圣人常善救人，故无弃人；常善救物，故无弃物。"（二十七章）这是在万物平等的基础上所显出的大慈悲精神。现实的做法往往只救"善者"而抛弃"不善者"，但从"超越"的"道"看，"善"与"不善"的差别将不存在，每一个人都是一个活生生的个体，都有自己独特的价值，因而"善"与"不善"的标签就自然解消了。当承认每个个体都有独特的价值时，才会慈悲地对待每一个人，也才能"无弃人""无弃物"。显然老子站在更高的角度，超越于统治者的是非观念之上，才能"解构"世俗社会对"善"与"不善"的普遍认知，进而认识到万物的独特价值。儒家在这方面显然不及老子，儒家强调尊卑贵贱，强调君王对民的"教化"，因而人是不平等的，人的自主意识也就大打折扣，又过分强调善，自然压制了真与美，万物各有独特价值的观念也就不能凸显出来。

文子用了一个"能"字，说明"约""幽"和"柔"只是暂时的或伪装的，实际上文子更看重"张""明"和"刚"。联系到前面文子在描述"道"时所使用的"高"和"深"等词语，则显见文子的价值取向。根据老子的思想，老子会"玄同""约"与"张"、"幽"与"明"、"柔"与"刚"的区分，而文子则显著区分了"约""张"、

---

① 乔健：《中国古代思想研究》，北京：民族出版社，2008年，第109页。

"幽""明"和"柔""刚",并向往"张""明"和"刚"的实现。现实社会中的"主流价值"总是倾向于追求高、大、上和贵、强、刚,老子显然反对这种追求,因为从"道"的"高处"看万物,每一物都有自己独特的价值。高与低、大与小在价值上完全齐平,而文子的思想正与此相反,文子总是与"主流价值"保持一致,也就是与追求"功名利禄"保持一致。老子思想中"高下相形"等看似"辩证法"的内容有两方面的作用:一方面是将高的拉低,另一方面是将低的举高。老子一方面在批判"在上者",另一方面在关怀"弱势群体",这是"平等"思想,"平等"主要是保护"弱势群体",因为是"弱势群体"向强势者求"平等",而不是相反。虽然文子也说高下相形等,但这是使下成为高的手段,使高越来越高,这是在维护强势者的利益,与老子的思想根本不同。老子站在"时代潮流"的反面,在抗拒"主流价值",而文子对"张""明"和"刚"的热衷,则与"主流价值"相当合拍,文子对"主流价值"的热衷正是老子所言"弃人""弃物"状况产生的缘由。

"山以之高,渊以之深"等也不符合老子思想。王三峡指出:"所有的'之'皆指代道。一切赖道而存在,恃道而运行。道是生命的源泉,是一切事物赖以存在、发展、运行的最终依据。"[①] 王晓波在解释《黄老帛书·道原》"鸟得而飞,兽得而走。万物得之以生,百事得之以成"时指出:"这是说一切万物的生存发展和作用都是根据着道。"[②] 陈丽桂指出:"道是使万有显性的唯一根源,鸟兽虫鱼得而生机畅旺。"[③] 上述三人的解释都过于老子化,忘记了这是黄老的语言。与对前面诸句的解释连贯着看,这里的"高""深""走"只是"山""渊""兽"被世人认可的价值,"山""渊""兽"只有显示出"高""深""走"的特性时,才被认为是成功的,当山不高、渊不深、兽不走就被认为是失败的。但实际情况往往是所有的山并不都高,所有的渊并不都深,兽也可能因残缺而不能行走,对应人类社会而言,不"高"不"走"的往往是"弱势群体",显然在文子的心目中,这些"弱势群体"因没有利用价值完全可被忽视。文子认可"高""深""走"的"主流价值",这并不符合老庄的"齐物"思想,老庄的"齐物"是要使所有人都过自己所认可的独特生活,这恰恰与现实中一致追求"功名利禄"的生活不同。虽然追求"功名利禄"可以满足人的世俗心,但对于强调自主自为的老庄而言,对于要求更高存在的人而言,他们并不认同"功名利禄"的生活,进而自觉能与"功名利禄"保持相当的距离,从而展现独特的自我。

王三峡提出"之"代表"道",即文子认为用"道"可实现世俗认可的价值,"道"只是实现"功名利禄"的工具,这明显拉低了老子之"道"的理想性和超越性,

---

① 王三峡:《文子探索》,武汉:湖北人民出版社,2003年,第171页。
② 王晓波:《道与法:法家思想和黄老哲学解析》,台北:台湾大学出版社,2009年,第146页。
③ 陈丽桂:《战国时期的黄老思想》,台北:联经出版事业公司,1991年,第56页。

使老子思想的批判性也隐没不见了，与老子否定世俗价值的观念相悖了。正因为文子的"道"已经成为攫取"功名利禄"的工具，故紧接着文子提出："以亡取存，以卑取尊，以退取先。古者三皇，得道之统，立于中央，神与化游，以抚四方。""道"能使人从弱变强，甚至还能使君王"一统天下"（"抚四方"），这充分暴露了文子之"道"的"工具性"。类似观点在《文子》中还有很多，《道原》曰："故有道即有德，有德即有功，有功即有名，有名即复归于道，功名长久，终身无咎。"这是说有"道"才能使"功名长久"；《道德》曰："学问不精，听道不深。凡听者，将以达智也，将以成行也，将以致功名也。""听道"的目的是为了"致功名"，但老子并没有"听道"的说法，老子明确说"道"不是感觉器官所能感觉到的，要依靠"日损"的原则，通过"超越"来感知"道"，文子"听道"的说法显然不符合老子思想；《自然》曰："道德者则功名之本也"，"道"是成就功名的依托，又曰"道深即功名遂成"，这是说对"道"理解得越深，功名越易获得，以老庄思想而言，应该是对"道"理解得越深，越会远离"功名利禄"，而文子正相反，"道"成了"致功名"的"工具"，这当然是对老庄思想的修正。

第三节　文子修正老子的无为思想

紧接上引材料，《道原》曰：

> 是故，能天运地滞，轮转而无废，水流而不止，与物终始。风兴云蒸，雷声雨降，并应无穷，已雕已琢，还复于朴。无为为之而合乎生死，无为言之而通乎德，恬愉无矜而得乎和，有万不同而便乎生。和阴阳，节四时，调五行，润乎草木，浸乎金石，禽兽硕大，毫毛润泽，鸟卵不败，兽胎不殰。父无丧子之忧，兄无哭弟之哀，童子不孤，妇人不孀，虹蜺不见，盗贼不行，含德之所致也

文子认为君王掌握"道"就能"天运地滞，轮转而无废，水流而不止，与物终始。风兴云蒸，雷声雨降，并应无穷。"文子无限夸大君主的能力，将君主比作"神"一样的存在，认为君主可以掌握万事万物发展的规律，君主有异乎常人的超群智慧，无论面对什么事情什么情况，君王都能应付自如，这是文子绝对尊君的思想，与老子的思想根本相反。这种差异的产生在于文子没有理解老子的"道"并将"道"变成了"术"，老子云"知不知，尚矣；不知知，病也。圣人不病，以其病病。夫唯病病，是以不病。"（七十一章）"不知"是指所有的人不能确定地把握"道"，人们认识到不能确定把握"道"就是"尚"，自认为可以把握"道"相反是"病"。"圣人不

病"是因为"圣人"认识到"道"不可被确定把握，所以"圣人"反倒"不病"。可见老子心目中的"圣人"与普通百姓的区别不在于是否完全把握"道"，而在于"圣人"认识到"道"不可确定把握，这反倒说明"圣人"对"道"的理解要比普通人更深入。既然万物由"道"所生，按理万物的奥秘只有"道"知道，但"道"又不可被确定把握，也就意味着万物在最根本最幽微处也不能被人掌握，所以老子批判"前识"曰："前识者，道之华，而愚之始也。"（三十八章）陈鼓应云："前识者，有先见的人；先知。"① 王博指出："'前识'的说法，总会让我们联想到'先知先觉'。"② "先知"是自以为能精准把握未来并指引他人者，故王博云："权力经常会把自己视为先知先觉者，并把百姓看作后知后觉甚至不知不觉者，视为需要启蒙的对象。"③ 老子认为为人所夸赞的"前识"恰恰是"愚之始"。老子的这种思想根本上是反"规律"的，天生万物，万物各不同，不可能存在一种遍包天下的"规律"，如果有人声称自己掌握了万事万物的"规律"，那就是对"上帝"的僭越，但现实中的"人"永远不可能成为"神"。文子声称君王掌握"规律"，就一定要无限夸大君王的能力，进而理所当然地指引万物前进的方向，这与老子主张的君主"无为"，进而主张万物自为的思想恰相悖反，只要万事万物有"规律"可循，"规律"迟早会成为权势者的专利。在君王掌握了"真理"的借口之下，任何人都不能怀疑君王的决定，百姓只是君王"富国强兵"的"工具"和"手段"，君王始终应高高在上，但这与老子的思想根本不同。乔健指出："既然任何人、包括'圣人'在最为根本、关键的问题上'无所知'，那么尽可能地'贬抑'自己便成为'圣人'恰当的处世准则。"④ 既然所有人在"道"之下都是平等的，"真理"也就向所有人开放，谁也不能说自己完全掌握了"真理"。"'贬抑'自己"正源于对"道"不可被确定把握的深刻认知，也源于对"人"之"有限"的深刻反思。老子心目中的"圣人"与文子心目中的"君王"正好相反，前者认为任何人在"道"之下都是平等的，任何人都不能确定掌握"道"，故抱有"处后"的人生态度，而后者则认为君王完全可以掌握"道"，掌握人类社会发展的规律，将君王的智慧超拔于所有人之上，从而抱有"居前"的人生态度。

君主的圣明正以百姓的工具化和手段化为代价，文子的这些思想与老子思想根本不同，文子思想的实质是异常突出君王有掌握"道"的能力、能认识人事社会发展的根本规律，同时也就意味着百姓没有能力规划自己的生活。文子根本不相信普通人的人性，而寄希望于君主。但老子却说："圣人处无为之事，行不言之教；万物

---

① 陈鼓应：《老子注译及评介》，北京：中华书局，2006年，第216页。
② 王博：《权力的自我节制：对老子哲学的一种解读》，《哲学研究》，2010年第6期，第52页。
③ 王博：《权力的自我节制：对老子哲学的一种解读》，《哲学研究》，2010年第6期，第52页。
④ 乔健：《中国古代思想研究》，北京：民族出版社，2008年，第186页。

作而弗始，生而弗有，为而弗恃，功成而弗居。"（二章）徐复观指出："自然是'自己如此'，有如今日之所谓'自治'，无为的目的正是为了让人民能根据自己的意见去做事。"①萧公权指出："无为之术以保障一适宜于个人自存之社会环境。"②老子的"圣人"之"无为"正是为了保障普通老百姓有充分的"自为"空间，使老百姓能"根据自己的意见去做事"。老子又云："圣人常无心，以百姓心为心。"（四十九章）乔健指出："老子的上述观念显然以对'人'、特别是寻常之'人'和寻常'人性'的尊重和肯定为基本预设的，具体地说老子认为无需高高凌驾于众人之上的全知全能的'圣人'的指教安排，众庶百姓完全有能力……安排好自己的一切。"③徐复观指出："老子与儒家，同样是基于对人性的信赖；以推及政治，而为对人民的信赖。所以两家的政治思想都是以人民为主体的。"④文子站在在上者的立场，否定百姓自我完善的能力，否定普通人的向善之心，同时却又肯定君王人性的无限完美，这就与老子的"无为"思想完全相反了。朝廷若要"正义"，就应使所有人都有机会发展完善自我，这就是老子所说的"以百姓心为心"，君主只应处于"虚位"，他的存在只能是引导官僚机构最大程度上"无为"，从而使百姓拥有最大程度上的"有为"，将判断是非善恶的主导权交给百姓。

"润乎草木，浸乎金石，禽兽硕大，毫毛润泽，鸟卵不败，兽胎不殰。父无丧子之忧，兄无哭弟之哀，童子不孤，妇人不孀，虹蜺不见，盗贼不行"是文子的"理想"，这是说君王能使万事万物处于美善和乐、毫无悲伤的境地，文子对人类社会充满乐观，企图在人间创建乐园。不能否认文子有良好的意图，但他对人类社会缺乏反思，没有意识到将君主抬举到天、神、圣的地步与人间的普遍幸福是矛盾的。尽善尽美是"道"的特征而不是"人"的特征，作为具体存在，"人"是有限的，有限即意味着有所长也有所短，是参差不齐的，人是有限存在，这是人类社会不完美的根本原因。为实现君主设想的理想目标，君主必定要干涉个人的选择，将高高低低、需求各有不同的人全部齐一化。人性越是不可齐一化，就越要使用暴力，最后彻底将人变成"物"，才能实现君王所期望的理想社会，文子的"已雕已琢，还复于朴"就是证明。老子的"朴"针对在上者的"雕琢"，要求在上者返归于"朴"，文子的"朴"针对的则是百姓的"雕琢"，要求百姓返归于"朴"，而文子所谓的"雕琢"是指百姓私利的极大满足以及对诗书礼乐所代表的人文知识的追求。"朴"的同义词是"童蒙""静"，凡是多姿多彩、活泼新鲜、有价值追求的人，文子都不认为是"朴"，

---

① 徐复观：《中国思想史论集》，台北：学生书局，2002 年，第 218 页。
② 萧公权：《中国政治思想史》北京：商务印书馆，2010 年，第 177 页。
③ 乔健：《中国古代思想研究》，北京：民族出版社，2008 年，第 68 页。
④ 徐复观：《中国人性论史》，台北：商务印书馆，2010 年，第 355 页。

只有将人引导到"静""童蒙"、没有"自我意识"的地步才叫"朴"，这实际就是对人的"物化"。

第三章 理与时

黄老虽屡言"道"，但真正具有最高法则意义的是"理"。张岱年指出："在先秦时代，理的观念发生颇晚，《论语》及《老子》中无理的观念。"①《孟子》也罕言"理"，而《荀子》屡见"理"字，唐君毅指出："庄子多言道而罕及理。唯荀子乃特重言理。"②在黄老的著作中"理"更常见。"理"是事物的规律和法则，张岱年指出："常则或规律，可以说是理之主要哲学意味。"③唐君毅指出："道初为人之所行，而由内之主观通于外之客观者。理则初指客观事物之条理。韩非之连道理以成名，则重在即事物之理以说道。"④但老子的"道"并不指事物的规律和法则，黄老提"理"显然将老子"超越"的"道"向"具体化"的方向修正了。老子重"主观"，而"理"则指"客观"，老子讲"理想"，而黄老只着眼于现实成败。老子强调"常道"，黄老强调"时变"。乔健指出："老子恒久普遍的以'自然→无为→自为'为核心内容的'常道'，就根本不必考虑一时一地的具体情况，或者说对老子'常道'的恪守和贯彻在根本上是排斥根据实际状况来'时变'和'因宜'的。"⑤始终坚持人之"自主自为"是老子的"常道"，人能"自主自为"才能向"精神""超越"和"道义"处提升，只有"超越"的东西才可称之为"常"。儒家在现实之上的"道义"也具有"常"的特性，"道义"是衡量现实的标准，但文子的衡量标准是"时"，"时"的最大含义莫过于强调功利成败，这等于背离了儒道的"常"。

第一节 文子的"理"对老子"道"的修正

《自然》云："故阴阳四时，金木水火土，同道而异理，万物同情而异形。"黄钊指出："阴阳、四时、五行都是'道'的体现，但是他们所表现的'理'各有特殊性。"⑥所以黄钊认为《文子》的"道"指根本规律，"理"指具体规律，"道"是一

① 张岱年：《中国哲学大纲》，南京：江苏教育出版社，2005年，第74页。
② 唐君毅：《中国哲学原论·原道篇》，台北：学生书局，1986年，第428页。
③ 张岱年：《中国哲学大纲》，南京：江苏教育出版社，2005年，第75页。
④ 唐君毅：《中国哲学原论·原道篇》，台北：学生书局，1986年，第428页。
⑤ 乔健：《论〈文子〉对老子思想的修正》，《中国哲学史》，2014年第2期，第16页。
⑥ 黄钊：《论〈文子〉的黄老新道家思想特色》，《湖南大学学报》，1990年第4期，第13页。

般，"理"是个别，一般寓于个别之中。李定生也有近似的看法，他认为"道"是一般规律，"理"是具体规律①。《黄老帛书·论》云："物各'合于道者'，谓之理。理之所在，谓之'顺'。物有不合于道者，谓之失理。失理之所在，谓之逆。"陈丽桂云："'道'是总'理'，'理'是分'道'。'道'是万物、万事、万象的总源和总律，'理'则是万物、万象、万事各自的规则。"《韩非子·解老》云："道者，万物之所然也，万理之所稽也。理者，成物之文也；道者，万物之所以成也。"张纯、王晓波指出："韩非所言之'道'，不但是自然物质的本体，并且，是一切自然物质或人事社会规律的总汇之源。"②可见，把"道"当作总规律、把"理"当作分规律是黄老学家通行的做法，但总规律又比较"虚"，而分规律则很"实"，因此"道"实际就被"理"取代了，老子的"超越"视角就被黄老的"现实"视角掩盖了，但这与老子思想根本不同。张岱年指出："事物的规律不能脱离事物而存在，不得在事物之先。脱离事物的规律即不是规律而是抽象的观念。老子以为道先于天地，其所谓道，即超越事物的虚构观念。所以老子的宇宙论可谓一种客观唯心论。"③老子的"道"是"超越事物的虚构观念"，是"主观"的产物，"道"与"客观"的"事物的规律"没有关系。如果是就"规律"而言"道"，恰是将"超越"的"道"下拉向了"具体"，"道"的"超越"意味就消失了。文子将"道"下降而为事物之"理"，这等于将"万物"与"道"的关系斩断了，看待万物不再从"高处"的"道"看了，没有"道"的参照，老子主张的万物齐平和人人自为的思想也就隐没不见了。一旦不从"高处"的"道"看万物，"君"当然就是天地万物的主宰，自然就只能寄希望于君主的权力④。文子对"理"的强调实际上修正了老子之"道"的内涵，因而自然地认同君主集权。"规律"是说万物只能成为那个样子，而不能成为其他样子，也就是说万物成为什么样子完全由"规律"规定，这等于说君主掌握了"规律"，也就掌握了万物。老子明言"不有""不宰"和"道法自然"，说明道与物不是控制与被控制的关系，万物完全可自主地发掘自己的潜力。在"高处"的"道"之下，万物平等，君王也只不过是万物之一，谁也没有掌握"道"的能力，而在文子的"理"之下，君王完全可以掌握"规

---

① 李定生、徐慧君：《文子校释》，上海：上海古籍出版社，2004年，"前言"第35页。

② 张纯、王晓波：《韩非思想的历史研究》，北京：中华书局，1986年，第40页。

③ 张岱年：《中国哲学大纲》，南京：江苏教育出版社，2005年，第49页。

④ 看不见"道"，就只好靠"君"了，也就是能不能从高处看万物的问题，像老子一样，从"道"往下看万物一律齐平，君也只是万物之一，这实质上是拉齐了君与民的差距，也就是说一方面压低了"君"，另一方面又抬高了"民"，逻辑地导出了万物自主自为的思想。但如果不是从高处看，平面地看，当然一切都要最后依赖"君"，自然地走上了支持君主集权的道路。思想越是往高处攀登，对人性越是信赖，越是主张自主，而一旦找不见"道"，仅仅现实地思考问题，当然就要将人间向善的主导权交给君主。"善"要从人心中自己生长出来，如果是外在强行压来的"善"，都会扭曲。所以当古代的哲人思考到"道"时，这是在除依靠君主之外找到了第二条道路。

律"并用来治理天下，进而规定万事万物应该成为什么样子。文子在强调"尊君"，认同君主集权，因为君是"规律"的掌握者，洞晓天下一切事物，百姓自然应该遵从君王的引导，走君王指引的道路，这是对君主的"圣化"，而君主的"圣化"与百姓的"愚弱化"密切相关。老子则在强调万物平等，这实质上是在压低"君"而抬高"民"，"民"的地位上来了，民自主自为的意识才能凸显出来。老子的"道"高悬于君王之上，人们在"道"的引领下，可判断君王的所行是否合理，进而对现实中的是非善恶做出批判。文子根本没有批判意识，他将"道"转化为"理"，"道"的批判性彻底隐没不见了。一切支持"集权"的理论总要将君王之上的"道"取消掉，清除掉所有牵制君王的因素，才能将君王推上权力顶峰。

但是，也有人对老子的道物关系提出疑问，王玉彬指出："物的存在状态实际上尽在道的掌控与宰制之中，无逃乎道。"又云："老子所言及之物多以万物之全称而出现，所取之物象均为衬显道之义而在。庄子之物虽然也不无大共名的性质，但却多是以千奇百怪的个体形象而呈现于我们眼前的。"[1] 池田知久指出："（老子）早期的形而上学与新的自然思想之间是相互矛盾的。"[2] 池田氏所说"早期的形而上学"指老子的"道生万物"，他也认为"道"控制"万物"而与"自然"思想矛盾。两人的怀疑不能说毫无道理，道与万物的关系究竟怎样值得再思考。王玉彬的疑虑来自对《老子·六十二章》："道者，万物之奥"的解释，虽然他承认"'道'在生成万物的过程中有'生而不有，为而不恃，功成而弗居'……的自然性与宽容性。"[3] 但他认为"奥"有"主"的意思，进而认为"道"是"万物之主"，所以才得出上述引文中的结论。但老子的"万物之奥"大有深意，对人类社会而言，能成"万物之主"的除了现实中的"君王"，也就是"神""上帝""道"等了。既然"道"是"万物之主"，相应地意味着"君"并非"万物之主"，"道"并不"宰""有"万物，这就与现实中君王对百姓的"有""宰"形成鲜明对比，说明君王也不应该宰有万物。因为"道"才是万物真正的"主"，真正的"主"尚且"不有""不宰"，"君王"又怎可宰制万物？所以老子在批判君王宰制万物。没有"道"的参照，君王必定主导世间是非的判定，君王的价值将成唯一的价值，没有更高的价值作为参照，人们将根本无法判定现实中的大是大非，也无法洞察君王的作为是否合理，因而取消"道"当然也就意味着放弃对现实的批判。"道"并不是某个"实体"，从而有能力"宰制"万物，"道"是

---

① 王玉彬：《从"生成"到"齐通"——庄子对老子之道物关系的理论转换及其哲学关切》，《中国哲学史》，2014 年第 1 期，第 19 页、第 20 页。

② 池田知久：《〈老子〉的形而上学与"自然"思想》，《文史哲》，2014 年第 3 期，第 101 页。

③ 王玉彬：《从"生成"到"齐通"——庄子对老子之道物关系的理论转换及其哲学关切》，《中国哲学史》，2014 年第 1 期，第 19 页。

偏向于"无"的存在，正因为偏向于"无"，才能对万物"不宰""不有"，使万物有充分的"自为"空间。显然王玉彬只注意到"道"为"万物之奥"的一面，但却没有意识到"道"之"无"的特性，才发生了上述误解。对"道"的认识一方面要强调其在万物之"上"，这是在否定君对万物的宰制，另一方面还要强调"道"的"无"之特性，这是在突出万物的自主性。

韩非对"理"有进一步明确的说明，《解老》云："凡理者，方圆、短长、粗靡、坚脆之分也。"陈丽桂指出："'理'偏指物的质性……而'德'偏指物的功能。"①《文子》似乎是在用"德"字表达物的"质性"和"功能"义。《精诚》云"道散而为德"。李定生指出："一切事物都有所得于道，都各有其德。"②《微明》云："德中有道，道中有德。"《精诚》又云："道之与德，若韦之与革。"李定生指出"一般性的道并不是脱离具体事物的性质（德）而独立存在，它是属于万物之中……没有道，万物无所从出，没有德，万物也就没有自己的性质。"③这里万物"自己的性质"不能理解为儒家的善性，同样也不能理解为道家的本真之性，黄老之所以为黄老就是把人当作可利用的工具看待的，他们看不到人性中更高更内在的东西，黄老关注的是万物的"质性"和"功能"等工具属性。黄老的"德"可能模仿的是《中庸》"天命之谓性"的模式，而与老庄无关，因为老庄似乎都不太关注道为万物赋性的思想，至少在《庄子》内七篇是这样的。王玉彬指出："在老子哲学中，'德'只与'道'或'圣人'有关，而与'物'无关。""庄子丝毫不关注'物得以生'之'德'"④，而且根据王玉彬的看法，庄子的"德"实际指个体的本真存在方式⑤，这显然与黄老的"质性"和"功能"说不同。"物"的"质性"和"功能"只是"物"比较确定、容易辨识的方面，而且"质性"和"功能"仅着眼于物之"用"，也就是物的"工具价值"。罗安宪指出："任何一物，本来是一独立自在之物，本来有着无限的生命和广阔的丰富性，但是当其被人当作有用之物使用或利用时，当其被人限于'有用之用'时，此物的丰富性不仅不复存在了，而且其生命力亦不复存在。"⑥庄子强烈反对从"工具价值"的角度看待万物，他主张"无用之用"⑦，也就是说万物的可贵并不是因为他们具有可被利用的方面，而是说每一物皆有独特的价值，每一物都是独立自足的，"物"不是为

---

① 陈丽桂：《战国时期的黄老思想》，台北：联经出版事业公司，1991年，第207—208页。
② 李定生、徐慧君：《文子校释》，上海：上海古籍出版社，2004年，"前言"第36页。
③ 李定生、徐慧君：《文子校释》，上海：上海古籍出版社，2004年，"前言"第36页。
④ 王玉彬：《"德""性"之辩——庄子内篇不言"性"释义》，《哲学研究》，2017年第12期，第67页。
⑤ 王玉彬：《"德""性"之辩——庄子内篇不言"性"释义》，《哲学研究》，2017年第12期，第70页。
⑥ 罗安宪：《"有用之用""无用之用"以及"无用"》，《哲学研究》，2015年第7期，第33页。
⑦ 参见《逍遥游》中庄子和惠施的两则对话。

了被人所"用"才造出来的,显然仅仅着眼于物之"用"就会遮蔽生命的无限可能性和丰富性,而这正与庄子思想相悖。方东美指出:"庄子哲学主旨,固在于揭示人类种种超脱解放之道。理想之士,固力主向上看齐,然而世人都宁要向下拉平。"①在"工具价值"的层面,万物尤其是人只有成为君王"富国强兵"的"工具"和"手段",其本身的价值才能得到肯定,但这与庄子的"逍遥"之旨明显相悖,正如方东美所言庄子揭示了人类的"超脱解放之道",也就是说从"用"的层面跳出来,万物各顺其真性自然发展,万物也就皆不失其自在天真,这当然是庄子构想的"超脱解放之道",也是庄子的"理想",这一"理想"当然与从"工具价值"的层面看人完全相悖。就"人"而言,如果仅注重"物性",就严重忽视了"人"更为"本质"的一面——"精神"。"人之为人"并不由人的"物性"定义,而是由人的"精神"定义。"精神"使"人"与"动物"有了区别,在"物性"的层面上,"人"与"动物"并不能区分。孟子强调人禽之辨,在"仁义"的层面区别人禽,也是要将人从"唯利"的物性中超拔出来,将人向"超越"的"仁义"处推。

黄老以"工具价值"论人,毋宁说是要将人固定在"动物性"上,儒道总是将人向"上"推,黄老总是将人向"下"拉。徐复观指出"所谓内在的人格世界,即是人在生命中所开辟出来的世界。在人生命中的内在世界,不能以客观世界中的标准去加以衡量,加以限制;因为客观世界,是'量'的世界,是平面的世界;而人格内在的世界,却是质的世界,是层层向上的立体的世界。"②"质的世界""人格世界""内在世界"和"立体世界"都是人自主自为的世界,人只有自主自为了,才能把自己向"精神""超越"和"道义"处提升,人才能有自己独立的价值判断,才能选择自己独立的生活方式,也才能拒绝世俗所普遍认同的东西。如果放弃"主观",只强调"客观",则势必要认同现实社会中的"功名利禄",要将自己向君王所确定的价值观靠拢,最终成为君王"富国强兵"的"工具"和"手段"。"立体世界"是对"平面的世界"的超越,而黄老所说的"方圆""长短"等正是在"平面的世界"中论人。"质的世界"扎根于人的心灵,是独特的生命存在,只能是个人精神的体验,不能像"方圆"和"短长"等"物性"一样被直接使用,所以"人格世界"无法被利用。黄老强调"方圆"和"短长"等是根本否认人有人格生命、心灵世界的一面,致力于人的"物化",把"人"彻底当作"物"了。老子说"根"和"命",肯定是认识到了人更加"本真"的东西,而黄老强调人的"物性",显然只关注人性中的低级部分。人性中"高级"部分的实现,总要与"功名利禄"保持相当距离,能抵挡

① 方东美:《中国哲学精神及其发展》(上册),北京:中华书局,2012年,第137页。
② 徐复观:《中国人性论史》,台北:商务印书馆,2010年,第69页。

世俗诱惑，自然不会成为君王"富国强兵"的"工具"和"手段"。《庄子·天下篇》评述慎到等黄老思想时说"块"和"死人之理"，因为黄老压缩人的"精神"空间，把人当作有"工具价值"的"物"来利用。人不能向"精神""超越"和"道义"处趋近，就只能像动物一样满足生理欲望，这是将人围困在"物性"之中了。当然黄老也只能关注人的"物性"，因为人的精神世界各各不同，无法确定掌握。如果人们都关注人格，都独立自主，君王追求的"富国强兵"目标又如何实现呢！但人的"物性"可被控制，君王独占所有资源，人要吃饭穿衣，就要以自己的"工具价值"与君王交换。

"平面的世界"只是利用与被利用的世界，个体的价值以是否能被"利用"来衡量，撇开"工具价值"，人就没有任何价值可言了。"人"的存在是要看可被"利用"的价值有多大，如果没有利用价值，也就没有存在的必要。在黄老学说中，生命显得很可怜、很灰暗，"人"的价值不是因为他是"人"，他一定得像"物"一样能被利用。这样形成的人际关系没有一点温情，社会毫无温暖，这与孔孟思想相去何止千万里！徐复观指出："仁不是特定的一事物，而系贯彻于每一事物，因而赋予该事物以意义与价值的精神。"[①]"仁"有"爱"的一面。蒙文通指出："东方的儒墨谈仁义，主张人与人相爱，人相爱则能相聚相容，人不相爱则民散，人相贼自然国不得安。"[②]孔子要将"爱"贯彻于每一事物，要形成一个"爱的世界"，"爱"超越"功利"，无论对方是否有"工具价值"，都义无反顾地去"爱"，对方不是只有"工具价值"的"物"，我也不是。布克哈特指出："我在外界强力面前只是个可怜的傻瓜，所有的东西都远不如实际的直觉和感觉重要。"[③]作为个体，人是孤独的、力量单薄的，面对外在的不确定以及强力，如果感受不到"爱"，生命易陷绝望。人间的快乐首先是感觉上的快乐，"感觉上的快乐"不是指满足物欲，而是指人切身地感受到人际关系中的"爱"（人追逐于物欲之中感觉到的往往是空虚与寂寞而不是快乐），这首先要反对人的"物化"，"平等"地将所有人当"人"看，同时也要给予人自主自为的空间。

《文子》中与"理"连用的词计有如下一些：天理、一之理、道理、必利之理、分理、听之理、异理、地理、人理、荣辱之理、人情之理。"分理""异理"表明不同的事物有不同的"理"，所以"听"有"听"的道理，"人情"有"人情"的道理，"荣辱"有"荣辱"的道理等等。自然治国就有治国的道理，治国的"理"落实下来就是"法"，正如陈丽桂所言"法和刑名基本上也是一种人事之'理'，他们是'理'

① 徐复观：《中国人性论史》，台北：商务印书馆，2010年，第97页。
② 蒙文通：《先秦诸子与理学》，桂林：广西师范大学出版社，2006年，第205页。
③ 卡尔·洛维特：《雅各布·布克哈特》，楚人译，北京：商务印书馆，2013年，第1页。

在人类社会的体现"①。老子的"道"一转而为"理","理"一转而为"法"。不过地理、荣辱之理、人情之理等都不是重点,我们主要分析治国上的"理"。《道德》云:"释道而任智者危,弃数而用才者困。故守分循理,失之不忧,得之不喜。成者非所为,得者非所求,入者有受而无取,出者有授而无与。因春而生,因秋而杀,所生不德,所杀不怨,则几于道矣。"从后面的"生"和"杀"看,这里的"道""数"和"理"都指"法"而言。文子认为不能用个人的"才智"治国,一切都应以"法"为标准,如此一来各色人等就都是按照"法"的规定而授受的,君主的个人情感没有参与进去。按照"法"的标准该生则生、该杀则杀,这就如同春生秋杀一样符合自然规律,因为符合自然规律,所以也就没有人抱怨,这种"法治"就是符合"道"的治理方式。《道原》曰:"夫任耳目以听视者,劳心而不明,以智虑为治者,苦心而无功。任一人之材,难以至治。一人之能,不足以治三亩之宅。循道理之数,因天地自然,即六合不足均也。"这里的"道理之数"仍旧指"法治",文子对君王个人的"耳目""智虑"等主观才智的有限有清醒的认识,因而自然导向了对客观的"法治"的遵循,"法治"的普遍性可以弥补君王个人才智的有限。《下德》曰:"人之言曰:'国有亡主,世无亡道。人有穷而理无不通。'故无为者,道之宗也。得道之宗,并应无穷。故不因道理之数,而专己之能,其穷不远也。"这里文子仍旧在告诫君王要遵循"法治","道""理"和"道理之数"仍旧指法治而言,文子认为人治是有限的,而法治则能"无不通",能有"无穷"之应,如果君王放弃了"法治",就会穷途末路。君王以法治国就是"无为",也就是得到了"道"的精华。上引三段材料都很好地说明了文子所说的"理"最终都转变为治国上的"法"。

第二节 文子的"时"对儒道"常道"的修正

乔健指出:"特别关注思想理论的'现实性'、'实用性'和'操作性'使得《黄帝四经》特别强调了'时'而抛开了'常',因为'时'与必须'适应时代发展需要'因而具有'现实性'和'操作性'的'术'密切关联,就像'常'总是与'永恒'、'应然'的'道'相一致。"②"常"意味着有超越于现实之上的评判标准,对现实活动有"定向"和"限制"作用,并不是可以为所欲为,而是要有所"不为"。一旦只强调"时"就意味着没有任何"限制",可以放弃所有的道义原则,而只随"时代发展需要"采取相应的措施。《文子·下德》云:"喜怒刚柔,不离其理。"这表明只要合"理",并不在乎手段是什么。《上德》曰:"圣人能阴能阳,能柔能刚,能弱

---

① 陈丽桂:《战国时期的黄老思想》,台北:联经出版事业公司,1991年,第65页。
② 乔健:《论〈黄帝四经〉对老子思想的修正》,《暨南学报》,2012年第9期,第130—131页。

能强，随时动静，因资而立功。"只要"随时"成为原则，手段上的"柔弱""不柔弱"就不一定，"残暴"手段也是允许的，这实际不是为"柔软"手段打开了大门，而是为"残暴"手段打开了大门。《上仁》曰："天地之气，莫大于和。和者，阴阳调，日夜分，故万物春分而生，秋分而成，生与成，必得和之精。故积阴不生，积阳不化，阴阳交接，乃能成和。是以圣人之道，宽而栗，严而温，柔而直，猛而仁。夫太刚则折，太柔则卷，道正在于刚柔之间。"因为黄老是从天道引申治道原则，既然天道表现为阴阳、日夜、春秋的两面，单纯地使用"刚猛"的手段也不合适，所以既要"宽"，还要"栗"，既要"猛"，还要"仁"。但既然要"随时"，什么样的治国手段更有效果，什么样的手段就是更好的治国方法，因为"时"本身并不具备"道义原则"的"牵制"作用，只能是看现实效果。很明显在驱使人成为君王"富国强兵"的"工具"和"手段"上，"猛"要比"仁"效果好，所以很容易从治国手段上的"柔软"滑向"刚硬"。黄老完全抛开了是非善恶，只讲现实功利，是非善恶要讲好坏，功利只看成败，完全不顾手段的正义与否①。但这与老子思想根本相背，老子思想的核心是平等基础上的"人人自为"，显然与人的工具化和手段化相对。儒家的核心是"仁"，"仁"是"爱"的精神，一切现实作为总要体现"爱"，实现"爱"的方式容有不同，但毫无疑问"把人不当人看"却是最大的不爱，人的工具化和手段化也与"爱"的精神背道而驰。当人成为实现某个目的的"工具"和"手段"时，暴力将紧随其后，黄老的思想就是最好的证明。

《道原》曰："夫事生者，应变而动。变生于时，知时者，无常之行。故道可道，非常道；名可名，非常名。书者言之所生也，言出于智，智者不知，非常道也；名可名，非藏书者也。多闻数穷，不如守中；绝学无忧，绝圣弃智，民利百倍。"这段材料是文子的"反常道"和"反智"宣言，到处体现着修正老子思想的痕迹。文子对坚守"常道"的知识人很蔑视，他说"书"表达"言"，"言"出于"智者"，"智者"本身就"不知"，所以书本上的记载就无所谓"常道"可言。这是对老子思想的极大歪曲，老子是说所有人当然包括君主对"道"都不能确定把握，因而逻辑地导出谁也没有权力可以安排他人的生活，自然要求"君主无为"，而使每个个体充分"自为"，这是老子的"常道"。但文子却从老子对"道"不可知的思考中导出他的"反常道"和"反智"论，因为"智者不知"，作为智者言行记录的"书"也根本不可能有"常道"，"不知"成了抹平心智差异的利器，而将心智抹平了，君王的号

---

① 从手段上，我们也能看出他们对"人"的定位来。黄老是"文武""刚柔"兼用，这即是说对"人"有时还不能纯用暴力，还应该时不时地给点"文"的"甜头"来引诱；法家是纯用暴力，但不管是"文武"还是只"武"不"文"，骨子里都特别轻视"人"，都把"人"当作"工具"和"手段"，只不过黄老的手段稍微多变、灵活一些，对人性的认识比法家更加深刻一点，法家迷信暴力，眼中根本没有"人"。

令自然就有了权威（反过来，君主的权威上去了，心智水平也自然就降下来了），"以君为师"是他们真正的目的。文子认为"多闻"的知识人往往把事情搞坏（"数穷"），还不如"绝学无忧、绝圣弃智"，这又是文子对老子思想的刻意歪曲，老子的"多闻""绝学"和"绝圣弃智"针对的是"在上者"，因为老子主张统治者"无为"，使百姓"自为"，而"闻""学"和"圣智"的君主自以为自己把握了"道"，聪明智慧高于常人，往往挟其统治权威而引导百姓的生活，这显然与老子"人人自为"的思想相悖。但文子却将老子主要针对"在上者"的言辞，用来要求在下者，"绝学无忧"和"绝圣弃智"成了对知识人以及普通百姓的要求，这是要使人全部无知无识，使人只知听从君王号令，只有这样人才能顺从地成为君主称王称霸的"工具"和"手段"。文子还认为知识人的存在与百姓的利益相反，他认为在上者才是百姓利益的代言人，知识人的议论都只会损害百姓利益。当人无知无识，不能表达自己的利益，在上者就会把自己认可的利益强加于百姓，进而一步步将百姓引诱到统治者的个人私利上，而统治者又往往把自己的"私利"说成百姓的"公利"。就像文子，知识人提出异议，在他看来就是破坏"民利"，殊不知他所说的"民利"，只是统治者强加于百姓的利益。"书"是知识和智慧的象征，知识人根据"道义原则"对在上者提出批评，正是对统治行为的约束和校正，也正是要求统治行为要顾及全体百姓的利益。但文子轻视知识人，更反对"常道"，提出"知时者，无常之行"，这是要甩开一切道义原则的限制，仅从现实功利出发。联系到春秋战国的形势，无疑要抛开儒家的仁爱观，而将人全部变成君王"富国强兵""一统天下"的"工具"和"手段"。

《道原》曰："夫执道以耦变，先亦制后，后亦制先，何即？不知所以制人，人亦不能制也。所谓后者，调其数而合其时，时之变，则间不容息，先之则太过，后之则不及。日回月周，时不与人游，故圣人不贵尺之璧，而贵寸之阴。时难得而易失，故圣人随时而举事，因资而立功，守清道，拘雌节，因循而应变，常后而不先，柔弱以静，安徐以定，功大靡坚，不能与争也。"陈丽桂指出："它（《黄老帛书》）强调时机的重要性，说'先后'并不重要，重要的是'时'的恰当不恰当。"[1] 文子也是如此，看起来要"守清道，拘雌节"，似乎有点老子"舍后且先，死矣"的味道，但又和老子的"守后"完全不同。老子的"后"是对"道"反省之后的自觉选择，因为人有限的认识能力无法确定把握"道"，因而谁也不敢宣称自己掌握宇宙的秘密，这就使真理向所有人开放，它不会为一个人所控制，正因为老子对"道"有深刻的反思，因此自觉选择"谦虚"的"守后"。文子则欠缺对"道"的反省，相反《上德》曰："天道为文，地道为理，一为之和，时为之使，以成万物，命之曰道。"《自然》

---

① 陈丽桂：《战国时期的黄老思想》，台北：联经出版事业公司，1991年，第85页。

曰:"凡事之要,必从一始,时为之纪,自古及今,未尝变易,谓之天理。"在引述《老子》时,文子不得不说"强字之曰道",但撇开老子表达自己关于"道"的观点时,文子直接说"命之曰道","谓之天理",语气上的差别反映出文子认为他们就是真理的掌握者。而且文子将"道"结构化、具体化,解析为"天道""地道""一""时"等等,认为对"天道""地道""一""时"的个别把握就等于把握了"道",这与老子对"道"的认识根本不同。偏向于"无"的"道"根本就不能"具体化",一旦"具体化",老子最有价值的思想就消失了,"道"就变成"物"的"规律"和"法则"了,从而与治国之"术"联系上了。而一旦规律和法则取代了"道",也就不可能自觉选择"守后"了,文子的"后"只能是暂时的权宜之计。老子的"后"与"雌、弱、下"一样,主要要求统治者"无为"。乔健指出:"'无为'又与'绝对'趋向'雌、弱、下'的价值偏向相一致,在上者及其治理思路均趋向'雌、弱、下'是'无为而治'进一步的具体落实。"①但文子一方面说要"守清道,拘雌节",另一方面又说要"合时",这就意味着根本无所谓"后",一切以"时"为标准,只要"合时","先"也可以,"后"也可以,所以文子说"后亦制先,先亦制后"。文子云"所谓后者,调其数而合其时",如果说非要坚持"后",也是因为"先"与"时"不匹配,而要调整策略、放慢脚步与"时"相合,可见"时"才是黄老的行为原则,"现实功利"是评判一切的标准。所以当"后"的现实效果比"先"好,就要坚持"守后",故云:"常后而不先,柔弱以静,安徐以定,功大靡坚,不能与争也。"到底是"先"还是"后",关键看实际效果,如果"后"能"功大靡坚",当然无妨"后"。白奚分析老子的"柔弱胜刚强"到"以柔克刚"的转变时指出:"由价值变成了工具,由哲学变成了谋略,也就是说由'道'变成了'术'。"②在老子,"后"是自觉的价值选择,主要批判在上者的"先";在文子,"后"是自觉的功利选择,没有任何批判在上者的意思,相反权术的意味很浓,这是将老子的"道"变成了"术"。

《微明》云:"仁者,人之所慕也。义者,人之所高也。为人所慕,为人所高,或身死国亡者,不周于时也。故知仁义而不知世权者,不达于道也。五帝贵德,三王用义,五伯任力。今取帝王之道,施五伯之世,非其道也。故善否同,非誉在俗;趋行等,逆顺在时。……故内有一定之操,而外能屈伸,与物推移,万举而不陷。所贵乎道者,贵其龙变也。守一节,推一行,虽以成满犹不易,拘于小好而塞于大道。"根据《庄子·天运》和《史记·老子列传》的有关记述,王利器认为"龙变"一词源于孔子对老子的赞叹,孔子在见过老子之后,对其弟子云"(老子)其犹

---

① 乔健:《论〈文子〉对老子思想的修正》,《中国哲学史》,2014年第2期,第14—15页。
② 白奚:《"道"与"术":老子思想的本义和引申义》,《哲学研究》,2013年第1期,第56页。

龙也"①，这个考证应该是准确的，这里的"龙变"和老子有关。"所贵乎道者，贵其龙变也"说明文子将老子之"道"的精华归结为"时变"，在这个认识的基础上他对儒家的仁义学说进行了分析。他一方面肯定了"仁义"的价值，但另一方面又认为时世和权变要比仁义更加根本。文子举了五帝、三王和五伯的例子就是为了说明不同的时代应该选用不同的治国之方，仁义也一样，衡量的标准要看是否符合"时"，否则仁义即使为人所慕，也终究不会有什么实际的效果。实际上文子用"时变"的观念对儒道两家的"常道"思想都进行了修正。"道"是绝对的、超越的因而也必然是永恒的，"道"的精华不可能是"时变"，具体有限的物可以说"变"，"道"必定属于"常"。老子提供给后世的是永恒的理念、终极的价值，这就是由"道"的"不宰""不有"而来的"任物自为"，在万物尤其是人自主自为的情况下，人就能够表现出如同"赤子""婴儿"一般的自在天真。强调万物的"自为"就必然逻辑地反对君主的"有为"，因而老子主张君主"无为"，所以治国理念上无论主张"德"或是"义"还是"力"均与老子思想不符，更何况文子还主张"因时权变"！这肯定与老子的"无为"相违背了。老子告诉我们的是"常道"，无论在任何时代都要坚持"任人自为"，文子以"时变"解读老子的"道"是对老子思想的根本性修正。文子又以"时变"否定了儒家"仁义"的恒久性，他是以"身死国亡"来衡量"仁义"的无效，这说明文子把"仁义"只是当作一种不同于"武力"的恩惠手段，但在儒家的观念中"仁义"所包含的施与恩惠的意义只是很小的一部分，如果把"仁义"理解成与"武力"并列的一种"术"，就严重拉低了儒家思想的高度，而黄老恰恰是把"仁义"当作治国之"术"看待的。"仁义"是儒家的"最高原则""最高理想"，它超越于具体的事情之上但又是儒家衡量所有事情的最高依据。作为一种"理想"，它不在于当下就能出很好的效果，而是如同远方的一盏明灯，"理想"没有止境，但永远在鞭策现在，"理想"虽然很虚，但如果没有"理想"，现实就会不断地下坠，终至于与"仁义"越来越远，虚的"理想"始终在引领着现实。儒道两家在中国的士人甚至普通人中产生了长远的影响，与他们所讲的"理想"为人们所渴望有很大的关系。对于"理想"，并不能以现实中的效果来衡量，而且"理想"之所以为"理想"往往是因为它与时代的主流相悖，正因与主流相悖就更需要无比强大的精神作为支撑，表现在外面就是要有勇气坚守"一节"和"一行"，"一节"和"一行"正是儒家持守"原则"的表现，在这种地方让步就等于放弃了儒家的根本原则。文子以"时"为衡量标准，也就是以现实成败为衡量标准，根本就没有儒道两家的"常道"思维，当然就要对阻碍现实效用实现的"一节"和"一行"进行批评。文子要的是放弃价值原

---

① 王利器：《文子疏义》，北京：中华书局，2000 年，第 329 页。

则的能"屈伸"、能"与物推移",这显然会与坚持"理想"的人士产生矛盾。

"常"与"应然"的"理想"相一致,而"时"与讲求"功利"的"现实"相一致,强调"现实"总要关注"富国强兵""一统天下",自然就要强调"法治"。《道德》曰"执一世之法籍,以非传代之俗,譬犹胶柱调瑟。圣人者,应时权变,见形施宜,世异则事变,时移则俗易,论世立法,随时举事。上古之王,法度不同,非古相返也,时务异也。是故,不法其已成之法,而法其所以为法者,与化推移。圣人法之可观也,其所以作法不可原也,其言可听也,其所以言不可形也。三皇五帝轻天下,细万物,齐死生,同变化,抱道推诚,以镜万物之情,上与道为友,下与化为人。今欲学其道,不得其清明玄圣,守其法籍,行其宪令,必不能以为治矣。"文子是说儒家固执于"三皇五帝"时代的"法籍"而批评"应时权变"的"古今通用的法则",这就是"胶柱调瑟"。文子在主张"时变",这就很能看出文子论述"法治"合理性的策略。他不知三皇五帝的"法籍"凝结了儒家的道义价值,三皇五帝不仅仅是历史人物,更承载着儒家的核心价值,是儒家的"价值符号"。徐复观指出:"中国过去之所以特别重视历史,正因为历史能提供是非的判断以保证。""人类是非曲直的价值观念,是由历史文化累积而来,反历史文化,即可不受这些价值观念的约束,而一切归之于现实政治权力的支配。"[1]乔健指出:"对抗专制最为有效的依凭就是以'文化'为基本内容的'传统','传统'即是'新兴的'君主专制体制直接的参照,也是儒生等对抗专制所凭借的道义、智慧和力量的源泉。"[2]刘泽华指出:"'复古主义'是一种理想主义和批判主义,是向现实的政治挑战。"[3]高木智见指出:"历史,发挥着纠正和约束现在的'法'的作用。"[4]作为"价值符号","三皇五帝"承载着儒家的仁义观,是儒家向往的"理想"之君,这表明儒家在现实之上还有一个"理想"的"道义"存在,而这正是儒家借以批判现实的资源。文子认为三皇五帝只不过和历史上的其他时代、其他君主一样只是"一世""一君",这是要剥去儒家所赋予"三皇五帝"的"理想性"和"道义性",不承认现实之上还有"道义"的存在,自然也就不受"道义"的束缚。这种"还原"的手法使"理想"人物回归到具体历史中,从而解构掉他们身上所凝结的道义价值,进而得出这些远古君王的"法籍"只能应对特定的时代问题,根本不可能代表"常道",任何的"法籍"都有时效性,这就突出了"时"的观念,进而自然就有"变"的思想。通过这种方法,文子就在"常"与"时"之间做了转换,面对现实问题,只要根据现实采取对策就可以了,不

---

① 徐复观:《中国思想史论集续编》,上海:上海书店出版社,2004年,第280页、第301页。
② 乔健:《中国古代思想研究》,北京:民族出版社,2008年,第57页。
③ 刘泽华:《先秦士人与社会》,天津:天津人民出版社,2004年,第143页。
④ 高木智见:《先秦社会与思想》,何晓毅译,上海:上海古籍出版社,2011年,第198页。

必顾及道义价值的牵绊，故文子曰："论世立法，随时举事。""法其所以为法者，与化推移。""立法""所以为法"的根据只是"时世"和"化"，再无其他，而"时世"指的就是"富国强兵""一统天下"。文子取消道义原则的牵绊后，天下就像"瑟"一样，任由他们随心所欲地弹奏，人就不可避免地沦为君王"富国强兵""一统天下"的"工具"和"手段"了。文子云："圣人之法可观也，其所以作法不可原也，其言可听也，其所以言不可形也。"儒家最看重行为背后的"所以"，也就是"动机"，孔孟当然不会否认现实应该变，因为现实不可能不变。但现实怎样变、人怎样变是他们最关心的，这也就是"原则性"与"灵活性"的关系问题。坚守"应然"的"道义"是原则，应该永恒不变，改变现实要有"原则"，而不能只是无原则地"变"。文子的"时"显然并非任何道义原则，只能是看现实功利，当然"刚硬"的"刑法"要比"仁爱"更加有效，以"法"将人全部"齐同化"也要比"不齐""散乱"的人更加容易管理、更能成为君王"富国强兵"的"工具"和"手段"，但这种"变"正是儒家反对的。

第四章　气与心

第一节　文子的"气"对老子"道生万物"的修正

《九守》曰：

天地未形，窈窈冥冥，浑而为一，寂然清澄，重浊为地，精微为天，离而为四时，分而为阴阳，精气为人，粗气为虫，刚柔相成，万物乃生。精神本乎天，骨骸根于地，精神入其门，骨骸反其根，我尚何存！故圣人法天顺地，不拘于俗，不诱于人，以天为父，以地为母，阴阳为纲，四时为纪。天静以清，地定以宁，万物逆之者死，顺之者生；故静默者，神明之宅；虚无者，道之所居。夫精神者，所受于天也；骨骸者，所禀于地也。故曰：道生一，一生二，二生三，三生万物。万物负阴而抱阳，冲气以为和。

这段材料反映了文子以"气"这一概念对老子"道生万物"思想的修正。老子曰"无，名天地之始；有，名万物之母。"（一章）"谷神不死，是谓玄牝。玄牝之门，是谓天地根。"（六章）"有物混成，先天地生，寂兮寥兮，独立而不改，周行而不殆，可以为天地母。"（二十五章）"天下万物生于有，有生于无。"（四十章）"道生一，一生二，二生三，三生万物。万物负阴而抱阳，冲气以为和。"（四十二章）"天下有始，以为天下母。"（五十二章）上引材料除"四十二章"外都没有"气"字。而且老子对万物生成过程的描述非常模糊，用了诸如"有""无""玄牝""母""一、二、三""始"等语辞，但文子的描述则很清晰，他不仅提出了"气"的概念，且将"气"分了"精"和"粗"。陈丽桂指出："以'气'释'道'，原本是战国黄老学家转化先秦道家理论的共同形态与标志。"[①]因此有必要详析"四十二章"。学界对"四十二章"基本有两种看法：一是将"一"看作"道"。陈鼓应解释"一"云："道是绝对无偶的，用数来表示为'一'。"吕吉甫云："道之在天下，莫与之偶者，莫与之偶，则一而已矣，故曰'道生一'。"[②]蒋锡昌云："道始所生者一，一即道也。自其名言之，谓

---

① 陈丽桂：《战国时期的黄老思想》，台北：联经出版事业公司，1991年，第220页。
② 陈鼓应：《老子注译及评介》，北京：中华书局，2006年，第232页。

之道;自其数而言之,谓之一。"①陈鼓应、吕吉甫的解释脱离"道生一"的语境,既然已经将"一"解释为"道",就很难解释"道生一",总不能是"一生一",这显然不辞。蒋锡昌明言"道始所生者一",而又云"一即道也",前后矛盾。既然"道生一",显见"道"在"一"上,"道"和"一"不同。当然"道"绝对无待,用"一"表示未尝不可,何况老子已明言"强字之曰道",称作"一"当然也可以。但用"道"要比"一"好,因为"道"有道路、方向的意思,与"道"对人的"导向"作用有一定联系,称作"一"就很难看出"导向"作用。而且直观上"一"与"多"相对,显出"一"对"多"的优越,这并不符合老子思想。最起码在"道生一"的语境中,"道"不能是"一",将"道"称作"一"多见于黄老著作。另一种受"万物负阴而抱阳,冲气以为和"的影响,将"一、二、三"与"气"联系起来,河上公曰:"道始所生者一也,一生阴与阳也,阴阳生和、清、浊三气,分为天地人也。"高亨曰:"一者天地未分之元素也,……二者天地也。三者阴气、阳气、和气也。"②晨阳指出:"道是万物的原质,生的一是未分阴阳的混沌气,混沌气分裂成阴阳二气,阴阳二气和生第三者,第三者产生千差万别的万物。"③这些解释虽微有差异,但均与"气"有关。但他们都未注意"四十二章"中"气"的位置在后,而上述解释则把"气"的位置移在最前了,郑开指出:"秦汉思想濡染于气的概念与理论,而老子哲学中'气'的概念却似乎不那么重要。"④李存山指出:"从郭店楚简看,'阴阳'在道家文献中的地位并不是很重要。""道家看待'阴阳'——正如其看待'通天下之一气耳'一样——认为是'终不近道的'。""《庄子》书中对'阴阳'或'气'的重视,大多为'拟议''仿象'之辞。"⑤"道"是老子主观精神的产物,"超越"的"道"需要精神的感悟,而与具体的物质没有任何关系,将"精神"的东西扯向具体的物质正是黄老的特点,物质性的"气"不可能在老子思想中占有重要位置,突出"气"的作用恰是以黄老解释老子。

老子的"道生一,一生二,二生三,三生万物"确讲万物生成,但讲万物生成就一定要"具体"吗?刘笑敢指出:"很'道生一,一生二,二生三'的说法并不是对宇宙万物产生的实际过程的现象的描述,而只是对宇宙生发过程的一个模式化表述。也就是说,这里的一、二、三都不必有确切的指代对象,一是气还是道,二是阴阳还是天地,都不影响这一模式所演示的实际内容。对一、二、三的任何具体

---

① 刘笑敢:《老子古今》,北京:中国社会科学出版社,2006年,第439页。
② 刘笑敢:《老子古今》,北京:中国社会科学出版社,2006年,第438页。
③ 陈鼓应:《老子注译及评介》,北京:中华书局,2006年,第232页。
④ 郑开:《试论老庄哲学中的"德":几个问题的新思考》,《湖南大学学报》,2016年第4期,第62页。
⑤ 李存山:《庄子思想中的道、一、气》,《中国哲学史》,2001年第4期,第38页。

的解释都可能是画蛇添足。老子完全不解释什么是一、二、三，这是因为他根本不想解释，不需要解释，他所要提出的是一个理论化的模式，而不是天体物理学的具体描述。"① 刘笑敢应该抓住了老子思想的真意，后世学人努力诠释老子的"一、二、三"，但实无必要。凡是"具体化"老子"道生万物"思想的企图都是对老子思想的背离，老子的兴趣不在"道"怎样具体生万物，"道生万物"与鸡生蛋、母生子这样的"实体"性地"生"不同，老子在自己的"精神"中体会到万物之上存在"道"，"道"是主观的产物，是思维精微化的反映。"道生万物"不是"外在"的"客观"生成，客观的生成需要面向具体，但精神的产物则很难具体化，而且老子的"道"是偏向于"无"的存在，"道"是什么根本不可言说，老子勉强将其命名为"道"，只是方便言说。黄老以"具体"的"气"解释"道生万物"，甚至以"气"取代"道"，必定离老子思想越来越远。黄老将"道"解释得太"实在"，将"道"当作"外在"的"客观存在"，因而就往"具体化"的方向发展了，老子以"母""始""玄牝"等概念表达出"道生万物"的大框架就够了②。

老子的"道生万物"不是要讲实在的生成，正如袁保新所言："'道'……自始就是以安立价值世界为其根本义涵。"在"道"的引领下，我们才能独立自主地判断是非善恶，万物皆为"道"所生，因而万物在根本上是"平等"的。老子的"道生万物"是人类历史上具有划时代意义的思想，老子从"形上"之源论证了人的"平等"。万物在根本上的"平等"只能从高于万物的"道"处论证，母生子、鸡生蛋式的"生"根本无法论证万物"平等"。一旦转入具体生成的范畴，"平等"就隐没不见了，这正是黄老期望的③。"道"未被提出时，人的"平等"没有"形上"之源的支撑，"尊卑贵贱"就是"天经地义"的。有了"道"的参照，人就完全可以批判以"尊卑贵贱"为核心内容的不合理的等级制度了，进而向更加"理想"的生活迈进，这就是"道"的作用。儒家在万物生成上也与老子相似，既生成又不具体，《中庸》

---

① 刘笑敢：《老子古今》，北京：中国社会科学出版社，2006 年，第 439 页。

② 与黄老相比，老子讲的生成当然是模糊的，但他毕竟说了"有""无"，说了"一、二、三"，这大概是思维的精密所在。徐复观指出："天道若不变化，即不能生万物；而所谓道之体（本体），亦成为与人相隔绝，而且为人所不能了解的悬空地东西。"（徐复观：《中国人性论史》，台北：商务印书馆，2010 年，第 207 页）这个"模糊的过程"大概就是表明道与万物不是"悬空"的，不是"隔绝"的，而是确实发生作用的。

③ 徐复观在梳理荀子"天"的思想时指出："另一发展的倾向，即是把天完全看成了自然性质的天。对于自然的天，也会感到是种法则的存在；但这种法则，是自然科学意味的法则，而不是道德意味的法则。"（徐复观：《中国人性论史》，台北：商务印书馆，2010 年，第 226 页）文子也是朝着这一方向发展的，将道生万物看成"自然科学"性质的，"道"被下降为"物"，这样肯定就远离老子主张的"平等"而向治国之"术"奔进了。任何能生万物的东西都不是具体的，无论是道家的"道"，还是儒家的"天"，当说"天命之谓性"时，这个"天"肯定不是自然世界中的"天"，自然世界中的"天"和人一样都是被生成的东西，能生万物的"道""天"只是方便称谓，也就是老子所谓的"强命之"，其根本上是不可言说的。

言"天命之谓性",没有具体过程,也没有精气粗气。稍微具体的说法出现在《易传》中 ①,《乾·彖传》曰:"大哉乾元,万物资始,乃统天。云行雨施,品物流行。"《系辞》曰"一阴一阳之谓道。继之者善也。成之者性也。"《易传》虽然有"云行雨施""一阴一阳",但与《文子》相比还是相当克制。徐复观指出"孔门传《易》的人,目的不仅在以变化来说明宇宙生化的情形,而是要在宇宙生化的大法则中,发现人生价值的根源。"又云"作《易传》的人,有'继之者善也'这一句话的点醒,便顿觉宇宙间一切皆郎澈和谐,所以生者不仅是物质,而实际也是价值。" ② 儒家还是在讲"道德","道德"也是人之主观的产物,讲"道德"就不应该"具体"描述生成过程,生成而不具体,这是真正的智慧所在,如果生成而又具体,"规律"和"法则"的意味就浓厚了,反倒遮蔽了道德价值 ③,任何精神性的东西都不宜与物质的东西扯上关系。

　　"具体化"的方向则将老子的"道"下降而为"规律"和"法则",进而演变为治国之"术",文子就是朝这个方向发展的。文子以"四时""阴阳""刚柔"言"天

---

① 本书所用《周易》为周振甫《周易译注》本,北京:中华书局,1991年。

② 徐复观:《中国人性论史》,台北:商务印书馆,2010年,第206页、第207页。虽然《易传》的核心还是在讲道德价值,但用"阴阳"去说"道"毕竟是有问题的,徐先生已经发现了其中的不妙,文长不具引,大意如下:要将道、天看作精神、思想所"证验"出来的,精神的高度决定着有没有"道"和"天",而不应该是用客观的"阴阳"去规定"道"和"天",阴阳毕竟是物质性的存在,物质性的存在容易导向规律、法则,而规律、法则当然也会有道德的意义,但这种道德与人的关系是"拟议性的、间接性的",也就是这种道德对人而言是"外在的"。孔子、子思、孟子都只说天、天命,天、天命没有任何具体的内容规定,这反倒将道德功夫落在人自己的"心"上了,这就不是"外在"的道德了,而是人心的良知在起作用。而且以阴阳说天,容易诱导人将道德问题看作思辨的知识,忽略了自身的道德证验,不过这正是近现代研究道德的路子。还有,天、天命本来是无限的存在,用阴阳来说,正是对无限的限制,但用阴阳来说天更容易让普通人理解,汉代以五行与阴阳相参,成为汉儒讲道德的主导模式(见徐复观:《中国人性论史》,台北:商务印书馆,2010年,第217—220页)。另外,《说卦》云:"是以立天之道,曰阴与阳;立地之道,曰柔与刚;立人之道,曰仁与义。"徐复观云:"这里不管其原因如何,将三者作平列式的排列,其本身是不合理的。因为由此种排列,并不能说明性与命的一贯的关系。"徐先生的说法是正确的,《说卦》将天地人平行铺排,而且天地人之上又没有一个纵向的更高的"存在",像老子的"道"、孔子子思的"天""天命"、《彖传》的"乾元"、《系辞》的"道",那么天与人之间就找不见生成关系,天命与人性自然就分成两截了,一旦分成两截,儒家最为根本的"仁"思想就凸显不出来。所以最后徐先生无奈地表示:"在这种地方,只有不为它排列的形式所拘,而应从'将以顺性命之理'这一句话来探求作者的本意,亦即孔门的真意。不过这一段的叙述,总不免夹杂,是无可讳言的。"(上引见徐复观:《中国人性论史》,台北:商务印书馆,2010年,第211页)《易传》以"阴阳"说"道"的模式与黄老也可比较,不过《易传》的重心还在道德价值,而黄老则由"阴阳"所引申出来的规律、法则进而讲治国之"术"了。

③ 新出土黄老文献都在不同程度上具体化老子"道生万物"的思想,从而引出了治道原则。根据王中江的总结,《凡物流行》是"结→母→叁→两→一",《恒先》是"往→始→有→气→或→恒",《太一生水》是"岁→燥湿→冷热→四时→神明→地→天→水→太一"(见王中江:《终极根源概念及其谱系:上博简〈恒先〉的"恒"探微》,《哲学研究》,2016年第1期,第41页)。故曹峰指出:"黄老道家的文献中上下篇结构非常流行,即上篇的道论和下篇的政论形成鲜明的对应关系。"(曹峰:《出土简帛文献与先秦思想世界》,《中国社会科学》,2013年第2期,第149页)

道"。曹峰指出："《黄帝四经》中有大量天地之道的描述，有时指的是日月运行、四时更替等表现为'理''数''纪'的宇宙秩序，有时指的是阴阳消长、动静盈虚、刚柔兼济的宇宙原理，这都是人所需要认识和把握的天道。……天道正是任何人都可以直接感受、又不得不遵循的天地运行规律和法则。"①"天道"又是治国应遵循的"理"，故黄老都主张"文武""刑德"，即"胡萝卜加大棒"两手并用的治国之"术"，老子只言"无为"，与治国之"术"没有关系。老庄在讲精神超越，孔孟在讲道德价值，但"具体化"的解释使孔孟老庄的真意完全隐没不见，丢失了思想的批判性，对君主集权毫无触动，相反变成维护君主集权的理论。《伊尹·九主》曰："法君者，法天地之则者。志曰天，曰□曰四时，复（覆）生万物，神圣是则，以肥（配）天地。礼数四则，曰天纮，唯天不失乏（范），四纮□则。古今四纮，道数不代（忒），圣王是法，法则明分。""天乏（范）无□，复（覆）生万物，生物不物，莫不以名，不可为二名。此天乏（范）也。"②这两段材料都从"天范""天纮""四伦""四时"引出"名"和"分"。陈丽桂指出："'明分'其实只是用来说明'法则'的核心内容不过是要法天地四时那种各明其分、各司其职的律则而已。"又云："人君的治道若能取法这种井然的律则，上下各明自己的'分'，各守自己的职：君监临而不亲事，一切事分悉委职臣，政治上必能收到良好的成效。"③老子根本不谈"名"和"分"，相反主张"无名"。徐复观指出："老子的'无名'，一方面是来自他的'无'的形而上学，一方面是对由传统之名所象征的权力政治，有加以彻底否定的意味在里面。"④讲"名"和"分"就要支持君主集权，而"无名"则在否定君主集权。可见，正是"具体化"的解释丢失了老子思想的批判性，最终引出了对君主集权的支持。具体化的解释强调"客观"的"规律"和"法则"，遮蔽了老庄的"人人自为"思想，以"气"为核心的宇宙生成完全将老子的"道生万物"解释成具体的生成，整个宇宙都是物质性的，没有"平等"和"自主"观念可言，对人的精神没有"引导"作用。

虽然孟子也提到"气"，但孟子的"浩然之气"显然是"大丈夫"坚持"理想"的"道义"原则时所展现出的不为"富贵""贫贱"和"威武"所压服的人格气象，而且孟子云"夫志，气之帅也"，"其为气也，配义与道；无是，馁也"（《孟子·公孙丑上》）。显然孟子更在乎的是"志""义""道"等精神性因素，"气"仅处于从属位置。而且以"气"释万物是不承认万物之上有"主宰"，孔孟老庄都承认有维系宇宙万物的"主宰"。徐复观云："在孔子心目中的天，只是对于'四时行焉，百物生焉'

---

① 曹峰：《出土文献视野下的黄老道家研究》，《中国社会科学》，2013 年第 2 期，第 143 页。
② 《九主》以魏启鹏《马王堆汉墓帛书〈黄帝书〉笺证》为底本，北京：中华书局，2004 年。
③ 陈丽桂：《战国时期的黄老思想》，台北：联经出版事业公司，1991 年，第 52、第 53 页。
④ 徐复观：《中国思想史论集续编》，上海：上海书店出版社，2004 年，第 210 页。

的现象而感觉到有一个宇宙生命、宇宙法则的存在。"①这是内在精神攀升到"高处"后必然的结果，因为要确定万事万物的价值必定要寻找一个最后的"根源"或者最高的"主宰"，道家将此"根源"或"主宰"称之为"道"，而儒家称之为"天"。黄老则要将宇宙解释为物质的、没有"主宰"可言的世界。《下德》曰："阴阳陶冶，万物皆乘一气而生。上下离心，气乃上蒸，君臣不和，五谷不登，春肃秋荣，冬雷夏霜，皆贼气之所生也。天地之间，一人之身也；六合之内，一人之形也。故明于性者，天地不能胁也。审于符者，怪物不能惑也。"这段材料体现了文子的唯"物"倾向，与儒道"精神性"的"天地"根本不同，正因"天地之间，一人之身也；六合之内，一人之形也"，也就意味着没有"主宰"可言。文子的世界就是平面的物质世界，与儒道"精神性"的立体世界根本不同。在精神世界中"道"高于"君"，而在物质世界中"君"就是天地万物的主宰。"天地""怪物"对"君主"而言是一种"限制"，但经过文子的解释，宇宙都是由"气"形成的，没有解释不了的现象，天地间就没有什么可以限制君主了。摧毁所有在"上"提系人精神的东西，破除宇宙的神秘，消除人间的禁忌，人就成为全知全能的，君王的权威才能成为世间唯一的权威②。

文子在"气"上已分"重浊"与"清澄"、"精"与"粗"，说明文子心目中的万物是不平等的。虽然文子说"精气为人"，似乎人都由"精气"形成，因而人是"平等"的，但并不能这样理解。文子云："精神本乎天，骨骸根于地。""天"由"清澄"气形成，"地"由"重浊"气形成，说明人本身也由清浊气混合而成。显然对"精气为人"的正确理解是：精气越多的越靠近"人"，精气越少的越靠近"物"。文子认为人是不平等的，这与儒道两家的思想都不同。傅武光云："在老子，既肯定自然之道，则就价值上说，万物各得'道'之一体，本已平等。庄子之《齐物论》，即本此为说。"③徐复观云："自己的性，是由天所命，与天有内在的关连；因而人与天，乃至万物与天，是同质的，因而也是平等的。"④傅、徐两先生都从"道"和"天"的角

---

① 徐复观：《中国人性论史》，台北：商务印书馆，2010年，第86页。但这个"主宰"又与外在的"主宰"不同，内在的"主宰"是从人的精神里透出的，它能使一个人更加坚定而又独立地活着。外在的"主宰"则要使人虔诚皈依，这与自主精神、理性思维是相悖的。

② 现在反过来再看所引的这段材料，从"上下离心"到"皆贼气之所生也"是有问题的，这段话是说君臣不和，就会反映在自然界的反常现象中，这仍旧是对君主的一种"限制"，换言之，可以根据反常现象判断君主是否有德。但文子这段话的整体精神则是在给君主去"负担"，这里如果不是抄错了，就说明文子对阴阳家思想的吸收是似是而非的，语句虽然仍是阴阳家的，但却把阴阳家的"精神"抄丢了。

③ 傅武光：《中国思想史论集》，台北：文津出版社，1990年，第81页。

④ 徐复观：《中国人性论史》，台北：商务印书馆，2010年，第117—118页。

度说明人人平等，这应该是正确的①。这里不涉及人是由什么具体的"物"形成的，因为一旦涉及"物"，就总会出现这个人多一点，另个人少一点的问题，而且"多少"的决定权最终还是君主，这是无法论证人的平等的②。如果万物由某个具体的"物"形成，人作为一个"类"也就与其他类无法分别。按文子的理解，人只有努力养气才会更加靠近"人"，孟子显然不能同意这种观点，人与动物的区别绝不原于人的"精气"多一点而动物的"精气"少一点，这是在"物"的层面论人与动物的区别。徐复观云："孟子只从道德意义上区别人禽。"③王中江指出："对儒家来说，人类或人之所以为人的本质是人的'道德性'。"④孟子看重的是人的"仁义"，有了"仁义"方可谓之"人"，没有"仁义"，人就与动物相混同了。而且在"仁义"的层面区分人禽，是要使人往"道德"的高处走，越往高处走，人越远离动物性，人作为一个"类"也才能越凸显出不同于动物的特征，人也越像人。在"气"的层面区分人禽，人禽终究无别，因为在"精神"和"道德"领域毫无建树。

《微明》中的一段话可做文子"人不平等"的证明，其言曰："故天地之间有二十五人也。上五有神人、真人、道人、至人、圣人，次五有德人、贤人、智人、善人、辩人，中五有公人、忠人、信人、义人、礼人，次五有士人、工人、虞人、农

---

① 但陈鼓应指出："人性的议题在孔、老时代还未显题化，也就是说，这个问题还没有产生。直到孟、庄，特别是告子才明显地提出了人性的问题。"（见陈鼓应：《早期中国哲学的人性问题》，《文汇报》，2016年8月5日W11版。）王中江指出"在老子时代，'人性'还未成为当时思想史的主题。"徐复观云"德是道的分化。万物得道之一体以成形，此道之一体，即内在于各物之中，而成为物之所以为物的根源。""德是道由分化而内在于人与物之中，所以德实际还是道。"（徐复观：《中国人性论史》，台北：商务印书馆，2010年，第337页、第369页。）王中江也说"老子以'德'的观念表现出一定的人性思想。"（王中江：《老子的"德性论"》，《中国社会科学院院报》，2012年9月19日，第1页。）强调"自主自为"的老子可能并不关注人性问题，以"德"强调老子的人性论问题可能是对老子思想的歧出。讨论人性，必定要对人性进行规定，如孟子就云"性善"，但一种规定就是一种限制，《庄子·内篇》也没有涉及人性问题，儒家就太强调"善"而压制了人性中的"真""美"。如果非要讲道家的人性问题，可能要笼统地说"质性自然"，"自然"的意思就是天生下来是什么样就是什么样，所以庄子认为"落马首，穿牛鼻"不符合牛马之性。

② "平等"是说每个生命都是平等的。在每个人都是"人"的层面上可以说"平等"，这并不否定智力、财富的"不齐"，毋宁说这是更加符合人性的。但有些"平等"观念却令人担忧，比如黄老拉平智力、财富的"平等"，这种"平等"毋宁是造就了君王之"一"与民众之"多"的巨大差距，这是本质上的"不平等"。还有"男女平等"的一些看法，上天造人时，女性本就在力量上比男性弱一些，如果男性干重体力活，为了平等，女性也要这样，人类社会"温情脉脉"的一面就根本无法发展出来，礼仪、谦让、宽容、爱护等等高贵的品质也无法产生。正因为人类社会中确定地存在着"差异"，"强"对"弱"的关爱才体现出了人类品性高贵的一面，社会才可能是一个温暖的大家庭，人文的产生才有了土壤。所以"男女平等"是说要抛弃黄老"阳尊阴卑"观念影响之下的"男尊女卑"，给女性与男性同样的"人"的尊严，而不是仅仅一个顺从的妇人或者生育的机器。如果"平等"是要抹平男女先天的差异，那反过来损害的仍旧是女性的利益。

③ 徐复观：《中国人性论史》，台北：商务印书馆，2010年，第166页。

④ 王中江：《儒家的精神》，《中国社会科学院报》，2016年1月11日，第3页。

人、商人，下五有众人、奴人、愚人、肉人、小人。上五之与下五，犹人之与牛马也。""上五"与"下五"之间还隔着"次五"、"中五"，都在人与动物之间。而"次五"和"中五"含括的"德""贤""智""善""忠""信""义""礼"都似与儒家有些关系，这或许表明文子对儒家人格的蔑视。"次五"和"下五"大多是从事体力劳动或者智慧平平的普通百姓，文子认为这些人与动物差不多，天生要被鞭挞役使。"上五"含括的"神""真""道""至"多与庄子有关，但仅仅使用了庄子的语辞，而与庄子思想完全相反。邓联合指出："此中至人（指《淮南子》中的"至人"）虽然也像在庄子笔下那样'游无极之野'，但其实质内涵却是指节欲适情、无为无不为的理想君主。"①也就是说文子的"至人"等都是一些善养气的理想君主，但庄子的"至人"等绝非如此。徐复观指出："庄子所要求、所期望的圣人、至人、神人、真人，如实地说，只是人生自身的艺术化罢了。"②余英时指出："《逍遥游》字面上说的是'神人'，实际则指'心'而言，……'神人'便是一种'寓言'，寄托着'心'或'精神'的意思。"③刘笑敢指出："神人……至人……圣人……真人……是庄子对自己所向往的自由境界的形象化的夸张描写。"④庄子的"至人"是摆脱了世俗价值的束缚进而精神逍遥的人，这与文子的君王根本不同。而且庄子并不蔑视普通人，所以《天下》篇云："不傲睨于万物"。庄子看到了每个人的独特价值，因而自然主张人的平等，这与文子的"牛马"之说相去何止千万里。在"平等"的基础上，"神人""至人"等的区分则表明庄子与流俗不同，他向往更高的精神境界，"神""至"等正是精神在"高处"的反映。反过来言，内在精神攀升到"高处"时，总会在精神中承认他者的存在，承认人的平等，故徐复观云："他（庄子）自己的精神是'与天为徒'，'与天地精神往来'；从天的境界看万物，万物只是一个'一'，没有是非得失可言。"⑤文子的"养气"显然和精神的超越不同，因而也就发现不了人的平等。既然人已贱如"牛马"，鞭笞（"暴力"）就不可避免，这与孔孟的"仁爱"以及老庄在"齐物"基础上对"弱势群体"的关怀根本不同。

人的不平等又与君主集权紧密相关。《上德》曰："高莫高于天也，下莫下于泽也。天高泽下，圣人法之，尊卑有叙，天下定矣。"在文子眼中，天就要比泽高，他不会发现天有天的价值，泽有泽的价值，万物本身都有各自的价值，万物在根本上是平等的。正因为文子没有"平等"观念，所以他就从自然界的"天高泽下"得出

① 邓联合：《〈淮南子〉对庄子"逍遥游"思想的改铸》，《人文杂志》，2010 年第 1 期，第 71 页。
② 徐复观：《中国艺术精神》，桂林：广西师范大学出版社，2007 年，第 42 页。
③ 余英时：《论天人之际》，台北：联经出版事业股份有限公司，2015 年，第 194 页。
④ 刘笑敢：《庄子哲学及其演变》，北京：中国人民大学出版社，2010 年，第 158 页。
⑤ 徐复观：《中国人性论史》，台北：商务印书馆，2010 年，第 436 页。

社会中的"君贵臣贱",这当然意味着"君贵臣贱"是天经地义的。而且文子认为维持"尊卑贵贱"等级秩序有利于天下稳定,本质上则是在巩固君主的优势地位。一旦君主高高在上了,君主集权就理所当然了,《上德》曰:"末不可以强于本,枝不可以大于干。上重下轻,其覆必易。一渊不两蛟,一雌不二雄;一即定,两即争。""日不并出,狐不二雄,神龙不匹,猛兽不群,鸷鸟不双。""一""不匹""不双"等都显示文子认为君主集权是当然合理的。人的不平等最终导向了君主集权。徐复观云"由人性不平等的观念所形成的独裁统治,依然流毒于世界各地。由此当可了解孔子在二千五百多年以前,很明确地发现了,并实践了普遍地人间的理念,是一件惊天动地的大事。"[①] 老子根本上反对君主集权,主张人人自为,庄子更是与权力决绝,"方之内"的孔孟当然要比"方之外"的老庄更靠近权力,但也不是无条件地承认君主集权。儒家的君臣关系不是绝对的,孟子云:"所就三,所去三。迎之致敬以有礼,言将行其言也,则就之;礼貌未衰,言弗行也,则去之。其次,虽未行其言也,迎之致敬以有礼,则就之;礼貌衰,则去之。"(《孟子·告子下》)君主礼敬臣下,臣下才会为君主效劳,说明臣下和君主在人格上是平等的。但孟子又承认君臣上下关系,这体现在他对陈仲的批评上,孟子云:"仲子,不义与之齐国而弗受,人皆信之,是舍箪食豆羹之义也。人莫大焉亡亲戚君臣上下。以其小者信其大者,奚可哉!"(《孟子·尽心上》)孟子认为陈仲就小义而舍弃了"君臣上下"的大义,可见儒家的确是尊君而不卑臣。并且孟子强调"义"和"尽心",给个体独立的价值判断留下了一定的空间,"道义"又是衡量现实一切的标准,因而自然也不会主张绝对尊君,文子的尊君卑臣思想显然与孟子不同。

文子将"道"具体化为"气",所以"养气"就是得道的方法。于老子而言,"损""否定"指向了超越,它是"减法",而"养气"则是"加法"。老子曰"为道日损,为学日益。"(四十八章)又云:"致虚极,守静笃。"(十六章)"道"指向"超现实"的"理想",既然是"理想"显见不是世俗的追求,世俗往往汲汲于"功名利禄",而老子则言"损""虚"和"静",表明与现实的功名利禄保持一定距离才是求道的态度。杨国荣指出:"在庄子看来,'道'的被遮盖与世俗的功利行为无法相分。"[②] 庄子与老子是一致的,"损"体现的正是人对"功名利禄"的否定,在"否定"之后才有"超越"的可能。而且"损"是为了选择独立自主的生活方式,与追求"功名利禄"进而成为君王"富国强兵"的"工具"和"手段"根本不同。徐复观指出:"自此以后(孔孟老庄之后),则是由思想地综合,代替了上述的由功夫的开

---

① 徐复观:《中国人性论史》,台北:商务印书馆,2010年,第65页。
② 杨国荣:《〈齐物论〉释义》,《华东师范大学学报》,2015年第3期,第8页。

创;或者可以说是由思想平面性的扩张,代替了思想立体性的深入。"①"思想地综合"最多也就是发挥认知能力,而"功夫的开创"则是在拒绝"功名利禄"之后人的精神的层层向上。因为不与世俗为伍,总是意味着放弃"功名利禄",也总是意味着远离"聪明""钻营",故老子曰:"俗人昭昭,我独昏昏。俗人察察,我独闷闷。"(二十章)"昏昏"和"闷闷"显示出对"功名利禄"的漠视,因而与俗众的"昭昭"和"察察"形成了鲜明对比。布克哈特指出:"真正的艺术不会把世俗的东西当任务。"②同理,老子思想也不会教人追求"世俗"的东西,而是总与"世俗"保持距离。方东美指出:"真正哲学智慧必须采取否定之最高艺术,最后显现在哲学家之内在生命之中。""哲学的智慧是从伟大精神人格中流露出来的。"③"否定"即是对"世俗价值"的远离,进而使精神向高处走。庄子强调"坐忘""丧我""心斋",罗安宪指出"'忘'的本义是超越、不拘泥于、不限定于某一状态","丢弃、丧却如此之'我',个体之我并非不存在了,个体之我仍然存在,但却不是以俗我的面目存在,而是以自由精神的面目存在"④。杨国荣指出:"'斋'本来与祭祀活动中的自我净化相联系:唯有消除世俗的不洁之物,才能与神明沟通,《庄子》以此作为得道之境所以可能的前提,无疑突出了解构、消除、净化既成精神世界对于把握道的意义。"⑤显然庄子也是在拒斥功名利禄对人的诱惑,进而追求更加自由自在的生活状态。文子以"气"转换"道",因而老庄思想的"超越性"自然就不见了,徐复观指出:"古人之所谓气,并非仅指呼吸之气,而系指人身生理的综合作用,或由综合作用发生的力量。换言之,气即由生理所形成的生命力。"⑥"因为气即是生理的作用;在气上开辟不出精神的境界;只有在人的心上才有此可能。"⑦"气的本身是无所谓善恶的,只是像一匹野马一样,载着善念或恶念向前走。"⑧"气"的修炼只能增强耳目等感官能力,与精神超越没有任何关系,因而文子的"养气"就仅仅是养生,与老庄的"精神超越"根本不同。而且因为与"功名利禄"保持距离,也就意味着与在上者的价值观不同,也就远离了荣华富贵,生命常常处在苦难中,所以贫穷总与士形影不离,而"养气"则毋宁说是在富贵已然满足下的消遣,故邓联合指出:"由于外在环境的压迫,庄子'逍遥游'内中隐含着无比沉痛的生命体验基调,而《淮南子》全书则在一定程度上洋

① 徐复观:《中国人性论史》,台北:商务印书馆,2010年,第461页。
② 布克哈特:《世界历史沉思录》,金寿福译,北京:北京大学出版社,2007年,第56页。
③ 方东美:《原始儒家道家哲学》,北京:中华书局,2012年,第27页、第36页。
④ 罗安宪:《庄子"吾丧我"义解》,《哲学研究》,2013年第6期,第55页、第59页。
⑤ 杨国荣:《体道与成人——〈庄子〉视域中的真人与真知》,《文史哲》,2006年第5期,第132页。
⑥ 徐复观:《中国思想史论集》,台北:学生书局,2002年,第146页。
⑦ 徐复观:《中国人性论史》,台北:商务印书馆,2010年,第381页。
⑧ 徐复观:《两汉思想史》卷二,台北:学生书局,1976年,第514页。

溢着快乐主义的人生意趣。"① 这当然就是精神超越与单纯养生的差别。

第二节 文子的"心"对儒道思想的修正

余英时指出："中国人相信价值之源内在于一己之心而外通于他人及天地万物。"②"在'轴心突破'之后，人与超越世界的联系主要是靠'心'。"在《庄子》中，"心"多属负面，如"机心""成心""近死之心""蓬之心"等，但同时也有肯定"心"的一面，如庄子多次强调的"游心"，故徐复观指出："庄子若真是不在心上立脚，而只是落在气上，则人不过是块然一物，与慎到没有分别，即无所谓德与形的对立。"③ 庄子强调人独立自主基础上的自由自在，强调人向"精神"和"超越"处提升，就不得不肯定"心"，正如余英时所言"心"联系着"人与超越世界"。孟子格外强调"心"，孟子云："君子所以异于人者，以其存心也。君子以仁存心，以礼存心。"(《孟子·离娄下》)"口之于味也，有同嗜焉；至于心，独无所同然乎？心之所同然者何也？谓理也，义也，圣人先得我心之所同然耳。故理义之悦我心，犹刍豢之悦我口。"(《孟子·告子上》)孟子言"心"常与"仁义"关联，"心"是主观的，这说明孟子认为人应该向"仁义"的高处走，而"仁义"又是孟子借以批判现实的标准，强调"心"就是强调独立的价值判断，可见孟庄的"心"与"道义""超越"的东西相关。文子虽然也强调"心"，但这个"心"与"道义""超越"的东西无关，"心"只是致气的工具，孟子的"心"是仁义之心，而文子的"心"则是纯生理之心。《九守》云："故心者形之主也，神者心之宝也，形劳而不休即蹶，精用而不已则竭。""心"是形体的主人，指"心"对其他感官有控制引导作用，这看似与孟子的"大体""小体"说相关，实则完全不同，《孟子》曰："公都子问曰：'钧是人也，或为大人，或为小人，何也？'孟子曰：'从其大体为大人，从其小体为小人。'曰：'钧是人也，或从其大体，或从其小体，何也？'曰：'耳目之官，不思而蔽于物，物交物，则引之而已矣。心之官则思，思则得之，不思则不得也。此天之所与我者，先立乎其大者，则其小者弗能夺也。此为大人而已矣。'"(《告子上》)"大体"指"心"，"小体"指"耳目"等感官，"心"有反思能力，而"耳目"则"蔽于物"，孟子认为人如果仅仅关注于"耳目"等感官的享受就是"小人"，"大人"则是能运用"心"的反思能力进而追求"仁义"的人，显然孟子强调"心"的自主性是为了抬出"仁义"。但文子说"神者心之宝"，"神"是更加高级的"气"，文子看重"心"是为了

---

① 邓联合：《〈淮南子〉对庄子"逍遥游"思想的改铸》，《人文杂志》，2010年第1期，第73页。
② 余英时：《中国思想传统的现代诠释》，台北：联经出版事业股份有限公司，1987年，第38页。
③ 徐复观：《中国人性论史》，台北：商务印书馆，2010年，第382页。

"养气","心"与"仁义"没有关系。

《九守》曰:"人受气于天者,耳目之于声色也,鼻口之于芳臭也,肌肤之于寒温也,其情一也,或以死,或以生,或为君子,或为小人,所以为制者异。"《符言》云:"目好色,耳好声,鼻好香,口好味,合而说之,不离利害嗜欲也,耳目鼻口不知所欲,皆心为之制,各得其所。"这两段材料表达了文子的人性思想,但和儒家根本不同。文子以"情"说人性,因为文子的"天"是自然性的,所以文子不会站在"高处"看人性,孟子的"性善"绝不会为其所认同。他只能从耳目鼻口的欲望层面看人性,但人在"欲望"("情")的层面恐怕差异最大[①],退一步言,即使承认人都有"欲望",这也只是较低层次的人性,黄老总关注人性的最下端。文子认为能制"欲望"的是"心",但文子的"心"根本制不了欲望。文子不是从"天"的高处看人性,因而自然就发现不了孟子有自觉价值判断能力的"本心",文子的"心"仍旧是生理本能的。徐复观云:"'不以私害法'以及'无为',都需要高度的人文修养。"[②] 同理,"心"必定是有"人文修养"的"心"才可能自觉地"制"欲望,生理本能的"心"与其他感官是一样的,根本不会有"制"欲望的能力。人能做什么不能做什么是由人的价值观决定的,价值观也就是孟子所说的"恒心",如果没有自己所坚守的"价值观",人就会顺着生理本能反应[③],故孟子云:"无恒产而有恒心者,唯士为能。若民,则无恒产,亦无恒心。苟无恒心,放僻邪侈,无不为已。"(《孟子·梁惠王上》)"心"只会做其他感官的"帮闲"。文子以"欲望"论人性,所以他对人性的看法与法家的性恶论相近,性恶只为暴力强制找到了凭借,所以文子虽然强调"心"的制约作用,但他并没有趋近孟子,而与法家一样强调"法治"。

文子不强调"心"向上追求"理想""道义"和"超越",却非常在意"心"的

① 徐复观在解读孔子的"性相近"时指出:"上面所说的……都相当于宋儒所说的气质之性;在孔子这些话中,能得出气质之性是'相近'的结论吗?""仅从血气心知处论性,便有狂狷等等之分,不能说'性相近'。"(徐复观:《中国人性论史》,台北:商务印书馆,2010年,第79页、第89页。)由此可见,在欲望的层次上人是很不同的。老子说:"归根曰静,静曰复命。""根"与"命"肯定不是最下层的人性,而是人性的根源处、是人性的高处,孔子说"天生德于予",子思云"天命之谓性",这都不是从现实层面说人性。在根源处、高处论人性,就有"归""返"以及孟子所说的对"几希"之善的"存养"问题,就有了道德意识,有了对高尚人格的认同,看重的是心灵的反省。而一旦在"欲望"层次论人性,那就只有导向君主对人的治理,"恶"是君主集权得以存在的前提。儒道看重人性中的善与真,但并不是就忽视了人性中的"恶",而是要让人性中的"善""真"去自觉化掉人性中的"恶",当然配以外在制度方面的建设更好。但是如果只看到人性中的"恶",人根本就无法自救,而只能依靠君主权力的制裁,而暴力是横扫一切的,暴力根本无法树植"善",而且暴力与人的主观能动性相反,人没有主观能动性,对善恶无法判断,如同"机器",那只能成为君王的"工具"。

② 徐复观:《两汉思想史》卷三,台北:学生书局,1976年,第201页。

③ 在人类历史上,who am i("我是谁")是重要的问题,对"我是谁"的发问才能将人从动物中提上来,这是人类文明史上的大事。黄老以"气"说人就根本没有区别人禽的作用,所以人始终还是生物本能的存在,人与动物根本无法区分,人要和禽兽区别开来,就要关注"精神""超越"和"道义"的东西。

认知能力，正如徐复观所言："心术、内业诸篇，认为心的最大作用在于'思'，在于'知'。"[1]李笑岩指出《管子》四篇则在其中与'体道'的认知能力方面做了更精深的探索阐述[2]，这又是黄老思想的一个共同点，儒道关注内在精神，而黄老关注外在认知。"心"的认知能力通过"神"而见，《管子·内业》云："神明之极，照乎知万物。"[3]《黄老帛书·道原》曰："明者固能察极，知人之所不能知，服人之所不能得。是谓察稽知极。"[4]《文子·九守》曰："神者智之渊也，神清则智明，智者心之府（符）也，智公则心平，人莫鉴于流潦而鉴于澄水，以其清且静也，故神清意平乃能形物之情，故用之者必假于不用也。""神则以求无不得也，以为无不成也。"这些材料都在说"神"之妙用，但与儒道根本不同。儒道都没有在认知能力上讲"神"，而是在精神境界上，徐复观云："说到神，都指的是某种神秘实体的存在；至此（孟子）而完全转化为心德扩充后的形容词。""易传所转化的神，或神明，更落实一步，便成为人性中道德实践所最后达到的境界或作用,而成为内在化之神或神明。"[5]精神境界层面的"神"强调"心"或"精神"的向上"超越"，在孟子是"仁义"，在庄子是"逍遥"。文子说的"神"强调向外认知的能力，但这种能力实不应过分强调，因为普通人的"知"不会产生危害，但君主像"神"一样的"无所不知"则与对百姓的"宰制"有直接关系。陈丽桂指出："（君主的）精神、智慧、能力都臻至极境，然后足以裁万物而君天下。"[6]郑开指出："前者相当于心的理智功能。用《庄子》的话来说，就是以一种'驰于万物而不反'的外向性方式追逐万物，并且按照自身设定的概念思维建构宇宙万物的知识以及社会秩序和文化模式。"[7]外向的"知"是建构性的，最终将导致屈人从己，老子强调"不知"，黄老说"察稽知极"，"无不得"，"无不成"，君主掌握真理的能力强于所有人，当然应该成为百姓的指路人，这从根本上否定百姓的"知"，否定百姓的"自为"能力，百姓都成为实现君主之"知"的"工具"和"手段"了。对君主强大认知能力的肯定，最终使得黄老偏离了老子"人人自为"的思想而导向了对君主集权的认可。

《道原》曰："夫喜怒者，道之邪也；忧悲者，德之失也；好憎者，心之过也；嗜欲者，生之累也。人大怒破阴，大喜坠阳，薄气发喑，惊怖为狂，忧悲焦心，疾乃成积，人能除此五者，即合于神明。神明者，得其内也。得其内者，五藏宁，思虑

① 徐复观：《中国人性论史》，台北：商务印书馆，2010年，第449页。
② 李笑岩：《论先秦黄老之学"内圣治心"理论》，《国学学刊》，2016年第2期，第54页。
③ 本书所引《管子》为陈鼓应《管子四篇诠释》本，北京：商务印书馆，2006年。
④ 本书所引《黄老帛书》为陈鼓应《黄帝四经今注今译》本，北京：中华书局，2007年。
⑤ 徐复观：《中国人性论史》，台北：商务印书馆，2010年，第182页、第216页。
⑥ 陈丽桂：《战国时期的黄老思想》，台北：联经出版事业公司，1991年，第133页。
⑦ 郑开：《道家心性论研究》，《哲学研究》，2003年第8期，第83页。

平，耳目聪明，筋骨劲强，疏达而不悖，坚强而不匮，无所太过，无所不逮。"文子认为求道之人不能有喜怒忧悲的自然情感，这是对老子"虚静""柔弱"思想的误读。老子的"虚静"肯定不是使人没有自然情感，相反有丰富情感的人才会反思人类的苦难，正如刘再复所云："人有大慈悲，才能生长大智慧。""大作品都是把大思想化作大情感"①，麻木不仁的人肯定不会去思考人类的根本问题。人有自然情感就能对好坏善恶做出直觉判断，证明人心还是活泼泼的，这正是孟子所言的"善端"②，是人能向更高的道德境界提升的凭借。消灭人的自然情感，人就没有向更高的"善"上升的"阶梯"。而且自然情感与生俱来，去除人的自然情感，人也就丧失了"人性"。但要"神化"君主，就必须使君主没有"人性"。刘泽华指出："神化把君主说成是神的化身或神的代理人，君主具有超人类的性质。"③李振宏指出："天子在帝制时代是被神化的对象，他的神秘感，使其丧失了现实的人格。"④因为"人性"为人所共有，根据自身的"人性"就可判断他人的"人性"，君主如果暴露人性，百姓就会以为君主与他们相同，这显然不利于君主权威的建立，所以文子说："人能除此五者，即合于神明。"掏空君主身上的"人性"，君主就向"神性"迈进了⑤。"神化"君王又与"法治"密切相关，文子云"思虑平""无所太过，无所不逮"，这些都针对"法"而言。文子认为君王越没有"人性"，越是虚静正定，才能越坚定施行以"暴力"为后盾的"法治"。通俗地说就是人心越狠越冷漠、越不把人当人看，"法治"施行起来就越顺畅。"虚静"和"恬漠"对老庄而言是否定功名利禄之后的精神超越，对文子则实与"冷漠""无人性"同义。吴经熊指出："硬心肠，往往是远离正义的，吾从不知一名

---

① 刘再复：《两度人生——刘再复自述》，郑州：河南文艺出版社，2016年，第19页、第24页。

② 证明性善心善的最著名例子是孟子所举的"乍见孺子将入于井"。根据孟子的意思，我们也可以找见很多现实生活中的例子来证明性善心善，比如见他人之苦难而流下同情之泪者，过马路搀扶老人者，公车让座者，见欺负弱小而愤怒者等等，由此我们当然也可以将人的喜怒哀乐之情当作人之善端的一种表示，喜怒哀乐是人对外在事物的一种"直觉"反应，也就是徐复观所说的"心未受到生理欲望的裹挟，而当体呈露，此乃心自身直接之呈露"（徐复观：《中国人性论史》，台北：商务印书馆，2010年，第172页）。当人心麻木时，喜怒哀乐也不常见了，人板着面孔，对外在之物毫无感觉。

③ 刘泽华：《洗耳斋文稿》，北京：中华书局，2003年，第60页。

④ 李振宏：《秦至清皇权专制社会说的思想史论证》，《清华大学学报》，2016年第4期，第27页。

⑤ 类似于要求"无喜无怒"的说法在《中庸》也有一处体现："喜怒哀乐之未发，谓之中；发而皆中节，谓之和。"徐复观云："自唐李习之的《复性书》，始以佛教中的禅宗思想解释《中庸》。""从李习之起，把《系传》上的'易，无思也，无为也。寂然不动，感而遂通天下之故。'及《礼记·乐记》上的'人生而静，天之性也。'这两处的话，一起用到'喜怒哀乐之未发'这一句上来。""若顺此以言涵养，便会落在'默坐沉心'上。"（徐复观：《中国人性论史》，台北：商务印书馆，2010年，第128页、第130页、第132页）这是以"静"解释"未发"，但如果这样解释，反倒和文子的"无喜无怒"等接近了。徐复观引程伊川云"然静中须有物"，不能单独强调一个"静"字，因为"静"中是没有"物"的，也就是没有道德导向的，"静"只是幽黑一团，文子说"无喜无怒"，这是要让君主的心灵如此，这样君主才不会被臣下所窥测，保持着神秘尊威，这个心灵也才成君主用"术"的秘窟，"静"对于文子而言就足够了，因为他们关注的是"法治"。但对于讲仁义的儒家而言，肯定不能只强调"静"。

伟大的法官或伟大律师，可以是不具备伟大心灵质素的。"[1] "法"是君王治理天下的工具，与全体百姓的利益无关。正因要压制个人利益而又突出君主利益，但又违反人心，所以就需要以"暴力"为后盾的"法"强迫人们服从。君主的"虚静"则保证"法治"的有效实行，因为君王稍有喜怒哀悲的良知判断，就会偏离法治。非正义的"法"要求君主抛弃人性，又要将君主塑造的像"神"一样，而"神"一样的君主又能保证法治顺利实行。

---

① 吴经熊：《正义之源泉——自然法研究》，张薇薇译，北京：法律出版社，2015年，第323页。

第五章 性静

第一节 性静与性恶

以"气化宇宙论"为基础，文子主张人性本静[①]。《道原》曰："人生而静，天之性也。感物而动，性之欲也。物至而应，智之动也。智与物接，而好憎生焉。好憎成形，而智出于外，不能反己，而天理灭矣。是故圣人不以人易天，外与物化，而内不失情。故通于道者，反于清静。究于物者，终于无为。"刘笑敢指出："述庄派的人性论在《淮南子》中也得到了继承。"[②]但"性静论"似非从"述庄派"而来，因为从刘笑敢所引《庄子》原文看，"述庄派"的"人性论"中没有出现一个"静"字。"性静论"也与孔孟老庄无关，孔子不明言人性，孟子主张"性善"，老庄也不喜言人性，勉强可称为"质性自然"论。文子的"性静"应源自《乐记》，"人生而静，……而天理灭矣"与《乐记》的"人生而静，天之性也；感于物而动，性之欲也。物至知知，然后好恶形焉。好恶无节于内，知诱于外，不能反躬，天理灭矣"很相似[③]，"物至而应，智之动也。智与物接，而好憎生焉"是对《乐记》"物至知知，然后好恶形焉"的扩写。但《文子》的"性静论"与《乐记》的"性静论"又有本质的区别，前者以"静"为基础反对儒家，通向了法家，而后者似可称为孟子"性善论"的早期形态。朱熹曰："盖人受天地之中以生，其未感也，纯粹至善，万理具焉，所谓性也。"[④]唐君毅指出："于人性言静，亦未明言性善，……然静则亦无不善，即未尝不可通于《孟》。"[⑤]余开亮指出："《乐记》虽然没有直接提出性善论，但性善论的倾向是比较明显的。""《乐记》的人性论比较明显地倾向于性善论定位。"[⑥]《乐记》的"性静"与"性善"相近，文子的"性静"实与"性善"相反。以"善"说人性有价值导向

---

① 刘爱敏指出："《淮南子》通过宇宙生成来解释人性的获得，人同万物一样，都是道气化过程中的一个环节，……所以'天清以静，地定以宁'的本性就决定了人在本质上也是清静定宁的。"刘爱敏：《〈淮南子〉儒道融合的人性论》，《中国典籍与文化》，2008 年第 4 期，第 104 页。

② 刘笑敢：《庄子哲学及其演变》，北京：中国人民大学出版社，2010 年，第 254 页。

③ 本文所引《乐记》以孙希旦《礼记集解》本为底本，北京：中华书局，1989 年。

④ 孙希旦：《礼记集解》，北京：中华书局，1989 年，第 984 页。

⑤ 唐君毅：《中国哲学原论·原性篇》，台北：学生书局，1989 年，第 101 页。

⑥ 余开亮：《〈乐记〉人性论新诠与儒家乐教美学理论体系》，《哲学动态》，2014 年 12 期，第 102 页、第 103 页。

作用，而"静"则空洞无物，"善恶"是价值判断，"动静"只着眼于"物"的机械运动。"性静论"本质上把人当"物"看，没有在人心中发现"善"的根苗，与孟子有自觉向善能力的"本心"根本不同。徐复观指出："顺人性之善以为仁义，这是顺人的自由意志以为仁义，这是人的自由的发挥。"①梁涛指出："如果肯定性善，那就等于承认每个人都生而具有善的禀赋，不管是通过'扩而充之'还是后天的修习，凭借自身的力量就能够成圣成贤，而不需要'圣王之治、礼仪之化'，不需要礼义秩序、圣王的权威了。"②"性静论"以"静"为核心，不承认人的先天善性，根本上拒绝人的"自主意识"，"性善"说明人可自觉向善，但"性静"却不具有这样的意含，"静"的反义词是"动"，"自主意识"正属于"动"，"静"中开辟不出道德价值。

《文子》的"人生而静，天之性也"与《乐记》语句全同，但理解上应不同。《乐记》的"天"赋人以"性"，《文子》的"天"只是由气形成的自然之"天"，《乐记》从"天"的"高处"看人性，人性在根本上就是"善"的。如果"天"仅是自然性的天，和"人"就没有关联，看人性就不是从"高处"看，而是从人的现实表现看，人性就不可能是"善"的。"性善论"必逻辑地肯定有赋人以性的"天"，否则"性善"就无法说明。文子的"性静"实是法家"性恶"的"变种"，因而逻辑地导向了法治。文子云"不能反己，而天理灭矣"，"天理"就是"天性"，指人的"清静"本性，"反己"是使人回归"清静"本性。文子又云"不以人易天"，"人"指人欲人智等，"不以人易天"就是不以人欲人智破坏"清静"本性。回归"清静"本性的目的则在维护"法治"，故文子紧接着指出："通于道者，反于清静。究于物者，终于无为。"黄老谈"清静无为"一定关联"法治"，故陈丽桂云："刑名正是至虚至静的无为术；而审察刑名、定分授名，成了人君最重要的'正静'功夫，也是黄老帛书无为的主要内容。"③回归"清静"本性是对君民的共同要求，君王"清静"就不会表现自己的好憎于外，君王不以"私意"治民，自然就能遵循"客观"的"法"，民众"清静"就不会被"智"和"欲"吸引，从而与"法"保持一致。文子强调"性静"就是为了不偏离"法治"，这与《乐记》强调的重点截然不同，《乐记》云："夫物之感人无穷，而人之好恶无节，则是物至而人化物也。人化物也者，灭天理而穷人欲者也。于是有悖逆诈伪之心，有淫泆作乱之事。"《乐记》担忧"人化物"，即人不能保存先天善性，"人欲"盖过"天理"而被外界诱惑所化，所以《乐记》关注的仍是

　　① 徐复观：《中国人性论史》，台北：商务印书馆，2010年，第196页。
　　② 梁涛：《荀子对孟子"性善论"的批判》，《中国哲学史》，2013年第4期，第37页。
　　③ 陈丽桂：《战国时期的黄老思想》，台北：联经出版事业公司，1991年，第103页。

人的道德理性①。可见，文子只不过用了《乐记》的语辞，本质上则在修正《乐记》的思想。

《上礼》曰："循性而行谓之道，得其天性谓之德。性失然后贵仁义，仁义立而道德废，纯朴散而礼乐饰，是非形而百姓眩，珠玉贵而天下争。夫礼者、所以别尊卑贵贱也，义者、所以和君臣父子兄弟夫妇人道之际也。末世之礼，恭敬而交（忮），为义者布施而得，君臣以相非，骨肉以生怨也。故水积则生相食之虫，土积则生自肉之狩，礼乐饰则生诈伪。末世之为治，不积于养生之具，浇天下之醇，散天下之朴，滑乱万民，以清为浊，性命飞扬，皆乱以营，贞信熳烂，人失其性，法与义相背，行与利相反，贫富之相倾，人君之与仆虏，不足以论。""循性而行谓之道，得其天性谓之德"与《中庸》"天命之谓性，率性之谓道"看似相近，实有本质不同。别尔嘉耶夫指出："只有在人与上帝的关系上才能理解人。不能从比人低的东西出发去理解人，要理解人，只能从比人高的地方出发。"②徐复观言："天命之谓性的性，自然是善的。"③颜炳罡指出："思孟认为人之与生俱来的本性，是晶莹、清澈、透明的，是善的。"④"天"是为人赋性的根源，这个"天"就不是自然性的客观的天，而是主观精神的产物，这种"天"所赋的"性"必然是"善"的。孟子云"尧舜与人同耳"（《孟子·离娄下》），又云"圣人，与我同类者"（《孟子·告子上》）。孟子发现了人所具有的共同的东西，也就是每个人都有"善端"，如果承认人人皆有"善端"，势必要肯定一"形上"之源，《孟子》中的"天"就充当了这个角色。当然孟子也并不否定食色是人的天性，但他显然更看重人的"善端"，主张存养"本心"。黄老因为不能从"比人高的地方出发"看人性，只是从人的情欲看，人性就根本不可靠，人就一定需要君王的引导才能向善。文子的"天"是自然之"天"，他的"性"就不可能是"善"的，与"气化宇宙论"相配，他认为人性本"静"。"循性而行"是循"静性"而行，"得其天性"是得到"静性"，"静"与"动"相对，文子认为学习"仁义礼乐"（人文）、判断"是非"（独立的价值判断）、积累"珠玉"（财富）都属于"动"，人性不清静才会追求财富、学习人文，而一旦有了财富与知识，人就要争斗，百姓就迷惑，这显然意味着百姓就不听从统治者的管理了。可见，人文与财富都是君主集权的大敌。"性静论"直接针对儒家的"性善论"，本质上则是"性恶论"。

文子根本上反对儒家最为核心的"仁义"思想，但又在乎儒家学说的"工具价

① 不过《乐记》以"理"讲"道德"容易将道德"外在化"，当作"知识"来研讨，而孟子的"心""性"则表示道德"内在"于人。
② 别尔嘉耶夫：《论人的使命》，张百春译，上海：学林出版社，2000年，第63页。
③ 徐复观：《中国人性论史》，台北：商务印书馆，2010年，第163页。
④ 颜炳罡：《郭店楚简〈性子命出〉与荀子的情性哲学》，《中国哲学史》，2009年第1期，第7页。

值"，"礼"能维护"尊卑贵贱"等级秩序，"义"使臣绝对效忠于君，这是文子能接受的，但超过"工具价值"的部分，文子坚决反对。文子云"末世之礼，恭敬而交"，《淮南子·齐俗训》引作"恭敬而忮"①，许慎注曰："忮，害也。"彭裕商曰："害，即嫉恨之意。……末世之礼，外貌恭敬而内心嫉恨。"②文子不满的关键点在"忮"上。徐复观云："礼的新的内容、基础，乃发于内心的仁，亦所以实现内心的仁。"③"孔孟由仁的无限地精神境界，以上透于天命的人性，这是人性的超越一面。人性的超越性，实际即是人性对自我以外的人与物的含融性。不能超越自我，即不能含融人与物。此时之礼，乃是仁向外实现时所建立的合乎仁的要求的个体与群体的生活方式与秩序。"④"仁"能含融"自我以外的人与物"，即"仁者爱人"，也就是"仁"有"爱"的一面，"礼"则是"仁"的"外在"表现形式，故"礼"就有"含融"他人的意味，"恭敬"即在"仁"的基础上表现出的对他人的"含融"。但"恭敬"并不是"顺从""服从"，因为儒家还主张"义"，"礼"的基础在"义"。劳思光指出："一切习俗传统，不是'礼'之真基础，而要求正当之意识方是'礼'之真基础。至此，一切历史事实、社会事实、心理及生理方面之事实，本身皆不提供价值标准。自觉之意识为价值标准之唯一根源。人之自觉之地位，陡然显出，儒学之初基于此亦开始建立。"⑤"义"是自觉的价值判断，"礼"内涵着尊重他人，但尊重他人又保持自己独立的价值判断才是儒家的真精神，在现实权力面前不妥协，以"道义"批判现实，这是儒家"理想性"和"超越性"的一面。但文子认为"恭敬"就应绝对"服从"官长，"恭敬"但又与官长唱"对台戏"，"恭敬"就是虚伪。文子完全无视儒家的"道义"精神，而要将"礼"转变为下级对上级的绝对服从。可见，黄老无法接受儒家体现"义"的"礼"，也就是体现人的自主意识的"礼"，他们能接受的是维护尊卑贵贱等级秩序的"礼"，也就是服从君主意志的"礼"。"布施"大概有"与君争民"的意思，所以也受到了文子的批评，"相非""生怨"的关键在于儒家有"道义"的内在良知判断，而君王则认为臣下绝对服从于己才是"忠"。陈赟指出："在君主面前，臣的忠诚就在于直接面对着来自内在良知的裁判，以这种裁判作为准则处理与君主的关系。"⑥傅武光云："忠的对象绝不是一个人，或一个集团，更不是国君、元首、领袖。"⑦有独立的价值判断，就不会以君主的是非为是非，更不会泯灭良知顺

①　本文所引《淮南子》为刘文典《淮南子集解》本，北京：中华书局，1989 年。
②　彭裕商：《文子校注》，成都：巴蜀书社，2006 年，第 238 页。
③　徐复观：《中国思想史论集》，台北：学生书局，2002 年，第 238 页。
④　徐复观：《中国人性论史》，台北：商务印书馆，2010 年，第 258 页。
⑤　劳思光：《新编中国哲学史》第一卷，桂林：广西师范大学出版社，2005 年，第 86 页。
⑥　陈赟：《天下或天地之间：中国思想的古典视域》，上海：上海书店，2007 年，第 77 页。
⑦　傅武光：《中国思想史论集》，台北：文津出版社，1990 年，第 5 页。

从君主意志，这在一以"仁义"为准绳的孟子那里体现得最为充分。文子希望人只顾"养生之具"，维持温饱，至于"是非"的良知判断还是不问的好，如此所有人的意志自然就能"统一"到君王意志。文子云："贫富之相倾，人君之与仆虏，不足以论。"文子不是站在"弱势群体"的立场批评"贫富相倾"，而是要使百姓"均贫化"。埃德蒙·柏克指出"他们把高的拉下来，但从来不把低的提上去，它们把高的和低的一起压在原来的最低层次之下。"①"均贫"才能拉开百姓与君主的差距，才能突出君主独尊，才不会出现"人君之与仆虏，不足以论"的现象，否则富人与君主有同等享受，"尊卑贵贱"就不能充分体现出来，君主又有什么权威役使他人呢！

《下德》曰："天下莫易于为善，莫难于为不善。所谓为善者，静而无为，适情辞余，无所诱惑，循性保真，无变于己，故曰为善易也。所谓为不善难者，篡弑矫诈，躁而多欲，非人之性也，故曰为不善难也。今之以为大患者，由无常厌度量生也。故利害之地，祸福之际，不可不察。圣人无欲也，无避也。事或欲之，适足以失之；事或避之，适足以就之。……故自当以道术度量，即食充虚，衣圉寒，足以温饱七尺之形。无道术度量，而以自要尊贵，即万乘之势，不足以为快，天下之富，不足为乐。故圣人心平志易，精神内守，物不能惑。"文子对"善"与"不善"不是从"道"的角度而是从现实"统治"的角度定义的，亚里士多德指出："事物的本性就是目的；……终极因和目的是至善，自足便是目的和至善。""事实的善一定是使其得以保存的东西"②，亚氏认为"终极"就是"善"，"善"指万物以自己为目的、各自活出自己的"本性"。亚氏的说法与老子"反者，道之动也""归根曰静，静曰复命"的思想完全相通，老子期望人向"本真"的"根"处回归，"本真"即是亚氏所言的"本性"以及"使其得以保存的东西"。从"道"的角度而言，"真"即是"善"即是"美"，"真善美"是合一的。对"善"要从"高处"的"道"来论，袁保新指出："'道'是保任一切价值实现的真正根源，是最高善。"③如果仅从现实的角度论"善"，就免不了可左可右，此曰善，彼言非，"真善美"也不统一，"真"未必"善"，也未必"美"，"善"与"美"亦如此。而且仅从现实论"善"，在上者对"善"的认识将成为"主流"意见，百姓只有无限向在上者靠拢，才被认为是"善"的，否则即被冠以"不善"之名，刑罚将紧随其后。文子对"善"的定义就缺乏对"道"的反省，因而自然不会认同每个人活出自己的"本真"就是"善"。他的"善"与"性静论"紧密联系，只是官方化的"善"。文子认为人安静顺从地生活在君王确定的秩序下，

---

① 埃德蒙·柏克：《自由与传统》，蒋庆、王瑞昌、王天成译，南京：译林出版社，2012年，第259页。

② 亚里士多德：《政治学》，北京：中国人民大学出版社，1997年，第6页、第33页。

③ 袁保新：《老子哲学之诠释与重建》，台北：文津出版社，1991年，第193页。

不动歪脑筋、不反抗是"善"，满足基本的生理需求、不妄想更多是"善"。"善"也就是"循性保真"，但"性"和"真"又不是亚里士多德、老子意义上的"本性"和"本真"，只是动物性的低级欲望，这是要把人性逼向"下半截"的"动物性"，但这根本不是"善"。亚里士多德指出："城邦的这种极端一致性显然并不是某种善……政治上的善即是公正，也就是全体公民的共同利益。"①"善"与"本真"自我一致，而将人性"统一"逼向"动物性"显然与"本真"相悖，但与使人"统一"成为君王"富国强兵"的"工具"和"手段"紧密相关，"工具化"和"手段化"的个人就无所谓"个人利益"可言，没有"个人利益"也就谈不上"共同利益"，"共同利益"只能是每个人"本真"地活着，否则"共同利益"即成为一种抽象而又压迫人的存在。文子严格区分"善"与"不善"，又言"大患"为"利害之地""祸福之际"，这即是说以在上者指引的"善"为人处世就能得"福"，否则会有"大患""祸"，"善"与"不善"泾渭分明。但老子却说："善人者，不善人之师；不善人者，善人之资。不贵其师，不爱其资，虽智大迷，是谓要妙。"（二十七章）"善者，吾善之；不善者，吾亦善之；德善。"（四十九章）这表明老子并没有区分善恶，老子和文子的差别在看问题的角度不同，文子从现实的统治利益出发，认同在上者意志的是"善"，不认同者即是"不善"，人被分成三六九等，老子则以"道"观物，万物平等，每一物都有自己独特的价值，人在根本上是"平等"的，也就无所谓"善"与"不善"的区分。

第二节　性静与反智

《下德》曰："雷霆之声，可以钟鼓象也；风雨之变，可以音律知也。大可睹者，可得而量也；明可见者，可得而蔽也；声可闻者，可得而调也；色可察者，可得而别也。夫至大，天地不能函也；至微，神明不能见也；及至建律历，别五色，异清浊，味甘苦，即朴散而为器矣。立仁义，修礼乐，即德迁而为伪矣。民饰智以惊愚，设诈以攻上，天下有能持之，而未能有治之者也。夫智能弥多而德滋衰，是以至人淳朴而不散。"这段材料阐述了文子反儒家的观点。从"雷霆之声"到"可得而别也"看似与老子的"大制不割"相近，实则完全相反。老子的"大制不割"在反对统治者的"有为"，保证百姓过自主自为的生活，文子则在反对儒家的"立仁义"。他的"朴散而为器"与老子所说根本不同。《老子·二十八章》云："知其雄，守其雌，为天下溪。为天下溪，恒德不离。恒德不离，复归于婴儿。知其白，守其辱，为天下

---

① 亚里士多德：《政治学》，北京：中国人民大学出版社，1997年，第34页、第98页。

谷。为天下谷，恒德乃足，复归于朴。知其白，守其黑，为天下式。为天下式，恒德不忒。恒德不忒，复归于无极。朴散则为器，圣人用则为官长。夫大制不割。"（帛书本《老子》）河上公、陈鼓应都将"器"解释成"物"，陈鼓应云："真朴的'道'分散成为万物"①，"器"解释成"物"没有问题，但从宇宙论的角度解读似乎并不准确，整个"二十八章"和宇宙论没有关系，这章总体的意思应该是君主无为，百姓就能过本真自然的生活。"溪""谷""式"表示君主要"无为"，"婴儿""朴"则表示"本真"。"朴散则为器"的"朴"仍表示"本真"，而"器"则正如陈卫平所言："孔子的'君子不器'，是强调具有人格尊严的君子，不能将自己混同于自然界的任何器物。"②即人应活出自己的"本真"，而不是统治者"富国强兵"的"工具"和"手段"，人只能以自己为目的，而非他者的"器物"，如此理解方能与"圣人用则为官长"连贯，"用"是"用器"，指将他人作为"工具"和"手段"，意即人不能做自己的主人，就会沦为他者的"工具"和"手段"。文子认为百姓有了"仁义"和"智能"就能与统治者周旋，就很难再管理，所以"朴散而为器"绝非老子意义上的反对人的"工具化"和"手段化"，毋宁是要将人变成纯生理性存在，逼迫引诱人们成为君主的"器"，文子所言的"朴"就不是百姓"自主"的"朴"，而是强迫使百姓"朴"。在老子的"小邦寡民"中，当然"朴"的意味很浓厚，但这是民的"自主"生活，与君王的强迫无关。而且"自主"的"朴"正与世俗追求"功名利禄"的繁华生活相对，但追求"功名利禄"也就不可避免地要成为君主实现"富国强兵"目的的"器"，所以老子的"朴"就与"本真"自我相关联，"朴"也就是百姓自自然然追求的生活，文子的"朴"则显然以使民成为君主的"器"为目的，这就背离了老子思想。当然君主集权统治最希望"人"简简单单、纯纯朴朴，社会也最好是静态的、简单的，否则就很难进行管理。文子认为百姓从静态、简单、朴素的生活中走出来，追寻更加丰富多彩的生活就是"德迁而为伪"，"伪"透露出在上者与在下者的不一致，百姓过自己的生活是统治者无法接受的，只有将百姓"上同"于君主意志才不会被认为是"伪"。站在在上者的立场，这是"伪"，但站在百姓的立场，这只不过是他们最真切的呼声，号称爱民的统治者如果将百姓的呼声当作"伪"，这种"爱"才是虚伪的。

以"性静"为基础，文子主张"清静之治"，这实际上是一种"愚民"学说。《下德》曰："清静之治者，和顺以寂寞，质真而素朴，闲静而不躁，在内而合乎道，出外而同乎义；其言略而循理，其行侻而顺情，其心和而不伪，其事素而不饰；不谋所始，不议所终，安即留，激即行，通体乎天地，同精乎阴阳，一和乎四时，明朗

---

① 陈鼓应：《老子注译及评介》，北京：中华书局，2006年，第181页、第182页。
② 陈卫平：《人道与理性：先秦儒学的基本特征》，《学术月刊》，2010年11月第42卷，第28页。

乎日月，与造化者为人，机械诈伪，莫载乎心。""内"指人的精神状态，"道"指
"性"，"在内而合乎道"是说人的精神状态应符合本性的清静，"本性的清静"具
体又指"和顺以寂寞，质真而素朴，闲静而不躁"，看似与老子的"朴"相近，实
则"貌合神离"。老子的"朴"与"人"的"物化"正相对反，即从"熙熙攘攘"追
求"功名利禄"的生活返归到"本真"之"朴"的自主生活，文子则将人身上"原
始的""动物性的"部分当作"朴"，这即意味着人没有独立的价值判断，更没有任
何精神方面的高级追求，不懂得争取自己的利益，只是保持着生理欲望，而又性格
柔顺，没有任何反抗意识，这根本就是人的"物化"。在这种情况下根本不可能出现
丰富多彩的人，也不可能出现充满活力的社会，社会趋向于"同质化"，人也"千篇
一律"，"清静之治"促成了"封闭社会"，这与老子的"自然"、庄子的"齐物"根
本不同。但将"人"变成"原始"的"动物性"的存在又与"法治"紧密相关。文
子云"出外而同乎义"，"义"指"法"，即人之行为要与君王之"法"相"统一"。
但有"主观意志"的人很难在根本上被"统一"，人的需求与精神都是多样的，人
被"统一"的前提只能是将拥有不同"灵魂"的"人"强行变成没有"灵魂"、能用
数目字计算的"物"，在可被计算的"物"的层面，"人"都是一样的，"人"也就变
得"言略""顺情""不伪""不饰"了。因为除了吃穿住行，人没有知识文化，不能
谈天说地，追究宇宙本源，关注的中心始终是吃穿住行的"情"，不可能有更高的精
神追求，也当然不会有统治者眼中的"伪"与"饰"，因为没有自己对人生和社会的
基本看法，脑子一片空白，因而往往受到在上者的蛊惑，所谓"激即行"也。可见，
君主集权的实现是以将"人"压缩成毫无主观意志的"物"为代价的，"性静论"在
为君主集权服务。文子还将人的低级状态美其名曰"通体乎天地""与造化者为人
（偶）"，因为文子的"天地"不是精神性存在，"造化者"也不类同于老子的"道"，
这就意味着"人"和自然中的"物"一样，没有自主意识，只是重复着生与死，显
然文子把老子的自然本真当作"反智""愚民"的工具了。"性静"与"法治"密切
配合，前者负责将人"愚弱化"，后者负责将人"统一"到君王意志。

《下德》曰："气蒸乎天地，礼义廉耻不设，万民莫相侵暴虐，由在乎混冥之中也。
廉耻陵迟，及至世之衰，用多而财寡，事力劳而养不足，民贫苦而忿争生，是以贵
仁。人鄙不齐，比周朋党，各推其与，怀机械巧诈之心，是以贵义。男女群居，杂
而无别，是以贵礼。性命之情，淫而相迫，于不得已则不和，是以贵乐。故仁义礼
乐者，所以救败也，非通治之道也。诚能使神明定于天下，而心反其初，则民性善，
民性善，则天地阴阳从而包之，则财足而人赡，贪鄙忿争之心不得生焉。仁义不用，
而道德定于天下，而民不淫于采色。故德衰然后饰仁义，和失然后调声，礼淫然后
饰容。故知道德，然后知仁义不足行也。知仁义，然后知礼乐不足修也。"这段材料

反映了文子对儒家的复杂心态，他把人类与动物还不能分开的蒙昧状态当作"理想国"了。他用"气蒸乎天地"和"混冥"说明"礼义廉耻不设"的蒙昧状态，文子认为这种状态中的百姓"莫相侵暴虐"，过着幸福的生活。一旦人类从蒙昧中走出，各种社会问题就统统产生了，文子称之为"世之衰"，而"仁义礼乐"就是用来"救败"的，这与孟子的思想截然不同。文子只是把"仁义礼乐"当作"救败"的"工具"。余英时指出："一切理论思想，对于专制的统治者而言都具有工具的价值。"[①] 从"工具价值"而言，"仁义礼乐"与"锄头""斧子"同类，"仁义礼乐"并没有"内在"于人的精神生命，使人与动物相区分，孟子则认为"仁义礼乐"是人性所有，是人的高级精神追求，既然是"精神的"就不能"工具化"，"仁义礼乐"不是用来"治人的"而是"修己的"的，"仁义礼乐"是生命的内在渴望，是自主之人的更加高级的追求。罗安宪指出："儒家所宣扬的仁义礼智并不是外在于人或强加于人的东西，而是根源于人性，并且是由其发育出来的东西，是人性中本有的东西。"[②] "工具化"意义下的仁义礼乐对于人的生命而言恰是"外在于人或强加于人的东西"，是一种外在的压迫。不过正因"仁义礼乐"有"工具价值"，所以文子并没有全部否定它的功用，这是黄老与法家的不同之处，法家是纯以"暴力"治国，而黄老还加上了"仁义礼乐"，这就是《黄老帛书》所说的"文武""刚柔"之道，本质就是用儒家的仁爱包装黄老的刑法。但文子又认为"仁义礼乐"并非根本的治国之道，他认可的是"道德之治"，实即"法治"。文子云"道德定于天下"，又云"神明定于天下"，"道德"等同"神明"，《道原》云"神明者，得其内也……静默者，神明之宅"，故"神明"实指本性的极致清静，"心反其初"就是使"心"重新回到"静"和"混冥"的状态，也就是"无知无欲"，"无知"指精神空白，"无欲"指挣扎在温饱线边缘。文子用"初"，老子用"根"和"命"，"根"和"命"指人性中更内在也更美好的部分，是与"物"不同的部分，而"初"则正使"人"与"物"相混同，老子的"返"要使人回归本真自然的生活，而文子的"返"则使人与动物相混同。文子的"性善"和孟子的"性善"也不同，前者把对天地万物不进行任何价值判断、只关注生理本能的人当作"善"，而后者的"善"正为人自主地向更高的道德境界迈进找到了依据。所以文子说的"性善"之民，根本而言是指不为统治者添麻烦，只知顺从统治者意志的人。文子的"心反其初"与"性静"一样，实质在反对人向更高的精神生活迈进，意图将人类重新带回到"混冥"的"原始"状态，这是对人的"物化"。"财足而人赡，贪鄙忿争之心不得生"也不是通过财富扩充、公平分配、文明教养等实现

---

① 余英时：《中国思想传统及其现代变迁》，沈志佳编：《余英时文集》第 2 卷，桂林：广西师范大学出版社，2004 年，第 330 页。

② 罗安宪：《儒家人性论的发展路向》，《中国社会科学院院报》，2006 年 12 月 28 日，第 1 页。

的，而是通过将"人"全部"统一"到温饱线上实现的，故文子云"民不淫于采色"。强行"统一"势必要使用"暴力"，所以明面上是"道德之治"，暗里就是"法治"，以法为主，以儒为辅，儒家学说只起"润饰"法家学说的作用，故"知道德，然后知仁义不足行也"实是明白宣示了"法治"在文子思想中的重要意义。

《上礼》曰："上古真人，呼吸阴阳，而群生莫不仰其德以和顺。当此之时，领理隐密①，自成纯朴。纯朴未散，而万物大优。及世之衰也，至伏羲氏昧昧懋懋，皆欲离其童蒙之心，而觉悟乎天地之间，其德烦而不一。及至神农黄帝，核领天下，纪纲四时，和条阴阳。于是万民莫不竦身而思，戴听而视，故治而不和。下至夏殷之世，嗜欲达于物，聪明诱于外，性命失其真。施及周室，浇醇散朴，离道以为伪，险德以为行，智巧萌生，狙学以拟圣，华诬以胁众，琢饰诗书，以贾名誉，各欲以行其智伪，以容于世，而失大宗之本，故世有丧性命，衰渐，所由来久矣。"这段材料集中表达了文子的"历史退化观"。文子认为初始阶段的人类最为"理想"，因为此时"纯朴未散"，之后逐渐衰退。伏羲时"离其童蒙之心"，神农黄帝时"思""视"，夏殷时"嗜欲""聪明"，周时"伪""险""智巧"。如果倒着读，更能理解文子"理想"中的"纯朴"何指，他所说的"纯朴"是使人不具备"觉悟"和"思"的独立价值判断能力，使人过"无欲"的简单生活，这与老子的"纯朴"根本不同。老子的"纯朴"是人的"精神"对"功名利禄"的"超越"以及"超越"后生命所呈现出来的"本真"状态，也是精神实实在在地升华到很高层次上的一种状态，而文子的"纯朴"根本谈不上"超越"，它毋宁是未经文化熏陶的"混沌"，是人懵懵懂懂的存在状态，这种状态与动物的差别并不大。而人从与动物相近的境况中走出，文子就认为是人心"伪""险"了，统治就难以进行了，所以将人局限在文子认可的"纯朴"范围内是君主集权所需，也说明君主集权与人的自主意识势不两立。"狙学以拟圣，……所由来久矣"，表明不听统治者的指引而"各欲以行其智伪"就只有死路一条，但文子却把斩杀百姓的责任推给知识人，认为是"拟圣"导致的。我们反对君主的圣化，却不能反对普通人的杰出化。文子正相反，支持君主的圣化，却反对普通人的杰出化。文子担心杰出的人会"胁众"，即百姓被真正的思想文化吸引，

---

① 彭裕商指出："'领理隐密'以下几句文理不顺，……其原文应作'莫之领理，隐密自成，纯朴未散，而万物大优。''领理'，治理。……'隐密'，无痕迹，自然而然之意。……当此之时，无人治理天下，万物皆自然而成，纯朴未散而悠然自得，不相侵害。"（彭裕商：《文子校注》，成都：巴蜀书社，2006年，第228页）彭先生认为是"莫之领理""无人治理天下"，显然不准确。既然上文已言"群生莫不仰其德"，就不可能"莫之领理""无人治理天下"。"无人治理天下"是老子"小邦寡民"式的"理想"，黄老的理想绝不可能是"无人治理天下"。其实"领理隐密"以下文句是通顺的，彭先生致误的缘由在于以老子思想解读黄老，实际上黄老是打着老子的旗号在反对老子。"领理隐密"指治国手段高明，而不是"无人治理天下"。

而不再听从统治者的指引。列奥·施特劳斯指出："智慧是人类生活的最高形式。"① 人将自己从庸俗中超拔出来大概是非常可贵的人性，但文子从统治私利出发反对人的卓越，并威胁以"丧性命"，所以统治必然依赖暴力，无论文子怎么说"纯朴"，最后都要归向"法治"，没有暴力，他违背人性的"纯朴"就根本无法实现。另外，我们批判文子的"历史退化论"，但并不意味着就支持"历史进化论"，"进化""退化"不是衡量历史的标准。埃德蒙·柏克指出："真正的政治原则是道德原则的扩大。"② 列奥·施特劳斯指出："古典政治哲学追求实践目标，受'价值判断'引导，并以'价值判断'为旨归。"③ "'好与坏'的标准本应逻辑地先于'进步和倒退'的标准，因为只有先有'好坏'的标准才有可能判断某一历史变革究竟是人类的进步还是人类的败坏。"④ 如果进步是以丧失人的"本真"为代价的，这种进步就不值得追求。无疑文子要使"人"成为君王"富国强兵"的"工具"和"手段"，这与老子建立在"人人自为"基础上的人的"本真"生活状态根本不同。

---

① 潘戈编：《古典政治理性主义的重生——施特劳斯思想入门》，郭振华等译，北京：华夏出版社，2011年，第148页。

② 埃德蒙·柏克：《自由与传统》，蒋庆、王瑞昌、王天成译，南京：译林出版社，2012年，第244页。

③ 潘戈编：《古典政治理性主义的重生——施特劳斯思想入门》，郭振华等译，北京：华夏出版社，2011年，第109页。

④ 列奥·施特劳斯：《自然权利与历史》，彭刚译，北京：生活·读书·新知三联书店，2011年，"导言"第9页。

第六章 论《文子》中的"一"

第一节 "道""一""君"

《道原》曰:"清静者、德之至也,柔弱者、道之用也,虚无恬愉者、万物之祖也,三者行,则沦于无形,无形者,一之谓也。一者,无心(匹)合于天下也。布德不溉,用之不勤,视之不见,听之不闻。无形而有形生焉,无声而五音鸣焉,无味而五味形焉,无色而五色成焉。故有生于无,实生于虚。音之数不过五,五音之变,不可胜听也。味之数不过五,五味之变,不可胜尝也。色之数不过五,五色之变,不可胜观也。音者、宫立而五音形矣,味者、甘立而五味定矣,色者、白立而五色成矣,道者、一立而万物生矣。故一之理,施于四海,一之散,察于天地,其全也、敦兮其若朴,其散也、浑兮其若浊,浊而徐清,冲而徐盈,澹然若大海,氾兮若浮云,若无而有,若亡而存。"这里应注意文子论述"一"的逻辑。"无形者,一之谓也。"《精诚》曰:"道无形无声,故圣人强为之形,以一字为名。"文子将"一"等同于"道",这与老子的"道生一,一生二,二生三,三生万物"并不吻合。陈丽桂云:"'一'是'道'体创生万物的门墩,是'道'体由'无'而'有'的关键。'道'透过'一'去执行生化,开始它在有形世界里的一切运作,静态的'道'体从'一'开始才活络起来,'道'的一切灵妙的性征与伟大功能,都是透过'一'去呈现的,这该是《老子》时而以'一'代'道'的因由。"[①] 陈丽桂明明在解释"道生一",但还说老子以'一'代'道',既然"道生一",显然"道"和"一"不同,"道"在"一"上。她为了强行解释"一"代"道"的"因由"就说了上面一段不符合老子之意的话,既然"一"那么重要,甚至都是"道"创生万物的"门墩",何以老子不具体解释"一"? "一"是"道"创生万物的"门墩"的思想根本就不属于老子。陈丽桂把"道生万物"解释得太过"实在",一定要找出生成的具体过程,如此"一"自然就突出了,但这正是黄老的思维。"道生万物"的具体过程,老子没有讲,也讲不清楚,因为这已经超出人类的认知范围,有真知灼见的思想家都不在这方面用

---

① 陈丽桂:《战国时期的黄老思想》,台北:联经出版事业公司,1991年,第61—62页。

力①。老子的"道"是偏向于"无"的存在，"道"是什么根本不可言说，老子只是方便地称作"道"，偏向于"无"的存在根本无法"具体化"，更别说"透过'一'去执行生化"。陈丽桂为了突出"一"的作用，又说"静态的'道'"，因为只有"道"是"静态的"，才需要"一"的"帮助"，可是老子明言"周行而不殆"，表明"道"并非"静态的"，陈丽桂也把"道生万物"向"具体化"的方向解释了。陈丽桂又言"道"的"灵妙"与"伟大功能"都要靠"一"来"呈现"，大概能呈现"道"的"灵妙"与"伟大功能"的只有人的"心"或"精神"。而且既然要靠"一"呈现，说明更加重要的是"一"而不是"道"，这与黄老将"道"下降为"天道"，再将"天道"具体化为阴阳四时相当一致。一旦"道"被"具体化"，后面的就取代了前面的，离万物更近的就取代了离万物更远的。曹峰指出："在这些生成论中（指出土楚简文献的生成论），'道'虽然时而出现，却非核心概念。"②在具体生成过程中，"道"实际就被别的东西取代了，看万物就不再是从"高处"的"道"看了，老子最为根本的思想也就消失了。"一、二、三"是"道"所生，具体是什么根本说不清，也没必要说清，不说清老子万物平等自主的思想就保存下来了，说清了就在讲"规律"和"法则"，而一旦强调"客观"的"规律"和"法则"，人的独立的价值判断自然就被削弱甚至消解了，人就自然走向对世俗的认同了。目前一些学者往往将"道"具体化为"规律"和"法则"了③，因而老子"自然""无为""自为"等一系列指向"人的全面发展"的极关键的观念就隐没不见。到《淮南子·天文训》时就说："道始于一，一而不生，故分而为阴阳，阴阳合和而万物生，故曰：'一生二，二生三，三生万物。'"这就彻底背离了老子思想，虽然提到"道"，但其实根本就没有"道"的位置，所以"道生一"一句就不见了。而且把生成看得太"实在"，所以"阴阳"就介入了，这就不是在继承老子思想，而是和黄老一个路数④。

---

① 苏格拉底就是一个显著的例子。克塞诺封的《回忆录》提道："他（苏格拉底）不像大多数其他的哲学家那样争论事物的本性是什么，猜测智者们称之为世界的那个东西是怎样产生的，天上的每一件事物是由什么必然的规律造成的，而是努力指出，选择这种思考对象的人是愚蠢的。……他（苏格拉底）也觉得很奇怪，那些人似乎看不出那种问题是人根本不能解决的，因为即便是那些以讨论这类问题自命不凡的人也不是持相同的意见，而是彼此彼此，都像疯子。"（北京大学哲学系外国哲学史教研室编译：《西方哲学原著选读》上册，北京：商务印书馆，2016年，第60页）新出土简帛材料《太一生水》《恒先》《凡物流行》的"宇宙论"正是对老子"道生万物"思想的"具体化"，但"具体化"都只能是"猜测"。古代思想家讨论万物生成并不是要具体地研究它，而是着眼于"人事"的。

② 曹峰：《出土简帛文献与先秦思想世界》，《中国社会科学》，2013年第2期，第146页。

③ 将老子思想向"黄老化"方向发展是最影响理解老子原义的一种趋势，实质上对理解老子的"道"最有帮助的当属西方的"上帝"观念，当务之急应该是老子的归老子，黄老的归黄老。

④ "道始于一"中的"道"是落空的，"道"和"万物"没有任何联系，"道"不是老子的"道"，老子的"道"居于"一"上，而《淮南子》的"道"反倒在"一"之下，"道始于一"无疑是说"一生道"，"道"与"治道"相类似，也就是一切都要"统一"到君王上来。"道始于一"是黄老"具体化"老子"道生万物"思想的必然结果。

黄老强调"一"有突出"君道合一"的政治意含。陈丽桂指出："君统群臣和道总万物是一样的，'君'是道在政治体系上的具体化身；道至高无上，君也至上无双。"① 曹峰指出："在黄老学政治理论中，宇宙论意义上'一'和'多'的关系具有重要的政治意义，是现实生活中'一君万民'式政治体制得以成立的根本条件。"② 这些论述应该抓住了黄老强调"一"的用意，"一"能凸显君主的至高无上，将老子思想向"尊君"方向发展了，故《下德》曰："夫一者至贵，无适（敌）于天下。圣王托于无适（敌），故为天下命。"《道德》曰："一也者，无适（敌）之道也，万物之本也。"道与万物相比至上至贵，君与百姓相比也至上至贵，君主又是万事成败的关键，君主就是"一"。黄老的"一"等同于"道"，有使君主模仿"道"的意味，故文子特别强调君主要"无形"。老子用"无形""忽恍"来形容"道"之"无"的特性，正因"道"偏向于"无"，任何人都不可能确定地把握"道"，"道"之下万物平等，任何人都不可能与"道"等同，更不可能使"真理"为一人所垄断，"道"引领着人们向独立自主处发展。但文子强调的却是君主要模仿"道"的"视之不见，听之不闻"。曹峰指出："如果能使君主一人处于'道'的位置，即无法由'形''名'来确定的位置，使所有的臣民都处于由'形''名'确定的位置，那就能使君主借助'道'的权威性，轻易地登上权力的顶峰。"③ 只有这样"君主"这个"一"才能"无匹于天下"，君主才能独尊，才能控御全局。这与老子思想完全不符，以更高的"道"为依据，老子要求君主"无为"，只有君主"无为"，百姓才能"自主"，但梁涛指出"由于在黄老派那里，圣人作为'王'主要是虚位之王，是上无为下有为、君无为而臣有为之王。"④ 这是把黄老的君当作虚君了，但这一认识有待商榷。陈丽桂指出"要达到'自化''自定'的'无为'效果，《老子》告诉我们只有透过一个'静'字，要'无欲以静'，'无欲'即是'虚'。换言之，只有透过'虚静'，才能达到使万物'自定''自化'的'无为'效果。"⑤ 这才有"虚君"的意思，但文子的"无形"等却使君主拥有了绝对化的权力。在政治体系中，每个人都有具体职分，拥有权力的同时也受到限制，但君主一旦"无形"，他也就没有任何具体职分，同时也就没有任何限制了，但文子的目的恰恰在于强调这种毫无限制的绝对权力。五音、五色、五味等"具体"的东西都是形容臣下的，说明臣下应有具体职守，而君主则应超然于"具体"之上，所以"清静"和"恬愉"等绝不意味着黄老在主张"虚君"。陈丽桂指出："所

① 陈丽桂：《战国时期的黄老思想》，台北：联经出版事业公司，1991 年，第 205 页。
② 曹峰：《出土简帛文献与先秦思想世界》，《中国社会科学》，2013 年第 2 期，第 148 页。
③ 曹峰：《〈韩非子〉主道、扬权两篇所见"道"与"名"的关系》，《国学学刊》，2013 年第 3 期，第 123 页。
④ 梁涛：《〈庄子·天下篇〉"内圣外王"本意发微》，《哲学研究》，2013 年第 12 期，第 38 页。
⑤ 陈丽桂：《战国时期的黄老思想》，台北：联经出版事业公司，1991 年，第 101 页。

谓正静，因此也就是在讲刑名术。"① 张翰书指出："道家所言，本是由'弱者道之用'
而悟出的教人处世之方，但经过迂回曲折的演变之后，到了法家手中，竟变了质，
成为运用权术的诡秘手段，这是极不正常的演变。"② 池桢指出："法家主张的目的在于
加强君主的绝对统治，通过'无为'而强化'势'，《管》《吕》的目的则在于通过无
为顺天合民，它的核心内容是'静'。"③ "顺天合民"的说法有些模糊，黄老只要强调
"静"，就仍与法家一样是在强化君权，而方法则是"讲刑名术"，因此"清静"正如
牟宗三所言是君王用"术"的"秘窟"④。

文子认为五音中最重要的是"宫"，五味中最重要的是"甘"，五色中最重要的
是"白"，进而推导出"道者、一立而万物生矣"，这根本与老子思想不符。老子不
会说"音"中最重要的是"宫"等等，在"道"之下，万物齐平，宫商角徵羽都重
要，缺一不可。在乐曲中，宫商角徵羽分工不同，但却不能由此推导出"宫"最重
要，其他就不重要。在正常的政治体系中，君与臣分担不同角色，但也不能由此推
导出君最重要，文子明显是在强调"尊君"、强化君权。一旦只强调君的重要性，只
能说明臣下仅是君主"富国强兵"的"工具"和"手段"，臣下不具备人的"主观能
动性"，只是君主的"应声虫"。"道者、一立而万物生矣"突出强调"尊君"，更是
从根本上修正了老子的平等思想。文子隔断了"道"与"万物"的生成关系，而在
中间横插进"一"，老子"道生万物"昭示的最根本的价值原则是万物齐平和人人自
为，但由于"一"的介入，平等和自主被彻底消解了，"一"被突出了，老子的"平
等"和"自主"思想被拉向君主之"一"对万民之"多"的君主集权了，这其实恰
恰体现出老子与黄老的根本区别。万物的"生"都要依赖"一"，说明最重要的是
"一"而不是"道"，文子用"一"取消了老子的"道"，因而老子主张的"自然""无
为""自为"思想一概隐没不见了。文子进而提出："一之理，施于四海，一之嘏，察
于天地。"这是说君主集权是"放之四海而皆准"的普遍真理。如果承认老子"人人
自为"的思想，承认上天赋人以善性，就只会要求君主"无为"，也就不会觉得"一"
有多么重要。文子以"一"取消"道"，因而就不可能承认人人自主，反之一切都需
要君主的"指引"和"管制"，故而君主的权力当然越大越好，直至"无形"，正如
萧公权所言"尊君者赋以至高无上专有独断之权位而勿使动摇之谓"⑤。文子的思想逻
辑地促使他走上承认君主集权是普遍真理的道路。

————————

① 陈丽桂：《战国时期的黄老思想》，台北：联经出版事业公司，1991 年，第 102 页。
② 张翰书：《比较中西政治思想》，长春：吉林出版集团有限责任公司，2009 年，第 121 页。
③ 池桢：《静静的思想之河——战国时期国家思想研究》，台北：文津出版社，2006 年，第 217 页。
④ 牟宗三：《中国哲学十九讲》，《牟宗三先生全集》第 29 册，台北：联经出版有限责任公司，
2003 年，第 173 页。
⑤ 萧公权：《中国政治思想史》北京：商务印书馆，2010 年，第 192 页。

《精诚》曰："大道无为。无为即无有，无有者，不居也。不居者即处无形。无形者不动，不动者，无言也。无言者，即静而无声。无形无声：无形者视之不见，（无声者）听之不闻，是谓微妙，是谓至神。绵绵若存，是谓天地根。道无形无声，故圣人强为之形，以一字为名。天地之道，大以小为本，多以少为始。天子以天地为品，以万物为资，功德至大，势名至贵，二德之美，与天地配。故不可不轨大道，以为天下母。"老子的"道"不是任何具象的"物"，更不指代君王，但经过文子的处理，"道"很自然地和"君"接上了头，关键就在"以一字为名"。老子曰："吾不知其名，强字之曰道，强为之名曰大。"(《二十五章》)按理"道"本没有名字，方便起见老子称作"道"，当然也可称作"大"，因为本来无名，所以称什么完全在于老子的个人偏好，虽然是个人偏好，但也反映老子对"道"的认识。"道"有"路"的意涵，可以解释为老子为人类发现了"路"，称作"大"，可以解释为老子认为这是"大道"，其余的是"小道"。而且"道"和"大"都较为抽象，"道"不可以称作牛或者马，因为这些都太具体了。同理，老子也没有以"一"称"道"，因为"一"接近"具体"，如果以"一"称"道"，恰是在以有限限定无限，"道"的"无"之特性根本无法体现。而且在"道"之下，老子强调万物的自为，一旦以"一"称"道"，明显万物的重要性下降，"一"的重要性凸显，正如丁四新解读《凡物流行》中的"一"时所说："'一'与'百'相对，'一'是把握'百'的关键，'百'是由'一'生展出来的。"[1] 这与老子"生而不宰"的思想完全不合。老子不以"一"称"道"是有先见之明的，因为"一"往往和世间的君王扯上关系，文子就是通过把"道"置换为"一"[2]，将"一"等同于"君"的手法，使"道"和"君"衔接起来。"一"是桥梁，通过"一"，文子修正了老子的"平等"和"自主"思想而使君主集权思想得以成立，所以老子形容"道"的"无形""无声"等都成了对君道的规定。当用"无形""无声"来形容"道"时，就为百姓的自主自为敞开了大门，但当"无形""无声"是在规定"君"时，就突出了"尊君"的用意。

"大道无为"是说君主要"无为"，"无为即无有"是说君主没有具体职责，正因没有具体职责，无法对君主进行有效监督，所以君主"无形"，即君主超越于官僚机构之上。因为超越于官僚机构之上，所以君主"不动"，即指君主不具体从事于某事，"不动者，无言也"是说君主不像臣子要对具体事务发表意见，君主只负责"听"，

① 丁四新：《"察一"（"察道"）的功夫与功用——论楚竹书〈凡物流行〉第二部分文本的哲学思想》，《武汉大学学报》，2013 年第 1 期，第 22 页。

② 以"一"代"道"应该是黄老比较普遍的做法，根据丁四新的统计，《凡物流行》中"'道'字只出现了 2 次，'一'字却高达 19 例"[丁四新：《"察一"（"察道"）的功夫与功用——论楚竹书〈凡物流行〉第二部分文本的哲学思想》，《武汉大学学报》，2013 年第 1 期，第 22 页]。理、气、一都是黄老具体化老子之"道"的方法。

所以叫作"静而无声"。曹峰指出:"'循名责实',就是君主依据名实一致的原理,根据臣之所言或根据职责来检验臣下的实际功效。"①所以"听"的本质就是"循名责实"。文子认为君主"无形""无声"才算掌握"微妙""至神"的君道,"妙"和"神"就体现在君主完全不用做什么而又可以驱使臣下。"绵绵若存"是对君道的极好概括,因为君主"无形",但又无处不在,因为他超越在官僚机构之上,管理所有事情,正如许倬云所言"国君无所不管,他该管的职务也就因此而说不出来;说不出比说得出要有更大的权力。正如无限大不能用任何度量名词来说明一样"②。曹峰指出:"塑造现实政治秩序的'命名者'必须保持与'道'相应的'无形'的姿态,这样才可使君主一人超越现实政治秩序之上,使他本人不成为被评价、被考察的对象,可使其永远处于把握他人的有利地位。"③"无形"正表明君主有"说不出"和"无限大"的权力。"天地根"表明"无形"和"无声"的君王才是官府的核心,一切权力都集中在君王手中,臣下只是供君王驱遣的仆役。老子的"天地根"指"道"是万物的"主宰",道"之下万物平等,这恰恰是在否定"君"对"万物"的宰制,而文子的"天地根"则变成君王是天地万物的根本,老子的"平等"和"自为"思想隐没不见了,却推出"尊君"的思想。"天地之道,大以小为本,多以少为始"似于老子的"故贵以贱为本,高以下为基。是以侯王自称孤、寡、不谷。此非以贱为本邪"相近,实则完全不同,老子在讲万物齐平,文子在讲权术。老子的这段话包含两层意思:一是贵贱高下是平等的,人间不应有人对人的宰制,每个人都应该自主自为地存在;一是要实现平等,实现个性的充分张扬,君王就要"无为",就应该"以百姓心为心"。但文子完全与老子相反,"贱"是实现"贵""小",是实现"大"的"工具"和"手段",直白地说百姓是君王"富国强兵"的"工具"和"手段",这里完全没有"平等",相反是君主一人对其他所有人的宰制,所以文子称君王为"天下母"时,一点也不会觉得别扭。

除了从"道"的至尊至上论述君主的至尊至上,黄老也善于从自然现象引申出政治原则。王中江指出:"《黄帝四经》向我们证明黄老学又是一种将自然、宇宙与人间和社会政治贯通起来的政治哲学类型。"④《文子》也是如此。《上德》曰:"月望日夺光,阴不可以承阳;日出星不见,不能与之争光。末不可以强于本,枝不可以大于干。上重下轻,其覆必易。一渊不两蛟,一雌不二雄。一即定,两即争。""高莫高

---

① 曹峰:《〈黄帝四经〉所见"执道者"与"名"的关系》,《湖南大学学报》,2008年第3期,第16页。

② 许倬云:《求古编》,北京:商务印书馆,2014年,第310页。

③ 曹峰:《〈黄帝四经〉所见"执道者"与"名"的关系》,《湖南大学学报》,2008年第3期,第19页。

④ 王中江:《出土文献与先秦自然宇宙观重审》,《中国社会科学》,2013年第5期,第82页。

于天也，下莫下于泽也，天高泽下，圣人法之，尊卑有叙，天下定矣。"阴阳、日月、上下、本末、枝干、雌雄等等自然现象就是黄老所说的"天道"，"尊君卑臣"的政治原则就是从这些自然现象引申而来的，但这根本就不是老子所说的"天道"。《老子·四十七章》曰："不出户，知天下；不窥牖，见天道。其出弥远，其知弥少。是以圣人不行而知，不见而明，不为而成。"观察日月等自然现象当然需要"窥牖"，需要向外的认知能力。但老子说的"天道"根本不是自然现象①，而是在现实之上进而对现实进行批判的价值标准，这无法通过"窥户牖"获得，而需精神的感悟。黄老仅从自然现象说"天道"，于是"天道"自然就转变成阴阳日月等所代表的"规律"和"法则"了，也自然就偏离老子思想了。陈丽桂指出："黄老帛书……把天地间一切对等的事物、现象，诸如四时、上下、尊卑、男女、大小、轻重等，都用阴阳来归纳，而且以阳为先、为高、为上、为尊，阴为后。"②这是黄老的普遍做法，正如陈丽桂所言这些自然现象是"对等的"，也就是"平等"的，天地生万物，不是为使某些物成为另一些物的陪衬，每物都有自己独到的价值。强分阳尊阴卑对于万物而言是一种限定，恰恰淹没了万物的无限可能性。贺璋瑢指出："如果男人和女人都只能履行给他们规定的性格和气质的话，这不仅会使女性、也会使男性失去作为人的完整性。"③但是黄老不会从"道"的高度思考问题，他们把宇宙当作纯粹的物质运动，进而再向人们灌输一套有利于他们统治的观念，还将这些观念用"天道"的外衣包装起来。如果我们不能用"道"评判世间的一切，自然现象就是让人可以"随便打扮"的姑娘，它完全可以用来说明君主集权的合理性。老子的"道"是真正的"智慧"，是让我们"明"的，以"道"为参照，我们才可以看清各种"观念"的"本质"。黄老把"对等"的事物分成两类，强行规定"阳尊阴卑"，只是为了引出"一即定，两即争"的结论。葛荃指出："阴阳之间，阳为主为尊，阴为辅为卑是具有绝对化权威的普遍公式，君和臣之间的政治关系恰恰要受到这个公式的制约。经过先秦思想家们的一番精心论证，君主政治主宰地位的合法性得到了贯穿整个自然社会的阴阳序列的深层维护。"④李振宏指出："王侯与庶人平等，就破除了帝王的神圣性，挖掉了天子圣明的根基，这种人的平等的思想，是对皇权专制主义的根本否定。"⑤"两"是说权势、地位有与君相匹者，"一"无疑则指君主独尊，文子就用自然现象来论证

---

① 学界往往以为老子的"道"是从观察自然现象而提炼出来的，典型的说法是老子观察到"水"的特性，从而感悟到"道"，这种说法正是黄老的思维，但这根本是不可能的，毋宁说老子首先对"道"有了深刻的理解，才能以"水"喻"道"。

② 陈丽桂：《战国时期的黄老思想》，台北：联经出版事业公司，1991 年，第 88 页。

③ 贺璋瑢：《〈黄帝四经〉的性别意识及其哲学基础》，《哲学研究》，2009 年第 10 期，第 46 页。

④ 葛荃：《先秦诸子论君权合法性思想析要》，《南开政治学评论》，2002 年第 1 期，第 124 页。

⑤ 李振宏：《秦至清皇权专制社会说的思想史论证》，《清华大学学报》，2016 年第 4 期，第 38 页。

君主独尊。《微明》曰:"故君根本也,臣枝叶也,根本不美而枝叶茂者,未之有也。"树的成长是多方面作用的结果,固然树根要美,但阳光、雨水也很重要。退一步而言,即使我们承认树根不美,枝叶很难繁茂,但这是树的逻辑,不是人类社会的逻辑,两者不能等同,如果非要等同,也是把"有灵魂"的"人"当作"无灵魂"的"树"看待了。"道"之下人人平等,当然否定的是君王对万物的宰制,但在"君根本也,臣枝叶也"的思想逻辑下,就自然能够得出"尊君"的结论,这是对老子"万物平等"和"人人自为"思想的极大修正。

第二节 "执一"和"齐一"

《自然》曰:"所谓天子者,有天道以立天下也。立天下之道,执一以为保,反本无为,虚静无有,忽恍无际,远无所止,视之无形,听之无声,是谓大道之经。"王中江指出:"在《凡物流行》中,'一'既是指万物生成的根源、统一的基础,又是指君主统治的政治原理。"[①] 张丰乾云:"执的对象是'一'或者'大象',而不可执的是天下或者万物。"又云:"'一'是万物所从出的最高原理、终极原理。"[②] 这种解释于黄老而言可以说通,但具体到"执一"还显抽象。根本而言,"执一"就是君王要握有绝对化的权力,这才是文子所说统治的"最高原理","忽恍无际,远无所止,视之无形,听之无声"正是对这种绝对化权力的描述。文子在论述君权时总会与不可捉摸的神秘扯上关系,在他看来君就应与"无""虚""神"之类没有确定的内涵因而必然显得神秘的东西画等号,拥有至尊的地位、绝对化的权力且又神秘不可捉摸,才能维持"君尊臣卑"的格局。"君尊臣卑"是黄老学家的根本义,也是能为各代君主欣赏的秘诀,余英时指出:"黄老之所以能流行于大一统时代的汉初,绝不是单纯地因为它提出了清静无为的抽象原则,而是黄老与法家汇流之后使得它在君人南面之术的方面发展了一套具体的办法,因而才受到了帝王的青睐。"[③] 帝王最青睐的当然是黄老"认为君臣关系是绝对的,永不能改变的"。这才是"黄老之所以得势于汉初的一项绝大秘密"[④]。余英时又指出:"君尊臣卑不止是一个空洞的观念,而是制度化了

---

① 王中江:《〈凡物流行〉的"贵君""贵心"和"贵一"》,《清华大学学报》,2010 年第 1 期,第 87 页。
② 张丰乾:《出土文献与文子学案》,北京:社会科学文献出版社,2007 年,第 117 页、第 108 页。
③ 余英时:《中国思想传统及其现代变迁》,沈志佳编:《余英时文集》第 2 卷,桂林:广西师范大学出版社,2004 年,第 286 页。
④ 余英时:《中国思想传统及其现代变迁》,沈志佳编:《余英时文集》第 2 卷,桂林:广西师范大学出版社,2004 年,第 291 页。

的。"① 李振宏指出："皇帝的至尊、独尊和神圣性，皇权的至高、独断和绝对性，是得到了制度性保障的。"② 所以"执一"又具体化为"法治"。王中江指出："黄老学强调的'执一''抱一''用一''得一''守一''治一''贵一'等，具体而言就是奉行和实践统一的国家'法律'。"③ "法治"支撑起君主的无为而治，是君主能无形无声统治的制度化基础，故萧公权指出"然则'无为而治'者，乃法治之最后结果也"④。《自然》曰："所谓无为者，非谓其引之不来，推之不去，迫而不应，感而不动，坚滞而不流，卷握而不散。谓其私志不入公道，嗜欲不枉正术，循理而举事，因资而立功，推自然之势，曲故不得容，事成而身不伐，功立而名不有。"这段材料实际在反对老子的"无为"，按照老子思想，"引之不来"数句才最能体现君主"无为"，因为君主彻底"无为"，百姓充分发挥"主观能动性"，君王自然就不必"来""去""应""动"了，这才是老子意义上的"无为"。显然文子不能同意这种近乎"虚君"的"无为"，他说的"无为"本质上指"法治"，"私志不入公道"数句是针对君民二者而言的，这是说所有人都应该将自己的"私意"全部统一到体现着"公道"的"法"上来。所以所谓的"执一""无为"就是君主掌握绝对化的权力，但又不亲自操持具体的事务，只以"法"来衡准臣下。"执一"在前，"无为"在后，表明施行法治的必备条件是君王掌握绝对化的权力，否则"法"的施行就没有可靠的保障，这就是文子修正老子的"道"而为"一"的用意，只有这样的设计，才能突出君王的位置，使君王拥有绝对化的权力，从而为"法治"的施行奠定基础，进而"富国强兵"也才能在"法治"的基础上进行。

《道德》曰："民有道所同道，有法所同守，义不能相固，威不能相必，故立君以一之。君执一即治，无常即乱。君道者，非所以有为也，所以无为也。智者不以德为事，勇者不以力为暴，仁者不以位为惠，可谓一矣。一也者，无适（敌）之道也，万物之本也。君数易法，国数易君，人以其位，达其好憎。下之任惧，不可胜理。故君失一，其乱甚于无君也。君必执一而后能群矣。"这里的"道"不是老子意义上的"道"，如果是老子的"道"，落实下来就应该出现丰富多彩的"人"，而不可能是民"同道"，更不可能是民"有法所同守"，故乔健指出："这里的'民有道所同道'与'有法所同守'有明显的同构关系，……'有法所同守'才是《文子》真正关心

---

① 余英时：《中国思想传统及其现代变迁》，沈志佳编：《余英时文集》第 2 卷，桂林：广西师范大学出版社，2004 年，第 333 页。

② 李振宏：《从政治体制角度看秦至清社会的皇权专制属性》，《中国史研究》，2016 年第 3 期，第 20 页。

③ 王中江：《出土简帛文献与古代思想世界新视野》，《学术月刊》，2012 年第 44 卷，第 43 页。

④ 萧公权：《中国政治思想史》，北京：商务印书馆，2011 年，第 205 页。

的问题，是其强调的重点。"① 文子心目中的"道"就指"法"，开首两句真正要讨论民共同守法的问题。徐灵府云："伪僻之俗，浇薄之民，有道不守，有法不一，外饰于义以求誉，内作其威以服众，不立君长，何以齐之也。"彭裕商云："民众虽有通行的习惯和应共同遵守的法则，但道义和威力不能使之一定同行同守，所以立君长来统一之，使之同行同守。"② 徐灵府认为："义不能相固，威不能相必"中的"义"与"威"是民自己的行为，彭裕商则认为"义"与"威"都是君王发出的，按照徐灵府的理解，可以说通"义"，但不能说通"威"，因为黄老不认可精神自觉，"义"可以理解为与精神自觉有关，但"威"似乎就与精神自觉关系不大了，所以我们遵从彭裕商的理解，认为"义"与"威"都是官府发出的，"义"可以理解为"软手段"，"威"则可以理解为"硬手段"，这也符合黄老思想。但徐、彭二人均强调了君主在施行法治过程中的重要性，因为君主是万事万物的最高主宰，所以仅有"义"和"威"还不够，一定还需要握有绝对化权力的"君主"，而"无为""一"这些词语正是表示君主地位和权力的词语，只有君主才是"一"，才可以"无为"，臣下都要做工具。但是如果没有高高在上的君王，无论是用"软手段"还是"硬手段"，百姓都未必遵"法"，君王则可以"整齐划一"万民。这实际是说君王是"法"的"灵魂"，因为法律仅仅是一纸条文，对法的理解会有差异，但君王这个"活体"则可保证法律的"骨架"填充上"统一"的"灵魂"，从而将百姓带上"统一"的方向。更为重要的是君王是绝对权力的掌握者，如果百姓不听从指挥，君王有最后的裁定权。在这样的政治观念中君主的重要性不言而喻，所以称之为"万物之本"。"君"和"法"又互相支援，"君"保证"法"的执行，反过来"法"又强化"君权"，所以"君必执一而后能群矣"，即君必须以"法"治国，才能将百姓全部"上同"于君，否则即"乱"。在防"乱"的心理下，君主集权被推向高峰。强调"法"的"上同"作用又与百姓的"齐同化"紧密相关。乔健指出："这种以'法'为标准的'统一'在根本上是否定和排斥'智者'之'德'、'勇者'之'力'和'仁者'之'惠'的，这与商鞅、韩非根本否定和排斥与富国强兵无关的一切价值，以及把所有的人都'统一'变成作为富国强兵的工具和手段的'农民和战士'是大体一致的，而与老子'人人自为'基础上的'人'的千差万别、各具特点的存在样式有着天壤之别。"③ 黄老的"法"以"暴力"为后盾，强迫人们"统一"成为君主"富国强兵"的"工具"和"手段"，这是要将丰富多彩的人"统一"地"齐同化"，而在老子的"道"之下，人自主自为，自主自为的结果必定是人存在形态上的多样化，因而也就根本无法"统

---

① 乔健：《论〈文子〉对老子思想的修正》，《中国哲学史》，2014年第2期，第19页。
② 彭裕商：《文子校注》，成都：巴蜀书社，2006年，第101页。
③ 乔健：《论〈文子〉对老子思想的修正》，《中国哲学史》，2014年第2期，第19页。

一化",文子强调的"法治"思想显然与老子思想相悖。

《自然》曰:"古之立帝王者,非以奉养其欲也,圣人践位者,非以逸乐其身也;为天下之民,强陵弱,众暴寡,诈者欺愚,勇者侵怯;又为其怀智不以相教,积财不以相分;故立天子以齐一之。为一人之明,不能遍照海内,故立三公九卿以辅翼之。"文子认为"立帝王"不是为了使帝王享受的,而是因为人民间有矛盾,人们的智慧财富也不均衡,所以"立帝王"就是为杜绝矛盾,使人们的智慧与财富均衡。不能不说文子思想有"理想"的一面,但他将美好的愿望建立在了错误的想法上。在文子看来人类社会没有君王的强力介入将会一片阴暗,人间的美好事物必须在君王的引导下才能实现,但这与老子"小邦寡民"的"理想"截然不同。乔健指出:"'小国寡民'政治理想的价值也只有从非强制、非主宰基础上本真自我实现的意义上去理解,其精义和真髓方能被准确地把握。具体地说,在'寡民'自自然然生活着的'小国'之中,'管理'乃至'政治'便成为多余的了,而统治者的强制和主宰则更是对'小国'中的'寡民'自然真朴生活最为直接、破坏性最大的干扰和戕害。"① 老子设想的"小邦寡民"实质上就是没有"强制""主宰"的权力"真空"地带,也就是说人是完全自主自为的,人顺着自己的本性自然而然地发展,寻常百姓过自己所期望的小生活,而存在层次较高的人则向"精神"和"超越"处发展。在没有权力强制的环境下,人活得真实,保持着童真,人情世故对人没有影响,每个人都是一个独特的存在。而在权力强制的环境下,人格分裂、言不由衷、伪善、倾轧将成为普遍的现象,上下日以智斗,天下终将不可为。显然老子信任人、信任民间的"自发机制",而不信任以君主为代表的权力,与文子信任君权正好相反。文子认为通过权力的安排,人间完全可以实现和乐共美,但这根本是不可能的,人包括君王都是具体有限的存在,而人世间的一切都非常地不确定,一个人的智慧根本就无法掌握全局,对人类有益的东西往往需要世代经验的累积,这是很多人的智慧换来的。越是美好的蓝图,就越要限制人的自主意识,因而就需要越大的权力,越大的权力又反过来将"人"变得越不是"人",如此只是成就了高高在上的君王,其他人只成为实现君王目的的"工具"和"手段",所以美其名曰"辅翼",只是听候差遣的奴才。君王要实现美好的愿望就要用权力强制使人"齐一化",但人本来就相当不同,强制的"齐一"只能是将好的变坏的,坏的变成更坏的,"均等"违反人性,而"均等"一旦实现,人将普遍平庸化。

---

① 乔健:《中国古代思想研究》,北京:民族出版社,2008 年,第 114 页。

第七章　君臣异道

第一节　无为

以绝对"尊君"为核心，文子提出"君臣异道"的思想，主张君无为臣有为。《微明》曰："瑟不鸣而二十五弦各以其声应，轴不运于己而三十辐各以其力旋。弦有缓急，然后能成曲。车有劳佚，然后能致远。使有声者，乃无声者也。使有转者，乃无转也。上下异道即治，同道即乱。位高而道大者从，事大而道小者凶。小德害义，小善害道，小辩害治，苛悄伤德。大正不险，故民易导。至治优游，故下不贼。至忠复素，故民无伪匿。"文子认为君主居高位，就应以大道治国，老子在万物之"先"的"道"已变成在君王之"下"且被"具体化"为治国的"工具"。在老子思想中，万物在"道"之下一律平等，他又强调万物的自主自为，说明人应该掌握自己的生命，应该做自己的主人，应自自然然地过自己想要的"本真"生活，而这同时就要"否定"君王的"有为"，因为握有绝对权力的君王会干扰人的"本真"生活，因而老子主张君主"无为"，主张君主立于"雌、弱、下"，将生命的主导权交给百姓。但文子的世界纯粹是自然的，所以君王就是天地万物的主宰，自然也就不会有平等思想，君王是现实中一切的掌控者，没有在"上"的"道"的参照，文子当然也就不会要求君王真正地"无为"。文子说"上下异道"，具体而言就是君主像瑟、轴一样"无声""无转"，也就是"无为"，臣下则需"有为"，这只不过借用了老子的"无为"，本质上则在修正老子的"无为"。"使有声者，乃无声者也；使有转者，乃无转也"彻底暴露了文子的"无为"与老子的"无为"根本不同，"使"表明"有声""有转"的并不是它们自己，而是"使"其"有声""有转"的"无声""无转"，这绝不是老子的思想。罗安宪指出："'自然'是相较于'使然'而言的，'使然'是一个外在的东西使其如此，'自然'是自己使其如此。""其所以然之故根于自身，非外力之强加、强迫，由此而谓之'自然'。"[①] 老子要求君主"无为"，是为了使

---

① 罗安宪：《论老子哲学中的"自然"》，《学术月刊》，2016年第48卷，第37页。

百姓充分"自为"①，"有声""有转"的是百姓自己，而不是任何其他人，更不是君王。老子要人做自己的"主人"，文子恰恰相反，君王是人的主人，人只是君王实现目的的"工具"和"手段"，因为是君王"使"他们"有声""有转"的，这说明文子的"无为"绝不是老子意义上的"无为"。文子的"无为"是君人"南面之术"的核心。王三峡指出："在这个'无为'图式中，我们发现其核心内容实质是'御下之术'，亦即统治术。"②"无为"是君主控制臣下的"术"。老子的"无为"与君主的"有为"形成直接对照，但王三峡指出："《文子》关于'无为'理论的论述，完成了'无为'与'无不为'之间在理论上的转换，将老子代表的反主流思想与传统、时代的主流思想实现了成功的对接。"③葛荣晋指出："黄老学派以'因'这一概念来界定'无为'，使'无为'与'有为'相结合，从而实现了道家'无为'之说的创造性转化。"④君王孜孜以求的"富国强兵""一统天下"可说是春秋战国时期的"主流思想"，在这一思想的主导下，百姓不可避免地沦为君王"富国强兵"的"工具"和"手段"，以老子思想而言这是最大的"有为"，所以老子的"无为"本质上就在反对人的"物化"。但文子却以"因"为桥梁使老子的"无为"通向了黄老的"无不为"，正与春秋战国时期的"主流思想"一致，老子思想的"理想性"和"批判性"不见了，代之而起的是君主的御下术。

"瑟不鸣""轴不运于己"表明君王不该有具体职事，"弦有缓急""车有劳逸"表明君王应"缓"和"逸"，臣下应"急"和"劳"，这就是"上下异道"。曹峰指出："'君臣不同道'……的理论有助于将君臣关系的区别上升为道物关系的区别，有利

---

① 儒家也有"无为"思想。徐复观在解读孔子思想时指出："使政治不应当再是压迫人民的工具，而只能成为帮助一般人民得到教养的福利机构。所以他的政治最高理想，还是无为而治。"《孟子·离娄下》云："所恶于智者，为其凿也。如智者若禹之行水也，则无恶于智矣。禹之行水也，行其所无事也。如智者亦行其所无事，则智亦大矣。"这句话就相当于"由仁义行，而非行仁义"，即仁义是从人的"几希"之善生长出来的，故徐复观云："顺着性里面的几希之仁义以扩充之，则仁义亦系其所无事了。""把握到此几希之善，扩而充之，并不需另外穿凿了。"顺着孟子由几希之善扩充仁义的想法，孟子也必定主张"无为而治"。就教育而言，这是个性教育，对老师的要求很高，要像孔子一样能"因材施教"，要能发现"狂"者的"进取"，"狷"者的"有所不为"，发现每个人的"善端"，培育扩大。"行仁义"则是说"仁义"外在于人，是由外制定出来的框框条条，然后让人去遵守，这与人的善性并没有多大关系，这就是"凿"人性了，而且这种外在规定出来的"仁义"往往被引向统治者的私人目的，徐复观云："从李斯刻石看，秦始皇也提倡若干道德。近代的法西斯主义所提出的政治口号，也常富有道德的理想。……于是他们所谈的道德，只是要求大家牺牲自由，牺牲各人生存所应有的权利，以达到统治者的目的。"（徐复观：《中国人性论史》，台北：商务印书馆，2010年，以上所引见第66页、第169页、第170页、第196页）"行仁义"就相当于荀子的"礼"。就教育言，这显然不注重人格的不同，而是均以灌输为主。
② 王三峡：《文子探索》，武汉：湖北人民出版社，2003年，第194页。
③ 王三峡：《文子探索》，武汉：湖北人民出版社，2003年，第197页。
④ 葛荣晋：《论"无为"思想的学派性》，《齐鲁学刊》，2001年第1期，第25页。

于君主专制的形成。"①"上下异道"的要害是要拉开君王与臣下的距离，君王要模仿最高的"道"，而臣下则被比作"物"，君王如同高高在上的"道"一样绝对"独尊"。相反"同道"就是臣下与君王相侔，君臣之间拉不开距离，君王没有绝对权威，所有人就无法绝对地"统一"到君王意志上，这对于要集中全国的人力和物力追求"富国强兵""天下一统"的君王而言就是最使其担忧的事了。无法"统一"就是"乱"，就是不听从君王的号令，所以要"统一"，就必须坚持君主独尊，坚持不平等制度，坚持拉大君、臣、百姓之间的距离，使在上的一头绝对独尊，使在下的一头变成毫无自我意志、只知听从命令的"物"，如此上对下的指挥才能得心应手，但这与老子的"平等"和"自主"思想完全相反。真正的"平等"必定意味着每个生命都是平等的，都具有人的"自我意识"，而在"统一"的逻辑下，必然要使最大多数的人成为没有人的"自我意识"的"物"，这在根本上违反老子的"平等"和"自主"思想。"法"是君王"统一"臣下的主要工具，所以"法治"是文子认可的"大道"。"大正不险，故民易导；至治优游，故下不贼；至忠复素，故民无伪匿"表明"法治"有两点好处：首先对君而言，君王表面"优游"但内里却是"法治"，君王居最高位而又不亲自做事，只以"法"衡准臣下，臣下办好事情，功劳是君王的，臣下办不好事情，过错是臣下的，可见"法"只有"工具"属性，是君主控制臣下的手段，"法"强化君主权威、维护君主集权；其次，"法"能将百姓意志"统一"到君王意志，君王通过"法"能使百姓"忠"和"素"，即使百姓缺失个人利益的意识，一心一意只为君王出力打江山，这样百姓就"易导"了，也就是君王通过体现其意志的"法"将百姓"导"向"富国强兵""一统天下"的目标上来。因此"法"一方面将百姓"上同"于"君"，另一方面又强化君主集权。春秋战国一个突出之处就是"法治"的兴起，"法治"的本质则在强化君主集权，将拥有"自我意识"的"人"全部变成君王"富国强兵"的"工具"和"手段"，这是对人的"物化"。

　　《上义》曰："臣道者，论是处当，为事先唱，守职明分，以立成功。故君臣异道即治，同道即乱，各得其宜，处有其当，即上下有以相使也。故枝不得大于干，末不得强于本，言轻重大小有以相制也。夫得威势者，所持甚小，所任甚大；所守甚约，所制甚广。十围之木，持千钧之屋，得所势也。五寸之关，能制开阖，所居要也。下必行之令，顺之者利，逆之者凶，天下莫不听从者，顺也。发号令行禁止者，以众为势也。"这段材料表明"无为"建立在"权势"之上，表面上是"无为"，内里则依托"权势"，没有"权势"，"无为"就是一句空话，所以许倬云指出："这种

① 曹峰：《〈韩非子〉主道、扬权两篇所见"道"与"名"的关系》，《国学学刊》，2013年第3期，第124页。

无限大的权力，申不害和韩非子称之谓'无为'。"①但有些学者对黄老"无为"的认识有待商榷。陈鼓应指出："老子之'道'以'无为'为特点，所谓'无为'，即是缩减领导意志，任各物自生、自化、自成、自长。老子的'道'，具有浓厚古代民主性、自由性的讯息，这为黄老所全面接受，并进而援法入道提出'道生法'的主张。道法结合，也正是古代民主性、自由性与法治的结合。"②陈鼓应对老子"无为"的把握是准确的，但认为黄老"全面接受"老子的"无为"思想则有待商榷。黄老不可能接受自主自为的"讯息"，因为黄老的"道"根本不是老子的"道"，不是老子的"道"就不可能主张"平等"和"自主"，也就绝不会站在百姓的立场说话，没有"道"在"君王"之"上"，君王就是万物的主宰，一切都是君王说了算，百姓又怎么可能自主自为呢！"道生法"是黄老的基本命题，但这不是"自然法"与"实在法"的关系。汤浅邦弘指出："山东的法（指慎到等的"法"）可以常变，乃是据于天道的要求，这种变一步脱离于天道，而更能体现天道，所以表现出灵活性，全因实定法之上有一个自然法。"③王中江指出："'道生法'的论断，使'道'直观上就有了自然法的外观，使'道'成为人间法和成文法的根源和基础。"④"自然法"往往与一些更高的价值标准相关联，从而给与"实在法"一种价值指引⑤，但黄老修正了老子的"道"，也就不会有平等和自主的观念。"道生法"中的"道"只是黄老口中代表自然规律的"天道"，自然规律本身没有任何价值标准的含义。所以所谓的"道生法"⑥，也就是君主集权是符合自然规律的，君主集权是"放之四海而皆准"的真理，故吴经熊指出："实证主义，始源于对自然法之否弃，而终结于塑造各类奇怪的偶像——诸如极权国家、阶级专政、独裁者以及这中间最为幽微的科学主义的或崇

---

① 许倬云：《求古编》，北京：商务印书馆，2014 年，第 310 页。

② 陈鼓应：《黄帝四经今注今译》，北京：商务印书馆，2007 年，第 30 页。

③ 汤浅邦弘：《战国楚简与秦简之思想史研究》，佐藤将之监译，万卷楼图书公司，2006 年，第229 页。

④ 王中江：《早期道家"统治术"的转变（上）》，《哲学动态》，2016 年第 2 期，第 48 页。

⑤ 吴经熊指出："自然法，正如爱德华·柯克爵士所言，是从基督与圣保罗的训诲而来。……存在由上帝所造，它乃普世与不可更易的，它来自更高的权威超乎于人定或实证之法律。如果实证法之必要功能，是在管领人类事务上发挥必要作用，那么其之作用就是去补充及实施自然法，通过细节来实现（自然法的）之基本目的。"又云："只要实体法变得乖离于自然法目标且不能作为达目的之甬道，就是朽坏堕落了。或中允地说，其不能再被称之为'法'，因就其终极本质而言，其已是误入歧途了。一俟此等情形发生，它们就无疑堵塞、阻挠了人道与人性之实现。"（吴经熊：《正义之源泉——自然法研究》，北京：法律出版社，2015 年，第 264 页、第 265 页）"自然法"来源于"基督"，以中国的话语言之，就是来源于"道""天"，"自然法"以"人道与人性"为核心价值，"实在法"要体现"自然法"，而一旦"实在法"偏离"自然法"就是"朽坏堕落"的。

⑥ 现在学界对"道生法"的评价还比较高，这完全是把老子的"道"和黄老的"道"搞混了导致的。老子的"道"是偏向于"无"的存在，老子在主张"平等"和"自主"，而黄老的"道"则被具体化为阴阳、四时、刚柔等自然规律，了解这一点就可以对"道生法"做出适当的评价。

拜事实者。"① 这是黄老修正老子之"道"的必然结果，所以黄老的"道生法"也不可能是"古代民主性、自由性与法治的结合"。熊铁基指出："这种无智、无能、无为的主张，实际上是要在政权的行使上对君主加以限制。……它是在与君主专制的理论斗争中产生的，他当时的意义就是反对君主专制。"② 这显然是将话说反了，与陈鼓应致误的原由一致，都将黄老的"无为"当作老子的"无为"了。在理解老子与黄老时，要么以黄老解释老子，要么以老子解释黄老，结果则是两边都含混不清。萧公权指出："故申韩之无为，其消极之作用，在防权臣之侵夺，其积极之作用在保障君主之专制。"③ 结合许、萧之论，"无为"是拥有绝对化权力的象征，拥有绝对化的权力才能保证君主宰制天下，预防臣下侵夺，文子的话完全可以印证这一点。"甚小"和"甚约"都指君主只需掌握绝对化的权力，这样就能"任大"和"制广"，因为君主一人独尊于上，群臣卖力于下，君主掌握对臣下的生杀大权，所以就能"制"住臣下，这就是"顺之者利，逆之者凶"。"君臣异道"也就是说君主拥有绝对化的权力，而臣则具体做事，做好就赏，做错就杀。文子的思想完全建立在对绝对权力的掌握上，这种政治完全"不讲道理"，因为"讲道理"就意味着君臣平等，君就没法完全掌控臣，而且如果"讲道理"，君王就未必总是正确，只有用权力完全压住对方，不让对方"讲道理"，才能保证君主一定正确，这就是法家讲的"必然之道"，"讲道理"则显然是"或然"了。由此也可明白文子为什么反对儒家、反对理想之士，因为当孟子说出"舍生而取义"时，道义就高于生命了，文子的一套就失灵了。

第二节　因循

君王拥有绝对化的权力，天下的一切都供他驱使，顺应这种趋势文子提出"因循"思想。《自然》曰："王道者处无为之事，行不言之教，清静而不动，一度而不徭，因循任下，责成而不劳，谋无失策，举无过事，言无文章，行无仪表，进退应时，动静循理，美丑不好憎，赏罚不喜怒。名各自命，类各自以，事由自然，莫出于己。若欲狭之，乃是离之；若欲饰之，乃是贼之。天气为魂，地气为魄，反之玄妙，各处其宅，守之勿失，上通太一。太一之精，通合于天。天道嘿嘿，无容无则，大不可极，深不可测。常与人化，智不能得。转轮无端，化遂如神，虚无因循，常后而不先。其听治也，虚心弱志，清明不暗，是故群臣辐辏并进，无愚智贤不肖，莫不尽其能，君得所以制臣，臣得所以事君，即治国之所以明矣。"这段材料将无

① 吴经熊：《正义之源泉——自然法研究》，北京：法律出版社，2015 年，第 265 页。
② 熊铁基：《秦汉新道家略论稿》，上海：上海人民出版社，1984 年，第 49 页。
③ 萧公权：《中国政治思想史》，北京：商务印书馆，2010 年，第 252 页。

为、因循、理、自然等一些重要的黄老概念都统合在了一起。老子在讲自然无为时从来没有提过："因循"，而熊铁基则指出"以道论为指导的政治思想，因为'道法自然'，必然得出'贵因'的观念。""因的观念是由'道法自然'发展出来的。"① 许建良指出："'辅'与因循的内质存在着客观事实上的契合"②，意即黄老的"因循"来源于老子的"道法自然"以及"辅万物之自然"，这又把黄老思想与老子思想缠搅在一起了。蒙文通指出："因循是黄老一派独有之精义。南方道家庄周一流无此理论。"③ 陈丽桂指出："黄老政术的核心精神确实就是一个'因'字。一切表面上消极无为的黄老术之所以含蕴无比的韧度，以成就'无不为'的积极事功，关键也就在这个'因'字之上。"④ 这当然是正确的认识，"因循"不可能存在于老子思想中。萧公权指出："无为之义既为因物之自为，顺性之自然，则专制政府之高压统制政策，在所摒弃。盖物情互殊，率性为道。"⑤ 老子自然无为的精义是承认万物"率性"地"自为"，当然反对外力的"高压统制"，也就不可能有"因循"思想。王三峡指出："'因'就是顺应、适应、利用、借助"⑥，即'因循'必是双方中有一方要"利用"另一方，君王当然要"利用"臣子百姓，老子尊重每个人的自然存在和独特价值，而黄老仅仅把人当作可利用的"工具"和"手段"。王三峡指出："'因'的对象涉及政治理论、社会生活、人生修养、改造自然等方面。……可以说是《文子》中最重要的思想方法，具有非常普遍的实用价值。"⑦ 这说明君王将"因循"运用到了各个方面,但这样定义"因循"还稍显浮泛。陈丽桂指出："身为人君，先天、后天，周遭可因的条件太多了；自己与生俱来的权势、地位可因，众多臣下的才智可因，人心之好利恶刑也可因。"⑧ 君王将一切可利用的东西当作"工具"和"手段"利用就是"因循"，"因循"的前提必定是君王一人高高在上，握有绝对化的权力，而在下者都只是君王"富国强兵"的"工具"和"手段"。只有掌握绝对权力的君王才可以"因循"，没有权力，"因循"就是一句空话，这就是黄老屡屡强调"权势"的因由。"因循"的提法本身就已说明一君万民政治模式的形成，说明君王之下的人普遍的"物化"。

文子说君王"无为""不言""清静"而"因循任下"，可见"因循"的主体是"君王"，是君王"因循"臣下。蒙文通指出："'因循'就是根据客观条件来做事，是

① 熊铁基：《秦汉新道家略论稿》，上海：上海人民出版社，1984 年，第 131 页、第 132 页。
② 许建良：《"辅"——因循哲学的始发轮》，《云南大学学报》，2008 年第 3 期，第 42 页。
③ 蒙文通：《先秦诸子与理学》，桂林：广西师范大学出版社，2006 年，第 193 页。
④ 陈丽桂：《战国时期的黄老思想》，台北：联经出版事业公司，1991 年，第 106 页。
⑤ 萧公权：《中国政治思想史》，北京：商务印书馆，2010 年，第 341 页。
⑥ 王三峡：《文子探索》，武汉：湖北人民出版社，2003 年，第 192 页。
⑦ 王三峡：《文子探索》，武汉：湖北人民出版社，2003 年，第 192 页。
⑧ 陈丽桂：《战国时期的黄老思想》，台北：联经出版事业公司，1991 年，第 210 页。

根本反对主观主义、唯心主义。"① 陈丽桂指出:"'因'的第一特质是虚己去智,全然摒除一切含带任何自我色彩的成分,无好恶、无成见、无抉择、无企图,也不把持,把自己全然变成一个客体。"②"无为""不言""清静"就指君王要"虚己去智",要抛弃自己的"主观",万事不由己发,只"利用"臣下的才能,君王只负责"责成",也就是负责赏罚,这样君王自然就"谋无失策,举无过事",故刘笑敢指出:"上无为,就不会有缺点错误,可以因此统治这个世界;下有为,就会有缺点错误,并有所欠缺。"③ 因为君王不是"意见"的提出者,也不是"意见"的执行者,君王只是"一度""循理",也就是制定法律,依法赏罚,臣下所为之事结果坏的就罚,结果好的就赏,因为君王没有亲自做事,也就没有任何责任,君王是超越于官僚系统之上的。"法"是君王施行赏罚的"客观"依据,因此君王就不能用自己主观上的"好憎"和"喜怒"代替客观的"法",这样君才能制臣,才能使己独尊。吴光指出:"如果人君喜欢任事自为,臣下就会来曲意奉承,时间久了,君位必受侵夺,臣下就会擅权,尊卑上下之分就要颠倒了。"④ 马作武指出:"'事断于法'不仅无损于君主的独制,且由于它能避免君主的'身治'所导致的危害,反而成为君主实现位尊权重的方法。"⑤所以文子讲完"法"后,紧接着就谈修养。文子认为君主应修养"魂魄",使其与"玄妙"的"太一""天道"相通,而"天道"则是"无容无则,大不可极,深不可测"的,君王也要无"容则",要"不可极""不可测",总之就是使臣下根本无法琢磨君主"玄妙"的心思,也就是臣下之"智不能得",君王就可以"法"制住臣下,臣下也就"无愚智贤不肖,莫不尽其能"⑥ 了。

文子的上无为下有为思想也与孔孟的思想根本不符。《论语·子路》云:"子路曰:卫君待子而为政,子将奚先? 孔子曰:必也,正名乎。"《论语·颜渊》云:"齐景公问政于孔子。孔子对曰:君君,臣臣,父父,子子。"孔子主张"正名",劳思光云:"为政以'正名'为本,即是说以划定'权分'为本""说'君君臣臣'时,亦是意谓:不论'君'或'臣'之权利义务如何划定,'权分'总是必须遵守者。""无统一秩序即无统一规范,权利义务皆将随事实条件而变易,即一切诉于实力,无是

---

① 蒙文通:《先秦诸子与理学》,桂林:广西师范大学出版社,2006 年,第 192 页。
② 陈丽桂:《战国时期的黄老思想》,台北:联经出版事业公司,1991 年,第 137 页。
③ 刘笑敢:《"无为"思想的发展——从〈老子〉到〈淮南子〉》,《中华文化论坛》,1996 年第 2 期,第 98 页。
④ 吴光:《黄老之学通论》,杭州:浙江人民出版社,1985 年,第 189 页。
⑤ 马作武:《论慎到的法律观》,《法学家》,2003 年第 6 期,第 53 页。
⑥ 从这里也可理解文子说的"常后而不先"的意义,君王的"后"与臣下的"先"是相对的,因为臣下"为事先唱",君王据"法"依臣做事的结果定赏罚,所以叫作"后",这与老子的"后"有本质区别,文子的"后"只是权术,实际上君王处处主动。

非可说。"① 黄老所说的"无为""无形"正是将君主置于"权分"和"是非"之外了，君虽比臣高，但君也有君的义务，超出"权分"说君权显非孔子所能认同。孟子曰："四境之内不治，则如之何。王顾左右而言他。"（《孟子·梁惠王下》）萧公权认为这是孟子在"暗示君主有职，同于百官，失职者当去也"②。这个解读是准确的，孟子显然继承了孔子的"正名"学说。黄老认为"四境之内不治"是臣下的责任，臣下没有治理好"四境"，君王就应惩罚臣下，君主本身没有任何责任，孟子则认为"四境之内不治"的责任主体是君主，君主也有具体职事，干不好也应该像臣下一样受到惩罚或者辞职。可见黄老的"不言""清静"等使君王超越于官僚体系之上，将君王置于绝对无错的境地，是在坚定维护君主集权。

　　文子提出"自然"，但它与老子的"自然"根本不同，文子的"自然"本质上是"他然"。文子云："名各自命，类各自以，事由自然，莫出于己。""自然"和"名"连在一起说。陈丽桂指出："强调天道，只是为了从中提炼出'名''分''理''度'来，作为建立政治秩序和人事行为的准据。"③ 曹峰指出："'名'……即它主要不是思维的工具和对象，而是政治的工具和对象。"④ 又云："从战国中晚期到汉代初期，有一个非常有趣的历史现象，那就是'名'和'法'常常放在同等的位置上，'名''法'连用，'名''法'并举的现象格外普遍。"⑤ 白奚指出："'名'乃是王公判断是非以正天下的标准和工具，此'名'实际上已是'法'的代名词。""'法'是根据名来确定的，或者说'法'是用来维护正常的名实关系即正常的统治秩序的。"⑥ 可见文子的"自然"是在以"尊卑贵贱"为核心的"政治秩序"内的"自然"，这种"自然"是先由君王等给定一个"框架"，然后看芸芸众生如何在"框架"内"自然"地表现，而"框架"无疑指"名"和"法"，人们的行为符合"法"就生，不符合就死，这根本不是老子的"自然"。老子的"自然"是"自成"，是百姓的自主自为，文子的"自然"显然是向君王意志"自自然然"地趋近靠拢，否则刑法就紧随其后，这在本质上是"他然"，是君王使你如此"然"。老子的"自然"与黄老的"法治"相对待，文子的"自然"则与"法治"融合无间。王中江指出："'因'说的是统治者遵

————————

　　① 劳思光：《新编中国哲学史》第一卷，桂林：广西师范大学出版社，2005年，第91页、第92页。

　　② 萧公权：《中国政治思想史》，北京：商务印书馆，2010年，第95页。

　　③ 陈丽桂：《战国时期的黄老思想》，台北：联经出版事业公司，1991年，第72页。

　　④ 曹峰：《回到思想史：先秦名学研究的新路向》，《山东大学学报》，2007年第2期，第61页。

　　⑤ 曹峰：《战国秦汉时期"名""法"对举思想现象研究》，《西北大学学报》，2012年第6期，第24页。

　　⑥ 白奚：《〈黄帝四经〉与百家之学》，《哲学研究》，1995年第4期，第36页。

循所有事物的特性，特别是遵循人民的意愿和利益。"①这种理解有待商榷，"人民的意愿和利益"必须是统治者希望的样子，也就是"人民的意愿和利益"要向"富国强兵""一统天下"的君王意愿靠拢，向君王意愿靠拢就能得赏，否则就要受罚。《上义》曰："赏一人而天下趋之，罚一人而天下畏之。"这与商鞅没有区别，都在用"赏罚"树立"标杆"，然后使人们"自然"向"富国强兵""一统天下"的君王目标靠拢。老子的"自然"要使每个人活出"本真"，文子的"自然"则要使人不可避免地"物化"。

第三节 用众

君无为臣有为，君主因乘臣力，这种观念再向前发展一步就顺理成章地导出"用众"思想。《自然》曰："圣人天覆地载，日月照临，阴阳和，四时化，怀万物而不同，无故无新，无疏无亲。故能法天者，天不一时，地不一材，人不一事，故绪业多端，趋行多方。故用兵者，或轻或重，或贪或廉，四者相反，不可一也。轻者欲发，重者欲止，贪者欲取，廉者不利非其有也。故勇者可令进斗，不可令持坚；重者可令固守，不可令凌敌；贪者可令攻取，不可令分财；廉者可令守分，不可令进取；信者可令持约，不可令应变。五者圣人兼用而材使之。夫天地不怀一物，阴阳不产一类；故海不让水潦以成其大，山林不让枉挠以成其崇，圣人不辞其负薪之言以广其名。夫守一隅而遗万方，取一物而弃其余，则所得者寡而所治者浅矣。""圣人天覆地载"表明文子的"圣人"已然是天地万物的最高主宰，这与《老子》中"持后"从而显得很"虚"的"圣人"完全不同。曹峰指出："圣人所起的作用只是帮助百姓打开枷锁、放开手脚，极大地激发起百姓的主动性和创造性，让他们做自己的主人。"②所以"圣人"只有"持后"才能保证万物有充分的"自为"空间，《文子》在万物之"上"的"圣人"看起来在"怀万物"，实则限制了万物的"自为"，这样的"圣人"只能是君主。"无故无新，无疏无亲"化用《老子·五十六章》的相关内容，但思想完全不一样，文子的"圣人"已然居于万众之上，所以"无故无新，无疏无亲"就体现为君王一人之下万众作为"编户齐民"的"平等"，这种"平等"只能被解读为所有人"平等"地成为君王"富国强兵"的"工具"和"手段"，"平等"地接受君王之"法"的宰制。但《老子·五十六章》云："塞其兑，闭其门；挫其锐，

---

① 王文见徐炳主编：《黄帝思想与道、理、法研究》，北京：社会科学文献出版社，2015 年，第 241 页。

② 曹峰：《〈老子〉的幸福观与"玄德"思想之间的关系》，《中原文化研究》，2014 年第 4 期，第 39 页。

解其纷；和其光，同其尘。是谓玄同。故不可得而亲，不可得而疏；不可得而利，不可得而害；不可得而贵，不可得而贱。"老子主张"玄同"万物，"玄同"的前提则是君王要"塞其兑，闭其门"，也就是君王"无为"。君王"无为"，也就不会以自己的意志来左右百姓，百姓就能自主自为地活出自己"本真"的样子，因而自然就没有亲疏贵贱的分别。在万物只有"工具价值"的前提下，文子认为人人不同，各人有各人的长处，君王完全可以利用众人各自的长处，这其实是黄老的齐物观。苗润田指出："黄老学者的'齐万物'理论充分肯定了事物的差异和对立"①，从"用众"思想看，黄老是肯定"事物的差异和对立"，但这种"肯定"和老庄的"齐物"思想根本不同，黄老肯定着眼于不同的物有不同的用处，而老庄肯定不是从"用"的角度看万物的"差异"，但从"工具价值"的层次而言，万物对君主来说又都是相同的。如果发现不了君王把万物当作"工具"和"手段"因而极力压缩人的存在空间，就极有可能把黄老的"齐物"和老庄的"齐物"等同起来，故陈丽桂指出："众人先天各形各类的才能，是人君取之不尽、用之不竭的资源。"②黄老承认人的才能不同是从"用"的角度出发的。文子举了用兵的例子，轻、重、贪、廉、信各有所长，君王可以"兼用"。但这里隐含着一个问题，一旦只注重人的"工具价值"，人的德行就可以忽略，"贪婪"总是人性中不好的东西，但"贪婪"也可以利用。黄老认为君臣关系就是利用与被利用的关系，所以为了能使君王利用臣下，人就不能向更高更好发展，这是君主集权对人的戕害。文子又化用《老子·二十七章》的"是以圣人常善救人，故无弃人；常善救物，故无弃物"论证他的"用众"思想，也就是使所有人都成为君王"富国强兵"的"工具"和"手段"，这与老庄理想中的人人自为因而人人皆有独特的价值根本不同。看起来文子对"负薪之言"——即寻常百姓的意见也很重视，但这只是表象，毋宁说文子只不过想最大化地使所有的人都成为君王"富国强兵"的"工具"和"手段"，任何人都无法逃脱被君主"工具化"的命运，这是文子"无弃物"的本质。老子的"无弃人""无弃物"则是站在"道"的高度看万物，万物一律齐平，每个人都有自己独特的价值，因此当然应该"无弃人""无弃物"，这是老子"齐物"思想的充分体现。

《下德》曰："夫人君不出户以知天下者，因物以识物，因人以知人。故积力之所举，即无不胜也；众智之所为，即无不成也。千人之众无绝粮，万人之群无废功。工无异伎，士无兼官，各守其职，不得相干，人得所宜，物得所安，是以器械不恶，而职事不慢也。夫债少易偿也，职寡易守也，任轻易劝也。上操约少之分，下效易

---

① 苗润田：《〈庄子〉内篇与早期黄老思想的比较》，《文史哲》，1991年第3期，第56页。
② 陈丽桂：《战国时期的黄老思想》，台北：联经出版事业公司，1991年，第168页。

为之功，是以君臣久而不相厌也。"夫人君不出户以知天下者，因物以识物，因人以知人"是对《老子·四十七章》"不出户，知天下。……是以圣人不行而知，不见而明，不为而成"思想的修正，老子"不出户，知天下"是因为老子对"道"产生了深刻的体会，而对"道"的体会只能依靠人的"精神"。《天下篇》描述庄子曰："其于宗也，可谓稠适而上遂矣。""宗"即指"道"，"稠适"可理解为一个人对自主自为生活的坚持，"上"字最能表达精神的"超越"，"道"在"上"，人只有使精神向"上"走，才能体会"道"。对"道"有了体会，也就在根源处对"人"有了认识，对人类社会的根本问题才可能产生深度的把握。因为"道"生万物，万物在"道"之下一律平等，每个人都是人，每个人都具有"人"的"共性"，如此人才能成为一个"类"，因而老子通过自己的人性即可把握他人的人性，他不必逐个研究天下的人，他就可以把握"人"这个"类"的"共性"，正如徐复观所言："每一个人的自身，即是一个宇宙，即是一个普遍，即是一个永恒。可以透过一个人的性，一个人的心，以看出人类的命运，掌握人类的命运。"①文子将老子的"道"下拉向"物"，因而也就谈不到"上遂"，所以他的"人君不出户以知天下"只能依靠"因物以识物，因人以知人"的"外在"方法，也就是君王利用一部分人去窥伺控制另外一部分人，这与老子强调内在、精神和超越的东西没有任何关系，所以文子的"识物""知人"之法也就是君主控御臣下的"术"。臣下"各守其职"就是用众人力量治天下，"各守其职"的好处在于将不同的职位交给不同的人，每个人所管的事情就比较少，人们就能胜任各自的职位。但"胜任"只是一个方面，更重要的是人人职责明确，没有兼职，君王就容易考核臣下，赏罚明确，君威自然得以维护。

《上仁》曰："以天下之目视，以天下之耳听，以天下之心虑，以天下之力争。故号令能下究，而臣情得上闻，百官修达，群臣辐辏，喜不以赏赐，怒不以罪诛，法令察而不苛，耳目聪而不暗，善否之情，日陈于前而不逆。故贤者尽其智，不肖者竭其力，近者安其性，远者怀其德，得用人之道也。夫乘舆马者，不劳而致千里；乘舟楫者，不游而济江海。""天下"一词有很大的迷惑性，《慎子》曰："古者立天子而贵之者，非以利一人也。曰天下无一贵，则理无由通。通理以为天下也。"刘泽华指出："天子是基于社会的需要，为通天下之理而产生的。贵天子是为了通理平天下，

---

① 徐复观：《中国人性论史》，台北：商务印书馆，2010 年，第 182 页。中国古人看待人的方式也与古希腊人相同。汉密尔顿指出："对我们来说，一个人的个性就是为其所独有的东西，使其区别于他人。而对希腊人来说，它是一个人所具有的所有人都部分地具备的品质。它使一个人与其他人融为一体。""希腊人这种将所有事物都看作某个整体的一部分的思维习惯，使得希腊的戏剧与其建筑十分相似。""某个个人表现了整个人类共有的人性，而这种共有的人性也在一个人身上体现出来。"（依迪丝·汉密尔顿：《希腊精神》，葛海滨译，北京：华夏出版社，2014 年，第 275 页、第 276 页、第 301 页。）意即人虽然是个体，但他首先是"人类"这个"整体"中的一员，因而个人身上就有人的共性。

不是为了利一人。……慎到这种说法可说是开亘古之新论，启迪后人之烛光，给君主占有天下说以有力的一击。"进而刘先生认为慎到所言"百姓之于圣人也，养之也，非使圣人养己也"是"从经济关系上给'立天子以为天下'的主张，提供了有力的根据。"故得出结论："慎到以上的说法，在理论上无疑是对君主的一种制约。它教导君主应该摆正个人与天下的关系，从道理上看，无疑是一首绝曲。"①刘先生将"天下"理解为"社会"，"社会"又相当于"百姓"，但慎到的"天下"不能理解为"社会"和"百姓"，一旦如此理解无疑拔高了慎到思想的地位，得出"制约君主"这样非常"现代"而又绝不可能是黄老思想的结论，其实慎到坚决维护君主集权。理解慎到思想要从"无为""因循""法治"等核心概念入手，慎到的"天下"相当于"国家"，在战国时代"国家"与"君主"是一体的，故"立天子而贵之者，非以利一人也。曰天下无一贵，则理无由通。通理以为天下也"指君王是保证"法治"实行的最高权威，实行"法治"是为了"国家利益"，但"国家利益"不会是百姓的利益，只能是君王的利益，所以"非以利一人"是说君王不应沉迷"小利"，而应认清"富国强兵""一统天下"的"大利"。"百姓之于圣人也，养之也，非使圣人养己也"是慎到"因循""用众"思想的反映，与"制约君主"也没有关系。黄老主张君主"无为"而以"法"驱使众人去"为"，"圣人养己"显然靠近了儒家思想，使君王下同于臣民了。同样的错误也出现在理解《文子》上述话语上。丁原植在解读这段材料时认为其意与《韩非子·定法》"人主以一国目视，故视莫明焉；以一国耳听，故听莫聪焉"相近，这是正确的，但说"此种'天命'取决于'民意'的观念，来源甚为古老"则有待商榷②，无论是《文子》的"天下"还是《韩非子》的"一国"都不可能等同于"民意"，实际上这还是文子的"因循""用众"思想。"以天下之目视，以天下之耳听，以天下之心虑，以天下之力争"相当于"因物以识物，因人以知人"，仍在讲君主控御臣下的"术"，即利用此窥测制服彼，"夫乘舆马者，不劳而致千里；乘舟楫者，不游而济江海"就是这种意思的体现。官员本身也有上下职级区分，但在君王眼中一律都是可以利用的"工具"。

---

① 刘泽华：《论慎到的势、法、术思想》，《文史哲》，1983 年 1 月第 1 期，第 12 页。
② 丁原植：《〈文子〉资料探索》，台北：万卷楼图书有限公司，1999 年，第 481 页。

第八章　法治

第一节　道与法

《道原》曰："天常之道，生物而不有，成化而不宰，万物恃之而生，莫之知德；恃之而死，莫之能怨。"这段话文子化用《老子·五十一章》的相关语句又加上了他自己的理解，但这与老子的思想完全不同了。"天常之道，生物而不有，成化而不宰"当然还是老子的思想①，"万物恃之而生，莫之知德；恃之而死，莫之能怨"则是文子自己的理解，但正因这一句，前一句的思想完全变了。文子在讲"术"，在为提出"法治"做准备，而老子是讲万物的"自为"。《老子·五十一章》云："道生之，德畜之，物形之，势成之。是以万物莫不尊道而贵德。道之尊，德之贵，夫莫之命而常自然。故道生之，德畜之；长之育之；亭之毒之；养之覆之。生而不有，为而不恃，长而不宰。是谓玄德。"老子明言"尊道贵德"和"玄德"，文子却说"莫之知德"，老子绝口不提"怨"，而文子提到"怨"，这说明文子没有理解老子的"道"。"道"是"万物之奥（主）"，因此"万物莫不尊道而贵德"就是在"否定"君王宰制万物的同时而使万物向其"本真"的"根"处回归。"道"之下万物齐平，逻辑地导出君主并不是真理的绝对掌握者，人人皆可自主自为，因而人尊贵"道德"正表示人之自我意识的觉醒，体现的正是对"功名利禄"的"超越"，"道"引领以人为核心的天地万物向更加"本真"的方向迈进。"贵德"的基础显然是"知德"，老子虽未言"知德"，但这是"贵德"应有之义。但文子却说"万物恃之而生，莫之知德"，这等于切断了"道"与"万物"的联系，"道"是"道"，"万物"是"万物"，"生"就毫无意义，"道"失去对万物的"引领"作用。在老子的"道"之下，人自主自为，拥有"自我意识"，展现独特的自我，但既然"莫之知德"，说明向"上"的引力不

① 如果细究起来，"天常之道"也有问题。顾观光、俞樾、王叔岷均认为"天常"无义，当作"太上"（见王利器：《文子疏义》，北京：中华书局，2000年，第9页），但这个说法并不正确，根据王三峡所引，出土文献《成之闻之》有三个"天常"，《吕氏春秋》也有一个"天常"，所以王三峡认为"'天常'本是先秦哲学术语"（王三峡：《文子新探》，武汉：湖北人民出版社，2003年，第275页）。关键是《成之闻之》《吕氏春秋》的"天常"都不具有"超越"的意义，《成之闻之》的"天常"更靠近道德法则，《吕氏春秋》的"天常"更靠近自然规律和法则。文子将"天常"和"道"整合在一起，还是"规律"和"法则"的味道多一点，但后面的"生物而不有，成化而不宰"又是老子的东西，所以这里我们宽泛地将整个句子都当作符合老子思想的。

见了，万物就只能向"下"坠，成为君主"富国强兵"的"工具"和"手段"。人对"道"也谈不上"怨"，"道"是偏向于"无"的存在，本身就不可言说，"道"不是"外在"的"客观存在"，"外在"的东西可以说"怨"，但偏向于"无"的存在根本谈不上"怨"，而且"道"引领我们向"理想"的生活迈进，对"理想"也谈不上"怨"。文子却说"恃之而死，莫之能怨"，"恃之而死"表明"道"非常"实在"，但这与老子幽微恍惚自然偏向"无"的"道"完全不合。正因老子的"道"偏向"无"，才可能"生而不有，为而不恃，长而不宰"，万物才有了充分的自为空间。文子的"道"却非常"实在"，因而他所谓的"生物而不有，成化而不宰"就成了一句空话，甚至是权术，与君王的御臣术挂上了钩。"生物而不有，成化而不宰"就相当于君主"无为"，"莫之知德，莫之能怨"则在说"法治"，君王以法治国，"法"是"客观的"，人人在"法"之下平等，君王依"法"行赏罚，人自然不会怨恨君王。这实际将君王从是非的渊薮中引开了，任何人都不能怨恨君王，可见"法治"维护了君权。老子主张自然无为，反对"法治"，文子则从"天道"引出"法治"。老子的"生而不有，长而不宰"是真正赋予万物自主权的"不有""不宰"，文子的"生物而不有，成化而不宰"是"法"之下的"不有""不宰"，实则既"有"又"宰"，因为君王虽表面"无为"，但君王把自己的意志转化成"法"，人的生死都要依"法"而定，所以所谓的"不有""不宰"就完全是一句带有浓厚权术意味的空话，是对法治的粉饰包装。

《自然》曰："道之为君如尸，俨然玄默，而天下受其福[①]，一人被之不褒，万人被之不褊。是故重为惠，重为暴，即道迕矣。为惠者，布施也。无功而厚赏，无劳而高爵，即守职者懈于官，而游居者亟于进矣。夫暴者妄诛，无罪而死亡，行道者而被刑，即修身不劝善，而为邪行者轻犯上矣。故为惠者即生奸，为暴者即生乱，奸乱之俗，亡国之风也。故国有诛者，而主无怒也。朝有赏者，而君无与也。诛者不怨君，罪之当也。赏者不德上，功之致也。民之诛赏之来，皆生于身，故务功修业，不受赐于人，是以朝廷芜而无迹，田壄（野）辟而无秽。故太上，下知而有之。""道之为君如尸"表明文子将"道生万物"直接比作"一君万民"，"君"对"民"而言非常"实在"，"君"是现实中"民"的实际掌控者，但"道"对"万物"则只进行

---

① "俨然玄默，而天下受其福"，《淮南子·主术训》作"俨然玄默，而吉祥受福"，高诱注云："尸，祭主也。"又云："尸不言语，故曰'玄默'。"（王利器：《文子疏义》，北京：中华书局，2000年，第362页）彭裕商云："尸，古代祭祀时代表死者受祭的人，不言不动，以像死者。""福，本指祭肉。"（彭裕商：《文子校注》，成都：巴蜀书社，2006年，第163页）《文子》与《淮南子》在文意上稍有差异，《淮南子》认为"尸"是"受福"者，《文子》认为"天下"是"受福"者，以"尸""福"之意揣测，《淮南子》当是，若将《文子》的"受"理解为"授予"，以"其"为衍文，则与《淮南子》一致。再以黄老思想衡之，《淮南子》也是正确的，本文从《淮南子》。

价值引领。而且老子言"生而不有，长而不宰"，因为"道"是偏向于"无"的存在，万物有充分的自为空间，这与君直接掌握民完全是两码事。"尸"要享受众人上供的祭品，重心在"尸"，但"道"与"万物"之间不存在"上供"的关系，"道"是在引领万物向其各自的"本真"发展，重心在"万物"，而不是"道"，这表明文子关注的始终是君主利益，老子恰恰相反，关注的是普通百姓。"俨然玄默"大体从老子形容"道"的"恍惚""幽微"、要求君主"无为"的"柔弱""虚静"引申而来。"道"可以这样形容，因为"道"偏向于"无"，越是"恍惚"越表明没有人可以完全确定地把握"道"，这是对君王掌握着绝对真理的谬误的批判，从而为所有的人平等地追寻真理打开大门。但"人"却不可以这样形容，人都有丰富情感，要使人"俨然玄默"，只好将人的"人性"剔除，文子恰好如此，剔除君王的"人性"，君王才能以"客观"的"法"治国。老子的"柔弱"和"虚静"是对君王"有为"的批判，文子的"俨然玄默"只不过是为使"法"的功效最大化，故紧接着文子就谈"重为惠"和"重为暴"。"惠"与"暴"都说明君主赏罚臣下依据的是个人的喜怒而不是"客观"的"法"，如此臣下就会挖空心思投君主所好。但如果以"法"来赏罚，一方面显得君主很"公正"，有利于维护其地位；另一方面人人都要努力"务功修业"，也就是拼命为君王出力，只有这样才能免"诛"。而且据"法"赏罚，君主就是唯一的权力中心，臣下就只为君王卖命，而不会成为他人的私属，这就是"不受赐于人"隐含的意思。文子认为"法治"能使"朝廷芜而无迹，田壄（野）辟而无秽"，故文子称"法治"为"太上"之治，这又是对《老子·十七章》"太上，不知有之；……悠兮其贵言。功成事遂，百姓皆谓我自然"的修正。"不知有之"，河上公、王弼、傅奕、帛书、竹简本皆做"下知有之"，陈鼓应云："吴澄本、明太祖本、焦竑本、邓錡本、潘静观本、周如砥本都做'不'。本章最后一句：'百姓皆谓我自然'就是'不知有之'的一个说明。作'不知'意义较为深长。"[①]虽然较早的版本都做"下知有之"，但按照老子思想，当如陈鼓应所说作"不知有之"，因为老子已明言"百姓皆谓我自然"，是百姓自主的行动，与君主无关。退一步即使作"下知有之"，也仅限于"知"，虽有君主，但君主彻底"无为"，百姓彻底"自为"，也不会是文子理解的"法治"。文子的"太上，下知有之"根本与百姓的自主无关，因为"太上"指"法治"，"下知有之"就等于说百姓只知有"君"，一切随君法而为，不能有自己的意志，这显然与老子思想完全相反了。另外，文子反对"为暴""妄诛"仍针对君王专凭己意而不以"客观"之"法"为治的行为，并不是反对"法"的"暴力性"。一旦强调"法治"，暴就无可避免，因为不用暴力，民就很难顺从在上者的意志，不暴的柔软

---

① 陈鼓应：《老子注译及评介》，北京：中华书局，2006年，第131页。

手段适合说教，但要强迫人从于己就非得暴不可。从暴不暴上区分黄老与法家，差异并不明显。

《自然》曰："故圣人立法以导民之心，各使自然，故生者无德，死者无怨。天地不仁，以万物为刍狗。圣人不仁，以百姓为刍狗。夫慈爱仁义者，近狭之道也。狭者，入大而迷。近者，行远而惑。圣人之道，入大不迷，行远不惑，常虚自守，可以为极，是谓天德。"文子以"法"代替老子的"不仁"，因为"法"是"客观"的，对谁都一样，自然会对任何人"不仁"。文子将"不仁"理解为无所偏爱是正确的，但将"不仁"具体化为"法"则是对老子思想的修正。乔健指出："'价值齐平'又逻辑地引发了'天地不仁，以万物为刍狗；圣人不仁，以百姓为刍狗'这种含有'人人齐平'意味的观念，正如'和光同尘'也有万物齐平的意味。"① 显然老子的"不仁"指天地对万物无所偏爱，因而万物一律齐平，与"法"根本没有关系。"平等"又是"爱"的基础，只有把和我们相同的"人"都当"人"看，才会自觉地"爱"他人。徐复观指出："爱不是出自人我一体，则爱不算在生命中生了根，于是此种爱只能成为一被限定之爱。被限定之爱的价值，根本是不能确定的。"② "人我一体"即指每个人都是"人"，人是平等的，认识到这一点，"爱"才能发自内心。"平等"基础上的"爱"才是自觉的"爱"，才会将"爱"延伸至与己不亲不识的陌生人，才能将他人的苦难当作自己的苦难。老子虽未明言"爱"，但在"道"的关照下，万物平等，"爱"自在其中。但在文子的话语中，"天地"只是自然性的，"天地不仁"也就表达不出"平等"的意识，"不仁"就真的是字面显示的"不仁"。"圣人不仁"即指君主也不能"仁爱"，因而自然推出"法治"。文子将"法治"嫁接到老子思想上，又利用老子的"天地不仁""圣人不仁"来对抗儒家的"仁爱观"，认为"仁爱"是"近狭之道"，既不能"入大"也不能"行远"，而文子所说的"远"和"大"不外乎就是"法治"。在对待百姓的态度上，道家和儒家站在同一阵线，法家和黄老站在同一阵线。徐复观指出："老子与儒家，同样是基于对人性的信赖；以推及政治，而为对人民的信赖。所以两家的政治思想都是以人民为主体的。"③ 萧公权指出："儒家以人民为政治之本体，法家以君主为政治之本体。"④ 无论儒道两家在思想上有何不同，但绝不会以"不仁"的"法治"来对待百姓。

① 乔健：《中国古代思想研究》，北京：民族出版社，2008年，第190页。
② 徐复观：《中国思想史论集续编》，上海：上海书店出版社，2004年，第246页。
③ 徐复观：《中国人性论史》，台北：商务印书馆，2010年，第355页。
④ 萧公权：《中国政治思想史》，北京：商务印书馆，2011年，第191页。

第二节 法治与反智

《下德》曰："衡之于左右，无私轻重，故可以为平。绳之于内外，无私曲直，故可以为正。人主之于法，无私好憎，故可以为令。德无所立，怨无所藏，是任道而合人心者也。故为治者，知不与焉。水戾破舟，木击折轴，不怨木石而罪巧拙者，智不载也。故道有智则乱，德有心则险，心有眼则眩。夫权衡规矩，一定而不易，常一而不邪，方行而不留，一日形之，万世传之，无为之为也。"这段材料清楚表明"法治"与"心智"相对，但在论述前，我们先对"反智"的内涵做一些定义。在我们的语境中，"智"并不特指研究客观世界所得的"知识"，而是偏重"道义准则"。"知识"本身对君主集权并不构成威胁。徐复观指出："认识之心，可以成就知识；而知识对于行为的道德不道德，并没有一定的保证。""知识对行为而言，本是无颜色的；于是他便不能不先以道德来保证知识的方向。"① 余英时指出："德性的觉醒不会因通过'道问学'获得的知识的积累而产生，因为即使做最乐观的估计，'道问学'也与道德不相干。德性的觉醒是非理性的'跳跃'。"② "知识"本身无法判断人间的大是大非，"道义准则"才是判断的标准。君主集权反对的是"道义准则"，而不是"知识"，"知识"可以"利用"，"道义准则"则是一个人独立拥有的东西，且往往与现实中不义的东西相左，因而才被君主反对。"仁义"是儒家的判断标准，"人人自为"是道家的判断标准，有了这种标准，人就能站在现实之上对现实做出批判，也才能

---

① 徐复观：《中国人性论史》，台北：商务印书馆，2010年，第240页、第248页。
② 余英时：《人文与理性的中国》，程嫩生、罗群等译，上海：上海古籍出版社，2007年，第108页。

成为独立自主的人①。儒家的"道德"也指对是非善恶有独立的价值判断，所以孟子格外强调"心"，因为"心"是自主的，强调"心"就必然强调独立的价值判断。孟子不大强调"礼"，荀子则格外注重"礼"，这种差异正是强调或忽视独立的价值判断在思想上的反映。独立判断的前提是心灵的自主、民智的开启，但文子云"道有智则乱，德有心则险，心有眼则眩"，文子对"心智"抱有极大的戒心。虽然文子反对"心智"与老子反对"智能弥多"有相合之处，但根本上又与老子不同。老子反对君主的"智能弥多"，反对君主的"有为"，但不反对普通百姓的"智"（否则"自然"就说不通了），因为君主越发挥"智能"，越要强迫百姓听从于己，君主的"智能"就成为百姓施展"智能"的障碍。文子却把老子反对君主"智能"的思想修正成反对君民两者的"智能"，而且尤其反对百姓的"智能"。反对君主的"智能"是因为君主运用自己的"智能"，就会撇开"客观"的"法"，但君主又掌握绝对权力，要判断赏罚，所以对君主的智能又不能完全否定；反对百姓的"智能"是要使百姓"统一"到君主之"法"上，最后"反智"只会落在百姓身上，这就与老子思想完全相反了。老子的"道"之下万物平等，人人皆有"自我意识"，人人皆对是非善恶发出自己的声音，这必然要肯定"心智"，所以儒道都不会排斥"心智"。但"心智"却是"法治"的威胁，因为心灵的自主、人格的多样，就会出现统治者眼中的"乱""险""眩"等"不确定性"，统治者要求的则是"必然"和"确定性"，故文子认为"权衡规矩"的好处是"一定而不易，常一而不邪，方行而不留"，即人心是不确定的，"法"则是"一定"的，人心隐藏着邪恶，"法"则清楚明白（"不邪"），人心是有弹性的，"法"只讲原则（"方行"）。总之，"心"的"自主"与"法"的"统

①　儒道两家也不忽视"知识"。徐复观指出："仁虽为孔学的骨干，但孔子对于智，实已付于一个与仁相平行的地位。"（徐复观：《中国思想史论集续编》，上海：上海书店出版社，2004年，第246页）"实践的行为，必须与客观事物相结合。……发展而为行为，便有赖于知识。有良好的动机而没有正确的知识，其结果常顺着主观一方面去发展，其势必有所偏，因之必有所蔽。""因为气即是生理的作用；在气上开辟不出精神的境界；只有在人的心上才有此可能。既须落在人的心上，则他（庄子）不能一往反知，而必须承认某种性质的知。"（徐复观：《中国人性论史》，台北：商务印书馆，2010年，第286页、第381页）人活于世，不能不与外界打交道，也就不能不具备某种知识，但人更应该有道义精神，否则技术越先进，伤人就越轻松。"道义"使"知识"朝着有益于人类的方向发展，故徐复观云："仁的自觉，即浸透于各种学问之中，以决定各种学问的方向……仁不是特定的一事物，而系贯彻于每一事物，因而赋予该事物以意义与价值的精神。"（徐复观：《中国人性论史》，台北：商务印书馆，2010年，第96—97页）但不可否认的是在中国古代思想中"知识"这一环仍旧是比较欠缺的，因为在战国的"功利主义""实用主义"思潮下，纯粹的"为知识而知识"也是活不下去的。陈启云指出："从西方哲学认识论的立场来看，墨辩、惠施、公孙龙所代表的名学思想是正面的发展，批评和反对此类名学思想者是负面的发展；但从中国思想发展史的立场来看，'名学'思想反而是负面的发展，而批评和反对此类名学思想者却代表了正面的主流思想的发展路向。""从文献学的角度来看，先秦'名学'思想的文字著作流传下来的寥寥无几，而批评和反对'名学'的文字却百十倍于此。"（陈启云：《〈中国古代思想文化的历史论析〉，北京：北京大学出版社，2001年，第101页。）"功利主义""实用主义"是"知识"的大敌。

一"相矛盾，坚持"法治"就要反对"心智"。

《符言》曰："为者有不成，求者有不得，人有穷而道无不通。有智而无为，与无智同功。有能而无事，与无能同德。有智若无智，有能若无能，道理达而人才灭矣。人与道不两明。人爱名即不用道，道胜人即名息，道息人名章即危亡。"这段材料表明文子无限贬低人的"精神"，又将"道"当作无所不能的"工具"。老子的"道"高于万物，在"道"之下万物齐平，"道"又"不有""不宰"，因而人人皆有充分的自为空间，人人皆可有自己独立的价值判断，"道"正与挺立人的"精神"相呼应。而且"道"引领我们追求恒常的"理想"，"理想"往往在现实功利之上。老子关注超越现实的"理想"，这更需无比坚强的"精神"，正如孔子所言"人能弘道"，"人"与"道"一定是"两明"的。文子总是将"道"描述为"外在"的"客观存在"，将"道"当作"规律"和"法则"的"总源"，而能掌握"规律"和"法则"的只能是君主，进而在掌握"规律"和"法则"的基础上君主就理所当然地宰制百姓，这就必然压缩百姓的心智，因此就不难理解文子何以要强调"无智"了，因为老子的"道"与充分发挥个体的"主观能动性"相呼应，而文子的"道"正要压制个体的"主观能动性"。文子从"道"为"万物母"等论述中，认识到"道"为天地万物的主宰，自然也就"无所不通"，但这是从"功用"的角度在言说"道"，实质是将"道"当作有"工具价值"的"物"了。"道"偏向于"无"，因此绝不可能是具体而确定的"物"，也就谈不上"功用"。文子认为"无所不通"的"道"落实到现实社会就是"无所不通"的"法"，因为"客观"的"法"对谁都一样，适用于任何情况。但"无所不通"的观念实际非常有害，人类社会根本就没有什么"无所不通"的治国方法。"人"很复杂，如果真的把"人"当"人"看，就势必要考虑每一个具体存在的个体的特殊性，绝不可能采用"无所不通"的治理方式。如果非要坚持"无所不通"，必定要把复杂的人单一化，这就只能依靠以"暴力"为后盾的"法"了。所以文子在炫耀"无所不通"的同时，就说出"有智而无为，与无智同功。有能而无事，与无能同德。有智若无智，有能若无能"一段充斥浓厚"反智"色彩的话，这是要将丰富多彩的人全部"齐平化"，拉平所有人的心智，但这与老庄的"齐物"思想完全相反。徐复观指出："《齐物论》的齐物，是承认各物的个之齐物。……这是各物皆得到自由的齐物。截穿了说，是对物之不齐，却加以平等关照的齐物。"[①] 老庄承认"有智"和"有能"的"精英"，承认人的心智各有不同，而文子必然要拉平所有人的心智。在人格自主发展的环境下，总有些人能得他人之尊重，进而有"名"，"名"正是"贤"的表现，而且这个"名"又是民间社会"自发"形成的，与老子的

---

① 徐复观：《中国人性论史》，台北：商务印书馆，2010年，第432页。

"自然"思想并不矛盾。但文子云："人爱名即不用道，道胜人即名息，道息人名章即危亡。"文子将"名"与"道"对立，也就是与"法"对立，其实是在反对"尚贤"，徐复观指出："无用圣贤指不承认人在精神境界上的高低，而意欲将所有人拉平、拉齐，统一于'法'之下。"①"统一"于"法"之下，也就是"统一"于君主之下，在君主之外不能存在任何吸引民众的"人名"，以免民众与君主不"统一"，民众只能听从君主的安排，这是文子的"尊君""集权"思想。

第三节　法治与人性

文子认为"法治"应建立在"人性"之上，《符言》曰："天有明，不忧民之晦也。地有财，不忧民之贫也。至德道者，若丘山巍然不动，行者以为期，直己而足物，不为人赐；用之者，亦不受其德，故安而能久。天地无与也，故无夺也；无德也，故无怨也。善怒者必多怨，善与者必善夺，唯随天地之自然，而能胜理。""巍然不动"形容君主"无为"，关键是"行者"为什么要"以为期"？这就是"法"的作用，"法"是标准，君主虽"无为"，但臣下都要以"法"为标准，以"法"来确定自己的行为方式和行为目标。因为君主"无为"——即"无与"和"无德"，一切以"法"为标准，臣下就不会怨恨君主，君主就"安而能久"。如果君王撇开"法"，专以喜怒决事，臣下就会"多怨"，甚至君位也会被"夺走"。"法"关注的不是公众利益，而是君主的"安而能久"，所以文子要"随天地之自然"。"自然"包含两层意思：一是文子理解的"天地自然"，也就是天地的"无与"和"无德"，并通过这层意思引出君主"无为"；另一层是"天有明，不忧民之晦也。地有财，不忧民之贫也"所蕴含的自然人性以及由此而来的自然行为。这句话取自《慎子》："天有明，不忧人之暗也。地有财，不忧人之贫也。圣人有德，不忧人之危也。天虽不忧人之暗，辟户牖必取己明焉，则天无事也。地虽不忧人之贫，伐木刈草必取己富焉，则地无事也。圣人虽不忧人之危，百姓准上而比于下，其必取己安焉。则圣人无事也。"②与慎到的话对读，才能更好理解文子的自然人性到底指什么。慎到的核心思想是：人是"好利恶害"的，君主利用人性中的"好利恶害"就可以"无为"，文子本质上与慎到无别，他所说的自然人性也指人的"好利恶害"，这是黄老共同的人性观。王中江指出："黄老学把人类的自然'物性'具体化为'人情'，认为'趋利避害''好生恶死'是人情的实质。"③文子与慎到都在讲君主无为，讲法治与人性的关系，君主"无为"的

---

①　徐复观：《中国人性论史》，台北：商务印书馆，2010 年，第 434 页。
②　本书所用《慎子》为钱熙祚校本，见《诸子集成》第四册，上海：上海书店，1986 年。
③　王中江：《出土文献与先秦自然宇宙观重审》，《中国社会科学》，2013 年第 5 期，第 84 页。

本质是以"法"治国，法治要建立在人性的"好利恶害"之上。慎到提出："百姓准上而比于下，其必取己安焉。"这是说百姓必定要以"上"制定的"法"为准绳，因为符合"法"的行为才能"生"，不符合"法"的行为就要"死"，人都是"好利恶害"的，"利"莫过于使行为与"法"一致，如此就能得"赏"，"害"莫过于行为与"法"相背，如此就要受"罚"，在"好利恶害"的"本能"驱使下，人"自然"就会与"法"相一致。所以黄老的"自然"与老子的"自然"根本不同，老子的"自然"是"自己如此"，而黄老的"自然"是"法"使你如此。文子所说的"自然"指人性中"好利恶害"的"自然本能"以及在此"本能"驱使下的自然行为，这比老子以"人之自为"为核心内容的"自然"层次低多了。文子用"法"所"导"的就是民"好利恶害"的"本能"（人性中"内在"和"高级"的东西是无法"导"的），在君主的"赏罚"之下，人们就会"自自然然"地与"法"一致，"法"又反映了君主意志，于是"民"自然就与"君"一致了。战国时期君王的"大欲"莫过于"富国强兵""一统天下"，君王通过"法"把百姓变成实现自己"大欲"的"工具"和"手段""法治"下的百姓普遍地"物化"了，这显然与老子不同。

《自然》曰："以道治天下，非易人性也，因其所有而条畅之。故因即大，作即小。古之渎水者，因水之流也。生稼者，因地之宜也。征伐者，因民之欲也。能因则无敌于天下矣。物必有自然，而后人事有治也，故先王之制法，因民之性，而为之节文，无其性，不可使顺教；有其性，无其资，不可使遵道。人之性有仁义之资，其非圣人为之法度，不可使向方，因其所恶以禁奸，故刑罚不用，威行如神。因其性，即天下听从；拂其性，即法度张而不用。"文子认为"法治"建立在"人性"的"所有"之上。乔健指出："'制法'所'因'的'民之性'肯定不是老子心目中在漫长的历史进程中所显现出来的'人性'，这种'人性'实际上是'人欲'。《文子》的目光始终是'向下'的，即'向下'去审视'人性'中趋向功利的那一部分。"[1]吴光指出："圣人治理天下，并不是要改变人们好利的本性，而是顺应其本性而制订政教法令，劝善禁奸。"[2]文子所说的人性即指"好利恶害"的一部分人性，人会"主动"趋利避害，文子就将此称作"自然"。文子认为"人事"就应该"利用"人性的"好利恶害"，高燕指出："自私是人性的本质，趋利避害是人类行为的规律。因此，对统治者来说，无法改变人类的这种天性，只能利用它。"[3]这又是黄老"因循"观念的体现，"征伐者，因民之欲也"清楚表明文子所说的"人性"就是"人欲"，因为人人

---

① 乔健：《论〈文子〉对老子思想的修正》，《中国哲学史》，2014年第2期，第15页。
② 吴光：《黄老之学通论》，杭州：浙江人民出版社，1984年，第216页。
③ 高燕：《道法关系论——慎子法哲学思想探源》，《西南民族大学学报》，2008年第4期，第221页。

都想要"功名利禄"，在上者就可利用民众的功名心而"为之节文"，从而使民"顺教"，也就是使民顺从君主的"法教"，进而使民成为实现君主目的的"工具"和"手段"，这就是"因其性，即天下听从"。但文子又云："人之性有仁义之资，其非圣人为之法度，不可使向方。"徐复观认为是"儒家性善之继承"①，这样的评价与徐先生对《淮南子》的定位有关②。但"仁义之资"不能理解成儒家"性善的继承"，如果是儒家"性善的继承"，就应该主张"仁政"，文子却认为人性虽有"仁义之资"，仍需"法度"的制约与引导，重点不在"性善"，而在"法度"。文子的"仁义之资"与孟子的"性善"不同，孟子称"性善"是因为孟子在人性中发现了"善端"，因而人能有一定的自主意识，文子只是从耳目鼻口的生理欲望看人，自然就发现不了"善端"，所以文子的"仁义之资"就不可能是孟子的"性善"，只能是人现实中偶尔为"善"的一面。如果从现实处看人性，人性就不可能是"善"的，所以主张"人性善"的人一定着眼于"理想"。文子是"性恶论"者。萧公权指出："盖主性善者必主率性，故孟子重仁。主性恶者必主制性，故荀子重礼。"③所以，文子虽提"仁义之资"，但并不主张"率性"，而是主张"法治"，并云人性只有在"法度"的制约下才能"向方"，可见文子根本不信任人性。不过"仁义之资"的提法表明文子受到孟子"性善说"的影响，但在深层次上又根本无法认同孟子的思想。一旦认同孟子的思想，其主张的以暴力强制为核心的"法治"势必要受到削弱，不以"暴力"为后盾，民众就很难遵从在上者的意志，"富国强兵""一统天下"就成了一句空话。

《上义》曰："文子（平王）问曰：法安所生？老子（文子）曰：法生于义，义生于众适，众适合乎人心。此治之要也。法非从天下也，非从地出也，发乎人间，反己自正。……有诸己，不非于人；无诸己，不责于所立。立于下者，不废于上；禁于民者，不行于身。故人主之制法也，先以自为检式，故禁胜于身，即令行于民。

① 徐复观：《两汉思想史》卷二，台北：学生书局，1976年，第201页。

② 徐先生云："《淮南子》中的道家思想，与当时流行的道家思想，有一个很大的界域。汉初所承继的战国中期以后的道家思想，乃属于'黄老'并称的这一系。……而黄老并称，即是把权谋术数乃至许多方技迷信，掺进道家思想中去，这是原始道家思想的变形。""这即说明从事《淮南子》这一集体著作中的道家，他们所抱的道家思想，与'黄老'这一系的道家思想，实系分门别户，另成一派。""刘安及其宾客在思想上与庄子契合之深，成为《淮南子》在西汉思想中的突出地位。""儒家思想，在《淮南子》一书中所占地位，深入的看，并不次于道家。除大量引用了诗、易之外，礼、乐、春秋、皆为其征引所及；且多发挥六经的微言大义。"（徐复观：《两汉思想史》卷二，台北：学生书局，1976年，第184、第185页、第186页）。这即是说徐先生并没有把《淮南子》归为黄老作品，因而判断上自然就向孔孟老庄靠了。而且徐先生的批判重心在以商鞅韩非为代表的纯正法家，这种满篇带有儒道思想的黄老本就有极大的迷惑性，再加上本身的知识分子情怀易与淮南宾客中受打压的知识分子产生共鸣，致使徐先生的认识有些模糊了，因此就误将《淮南子》中的"仁义"当作孟子"性善"说的继承了，但黄老不会真正吸收儒道思想的精髓。

③ 萧公权：《中国政治思想史》，北京：商务印书馆，2011年，第109页。

夫法者，天下之准绳也，人主之度量也；……古之置有司也，所以禁民，使不得恣也。其立君也，所以制有司，使不得专行也。法度道术，所以禁君，使无得横断也。"陈丽桂指出："这个'人心'，绝对不会是人君之心，它即使不等于儒家的'民心''百姓之心'，至少也得是道家的自然人性。"①王三峡指出："即以大多数人的好恶为判断'人之性'的标准"，"'人心'与'众适'是一致的，即以广大人群的感受认可为源头。由'众适'而产生出道德伦理范畴的'义'。"②陈宏光指出："此处的'义'主要指众人之宜，也即符合众人的要求。"③陈丽桂没有指明"道家的自然人性"具体指什么，容易使人联想到老庄的"本真人性"，丁原植就引用老子的"百姓皆谓我自然"而云"人文之'道'来自于百姓的自然，这是'众宜'，也就是'义'"④。但这不会是黄老思想。王三峡、陈宏光指出是"大多数人的好恶""广大人群的感受"以及"众人的要求"，既然是"大多数人的好恶""广大人群的感受""众人的要求"，就是与"主流价值"相合的东西，就不可能是老子坚持的"本真人性"。布克哈特指出："在人类历史中，高贵的往往由于在数量上占少数而居下风。"⑤"高贵的"往往是少数存在层次较高的"精英"坚持的，所以文子说的"人心"就指普通民众"好利恶害"之"心"，因为人总是平庸的多于优秀的，喜好功名利禄的多于淡薄功名利禄的，"好利恶害"当然可以称之为"众适"和"人心"。崔永东指出"'义'就是'利'的意思"⑥，因而文子的"义"就不属于"道德伦理范畴"。文子以追求"功名利禄"为核心的"义"显然与儒家的"义"不同。孔子云："君子固穷，小人穷斯滥矣。"（《论语·卫灵公》）"士志于道，而耻恶衣恶食者，未足与议也。""君子寓于义，小人寓于利。"（《论语·里仁》）"不义而富且贵，于我如浮云。"（《论语·述而》）余英时指出："中国知识阶层刚刚出现在历史舞台上的时候，孔子便已努力给它贯注一种理想主义的精神。"⑦儒家"理想主义"的一个表现就是"义"与"利"的对立。乔健指出："孔子认为真正的'士'必须与物质享乐拉开相当的距离，而困顿窘迫则应该是'君子'恒常的生活状态，因此甘于贫贱是'君子'的本分，认同这种'本分'则是其意欲挺立'义'的重要前提。"⑧劳思光指出："'自觉主宰'之领域是'义'之领域，在此

---

① 陈丽桂：《战国时期的黄老思想》，台北：联经出版事业公司，1991年，第175页。
② 王三峡：《文子探索》，武汉：湖北人民出版社，2003年，第204页、第218页。
③ 陈宏光：《〈管子〉与〈淮南子〉的法治思想比较研究》，《安徽省第六届管子学术研讨会交流论文集》，2011年，第139页。
④ 丁原植：《〈文子〉资料探索》，台北：万卷楼图书有限公司，1999年，第543页。
⑤ 布克哈特：《世界历史沉思录》，金寿福译，北京：北京大学出版社，2007年，第249页。
⑥ 崔永东：《帛书〈黄帝四经〉中的刑法思想》，《法学研究》，1998年第3期，第159页。
⑦ 余英时：《中国知识阶层史论》，台北：联经出版事业股份有限公司，1980年，第39页。
⑧ 乔健：《孔孟"义命分立"的价值与局限》，《史学集刊》，2008年第6期，第14页。

领域中只有是非问题。""'命'观念表必然,'义'观念则表自由。"① 徐复观云:"义是一种道德判断,及由判断所树立的标准。""义不是'实然',而是'应然'。标准系由判断而来,判断系由心所发。"② "君子"与一般士人不同,后者汲汲于物质利益,不大考虑道义是非问题,追求"功名利禄"是他们比较"恒常的生活状态",前者不大纠结于"命",故容易在"义"的层面上有所建树,自然也与"利"的东西远一点。世间的"大利"由君王控制,"君子"一旦与"利"靠得太近,就势必要减弱自主的成分。但与当权者拉开一定的距离,结果自然就是"恒常"的"困顿窘迫"。

"反己自正"有些儒家思想的影子,但文子"反"(返)的是"好利恶害"的"己"。文子云:"立于下者,不废于上;禁于民者,不行于身。故人主之制法也,先以自为检式。"丁原植指出:"根据众人之宜所制定的法律,在上位者不要轻易废掉;禁止人民做的事,君主不试行于身。"③ 这段话说的似乎不是在上者轻易废法,而是说人人都有"好利"的心,在下者努力做事就应得赏,君主也应该据法而赏,如果君主根据自己的喜怒判断,该赏反罚,该罚反赏,就显然与人心不符,所以"自为检式"就是"将心比心"的意思。陈丽桂云:"法令的尊严高过人君,礼仪的尊严也高过人君,人君行为也在法令约束之中,这无论如何不是申韩一系的观念。""君、法、臣、民互有高下之势,终而跳出了申、商、韩的法家界囿,散发着温润调和,务使不走极端的黄老气质。"④ 又云:"齐法家论法之所以大别于三晋与秦法家者在此。在三晋与秦法家的法论中,人君是立法者,却不见纳入法令的管辖中。在夹糅黄老的齐法家中,人君却是法令所要规范的第一个对象。"⑤ 黄老认为天地间是纯粹的物质世界,根本没有高于"君主"的"存在"可言,所以理所当然君主就是天地万物的"主宰"。"法令"和"礼仪"也不可能高过君主,所以刘泽华云:"君主制度唯一永恒的原则是:君权至上。""尊君的理论与观念凌驾于所有社会理论与观念之上,并对其他的思想与观念形成居高临下的控制之势。"⑥ "法令"反映君主意志,君主至高无上的权威才能保证"法令"顺利执行,黄老是"绝对君权"的支持者,不可能有什么"君、法、臣、民互有高下之势"。"法度道术,所以禁君"并不是要限制君权。徐复观指出:"中国过去之所谓法,根本就没有由法以限制人君、政府的意思"⑦,而是要使君主

① 劳思光:《新编中国哲学史》第一卷,桂林:广西师范大学出版社,2005 年,第 101 页、第 105页。
② 徐复观:《中国人性论史》,台北:商务印书馆,2010 年,第 192 页。
③ 丁原植:《〈文子〉资料探索》,台北:万卷楼图书有限公司,1999 年,第 543 页。
④ 陈丽桂:《秦汉时期的黄老思想》,台北:文津出版社,1997 年,第 119 页、第 220 页。
⑤ 陈丽桂:《汉代道家思想》,北京:中华书局,2015 年,第 46 页。
⑥ 刘泽华:《中国古代的王权主义》,上海:上海人民出版社,2000 年,第 233 页、第 271 页。
⑦ 徐复观:《中国思想史论集续编》,上海:上海书店出版社,2004 年,第 301 页。

以"法"治国，因为君主常常以自己的"喜怒"代替"法"。故"法度道术，所以禁君"本质上是为了使法令发挥更大的效力，更加有力维护君主集权，所以余英时指出："在法家的理论中，君主是超乎法律、制度之上的。但是为了充分地达到专制的效果，君主只有尊重法度才能把他的权力发挥到最大的限度。"[①]"禁君"只是比较"迂回"地最大化君权的方式。乔健指出："只要君权不受任何限制地绝对独尊，法就不可能具有真正的客观性。"[②]张翰书云："君主既可立法，亦可废法。君如废法，亦无禁止之方。有此基本缺点，乃使上述君亦从法及应以身作则之语，似无异徒托空言。"[③]只要君主绝对独尊，就免不了要"横断"。黄老与法家在"法"的层面上并不能显著区分，黄老也没有"跳出"法家的"界面"，黄老仍旧绝对尊君，主张君主集权。

---

① 余英时：《中国思想传统及其现代变迁》，沈志佳编：《余英时文集》第2卷，桂林：广西师范大学出版社，2004年，第331页。

② 乔健：《中国古代思想研究》，北京：民族出版社，2008年，第215页。

③ 张翰书：《比较中西政治思想》，沈阳：吉林出版集团有限责任公司，2009年，第123页。

结　语

儒道与黄老的区别是全方位的，方东美指出"中国哲学是以'价值'为中心的哲学"[①]，这主要指儒道两家，而黄老奉行"功利主义"，前者以己所坚守的"价值"为现实中"是非善恶"的判断标准，后者根本不在乎"是非善恶"问题，仅以现实中的"功利"——也就是"富国强兵""一统天下"为依归。判断"是非善恶"就要有标准，站在"超越"的"道"的层面上，老庄主张万物齐平，人人都应有充分的自主自为空间，人只有自主自为了，才能向"超越"和"理想"处趋进，才不会以君主的是非为是非。孔孟坚持"义利之辩"，在现实的"利"之上还有个理想的"道义"存在，"义"属于自主判断领域，所以孟子强调"尽心"，心是自主的，只要强调自主，以独立的价值判断为核心的"自我意识"就凸显了出来，所以儒家能与权力保持一定的距离，也能以"道义"为依据批判现实，在强调自主上，孔孟与老庄有了相通相合之处。文子修正了儒道思想，他将老子的"道"下拉向"物"，再以"理""气""一"去具体诠释老子的"道"，因而老子主张的自主自为隐没不见了，而转向对"客观"的"规律"和"法则"的遵守，将老子主张的人应向"本真"的"根"处回归的思想转变成对"功名利禄"等世俗目标的追求，老子思想的"理想性""超越性"和"批判性"一概隐没不见了，反而从"道"引出了治国之"术"。文子能吸收一部分儒家思想，但却将儒家思想"工具化"了，使其为君主集权服务。文子接受发挥尊君功能的礼义，不接受以仁义为标准对现实进行批判的礼义。三皇五帝承载着儒家的道义价值，是儒家对现实进行批判的历史参照，但文子将三皇五帝还原为历史中的具体人物，从而取消了三皇五帝身上所凝结的儒家价值，这便从儒家的价值原则中抽身而去了，不再受"道义"的束缚，因而自然主张"时变"，也就是一切从现实功利出发。没有在"上"的"道"的参照，仅从现实看，君王当然属于天地万物的主宰，因而自然也就不会批判不合理的以君王为核心的"尊卑贵贱"等级制度，而且还会将人间向善的主导权交给君主，这就严重偏离了老子的自主自为以及孟子的"尽心"思想。

徐复观指出："法家政治，是以臣民为人君的工具，以富强为人君的唯一目标，而以刑罚为达到上述两点的唯一手段的政治。这是经过长期精密地构造出来的古典

---

① 方东美：《原始儒家道家哲学》，北京：中华书局，2012年，第174页。

的极权政治。"① 黄老关注以君主利益为核心的"富国强兵"的时代主流精神，为此他们主张绝对君权，绝对君权又与百姓的"工具化"和"手段化"紧密相关。他们修正老子思想，使"君道合一"，将老子形容"道"的无形无声、恍惚幽微等词语用在君主身上，从而使君主完全超越在官僚机构之上，整个官僚机构都具有"工具"属性，老子的"柔弱""虚静"等概念反而成为君主用"术"的秘窟。黄老主张君无为臣有为，他们的"无为"与老子的"无为"根本不同，前者用"无为"控制臣下，是君主的"南面之术"，"无为"实际是"绝对君权"的代名词，与老子强调君主绝对立于"雌""弱""下"而使百姓"自为"的"无为"根本不同，也与孔孟强调的"正名"思想不同。"无为"的本质是以"法"治国，"法"是"客观的"，对谁都一样，君主据"法"赏罚，臣民不能怨恨君主，君主拥有不可动摇的权威。法之下人人平等，但这与老庄主张的万物齐平根本不同。黄老的"平等"是指在君王之下的人都平等，唯独君王高高在上，"法"的目标是使人人"上同"于君，使人人相同地成为君王"富国强兵"的"工具"和"手段"，而老庄的万物齐平承认万物的"异"，认可每一物皆有自己独特的价值。"法治"又建立在人性的"好利恶害"之上，黄老将"法治"称为"自然"之治，因为在"法"的驱使下，人性中的"好利恶害"会自然地发挥作用，自然将自己的意志与君主意志相"统一"，从而得到奖赏。君主意志又集中在"富国强兵""一统天下"上，这即意味着众人只有成为君王"富国强兵"的"工具"和"手段"才能得到奖赏，这与老庄向往的自主自为的人有极大区别。老子云"归根曰静，静曰复命"，又言"赤子""婴儿"，说明老子期望人性向"本真"的"根"处"反"，向赤子婴儿般纯粹素朴的人性回归，人性向"根"处的回归必然体现为对君王所确定的以"功名利禄"为核心的功利价值的超越。在"法"的压迫下，黄老的人性只能维持在考量"利害"的水准上，因为君王不让人性往高处提。徐复观言："愚与弱的百姓，正是专制政治所要求的百姓。"② 人性不考量利害、不愚弱，君主集权统治将无法进行。

人性是复杂的，其中既有"向上"的"超越性"，也有"向下"的"动物性"，人越向上走，越吸取人文教养，就越能对是非善恶有自己独立的判断，而且在关心自己利益的同时也能积极考量他人的利益，社会就越能和谐发展；人越是向下，越是停留在动物性上，社会中的勾心斗角、互相倾轧就越多，正如徐复观所言"否定礼、乐、诗、书、善、修、孝、悌、廉、辩，否定人文对人格修养的意义，期达民愚民弱，无不从令的目的。实质上，没有人文教养，民不一定愚、弱，人民系向'动

---

① 徐复观：《两汉思想史》卷二，台北：学生书局，1976 年，第 49 页。
② 徐复观：《两汉思想史》卷一，台北：学生书局，1976 年，第 144 页。

物的狡狯'方向发展"①。黄老反智反儒家，实际就是反对人们吸取人文教养，反对人向高级趣味发展，人文教养又是人能自觉脱离动物性的主要依靠。因为黄老要将人手段化、工具化，要将人的意志全部"统一"到君主意志上，必然要堵塞人们向上提升精神境界的通道，只留下人性中的动物性，也只有人性中的动物性才可被统治者利用，高级的精神享受是无法被利用的。儒道两家的根本关怀都是"人"，这即意味着政治上的一切作为最终的目的都应为"人"，只有活生生的每个"人"是目的，其余的一切都是手段。但黄老把"人"当作"富国强兵""一统天下"的"工具"和"手段"，这就不可避免地要压缩人的"精神"空间，迫使人性向低处坠落。徐复观云："能自觉到反面弘孔子之道，即可转为从正面弘孔子之道。永远无此自觉，即将永远从反面弘孔子之道，一直弘到以自己的灭亡为孔子之道的力量作证。"②今日我们批判黄老思想，正是为彰显孔孟老庄思想的魅力，给人一种警醒。

下面再对一些遗留问题略做分析：

（一）对黄老"采儒墨之善"的探讨

学术界普遍认为黄老有博综众家之学的气度。司马谈在《论六家要旨》中指出："（道家）因阴阳之大顺，采儒墨之善，撮名法之要。"这里的道家当然指黄老。根据对黄老传世文献的研究，也证实了司马谈的这一判断。陈丽桂指出："同时撷取阴阳家与儒家的理论，去调和润饰这些因道全法的理论。全部思想因而呈现着王霸杂治的色彩。""战国的黄老学家，普遍地都带着浓厚的调和气质，除了因道全法的基本形态外，他们也往往多寡不一地撷取一些儒墨学说。"③"兼采""撷取"等是对黄老与

---

① 徐复观：《两汉思想史》卷三，台北：学生书局，1976 年，第 200 页。
② 徐复观：《中国思想史论集续编》，上海：上海书店出版社，2004 年，第 289 页。
③ 陈丽桂：《战国时期的黄老思想》，台北：联经出版事业公司，1991 年，"序"第 4 页、第 179 页。这一点是学界对黄老的普遍共识，胡先聪指出："稷下学术'熔炉'的改造制作，在优势互补、融合趋同的基础上，而有发展创新。这种发展创新，突出地表现在生发出黄老新学。"（胡先聪：《管子新探》，北京：中国社会科学出版社，2003 年，第 437 页）余明光指出："黄老兼采各家之长，又具有治国安民的实际效益，所以为汉初统治者所重视。"（余明光：《东方文化的奥秘》，北京：中国文史出版社，2013 年，第 6 页）萧萐父指出："托名黄帝、渊源《老子》的新道家，对阴阳儒墨名法各家的思想精华都有所吸收，并顺应秦汉之际的时代变迁而有新的发展。"（熊铁基：《秦汉新道家略论稿》，上海：上海人民出版社，1984 年，"代序"第 9 页）刘笑敢指出："这说明《天道》诸篇的作者们懂得只有博采众家之长才是最为高明的，说明他们对儒法各家是自觉地吸收，有机地融合，而不是盲目地撮拾拼凑。"（刘笑敢：《庄子哲学及其演变》，北京：中国人民大学出版社，2010 年，第 275 页）白奚指出"广泛吸取百家学说乃是黄老之学的另一重要特征。具体来说，就是在道法两家学说为主体的基础上，广泛吸取了儒、墨、名、阴阳四家学说的长处。"（白奚：《稷下学研究——中国古代的思想自由与百家争鸣》，北京：生活·读书·三联书店，1998 年，第 126 页）陈鼓应指出"道家各派虽多分歧，但有容乃大的精神，却是共同特有的。黄老派正继承老子'容乃公'的开放心态，一方面发挥本身的长处，另方面吸收各家的特点。"（陈鼓应：《黄帝四经今注今译》，北京：商务印书馆，2007 年，第 29 页）

各家学说关系的比较客观的评价，但仅从"兼采""撷取"就得出黄老在"采"各家的"长处""优势"和"精华"，进而认为黄老"宽容""开放""进步""公"等则值得商榷。这大概与没有认清黄老的本质有关，因为学界普遍地是将黄老归类在道家。刘笑敢云："黄老之学比老子思想更重视在实际政治领域中的具体运作和效果，因此，其理论视野不如老子思想开阔而深邃，也缺少老子哲学中的批判精神和理想主义特点。然而，其实践性又是一大优点和特点。"① 刘笑敢对黄老缺陷的认识是正确的，但对其"优点"的认识则值得进一步探讨。"实践性"并不能分开老子与黄老，但这又是学术界普遍的看法②。老子思想并不是没有"实践性"，关键看怎么"实践"，老子强调的是"人人自为"，也就是说实践的主体应该是百姓，而不是君主。但黄老要使人"统一"地成为君王"富国强兵"的"工具"和"手段"，要使人"齐同化"和"单一化"，实践的主体是君主而不是百姓，"单一化"的人与"自主自为"之后必然呈现出丰富多彩的存在状态的人根本不同。仅以现实"功利"为目的，就免不了要靠近"法家"，因为儒家关注"道义"，"道义"是批判现实的标准，坚守"道义"必定要超越"利害"，而道家关注"精神"和"超越"，两家都具有浓重的"理想"色彩，"道义"这样的"大道理"对于要马上出成绩的政治家而言是"迂阔的"，但对于人类社会的长远健康发展又是更加"根本的"。黄老讲效果看成败，"刚硬"要比"柔软"更有效，所以黄老与法家都格外强调以"暴力"为后盾的"法"，这与儒道反对"法治"、主张"慈爱"根本不同。余英时指出："自战国末年法家攀附老子以来，老子思想的政治含义确是愈来愈权谋化。"③ 黄老要使人"齐一化"，要使有灵魂的"人"变成无灵魂的"物"，就必然反对"精神""理想"和"道义"的东西，从而就不可能吸收儒道的"优点"和"精华"，也不可能"宽容"，如果"宽容"就没法"齐同"了，这是黄老的现实性格所决定的。

但表面上黄老毕竟与法家有所不同，商鞅韩非以"虱""蠹"称呼儒士，坚决主张消灭儒家，正如萧公权所言："然商韩之重耕战，几乎欲举一国之学术文化而摧毁扫荡之，使政治社会成为一斯巴达式之战斗团体，此则其独到之见解，亘千古而鲜

---

① 刘笑敢：《老子古今》，北京：中国社会科学出版社，2006年，第369页。

② 曹峰云："老庄道家虽具高深哲理，但缺乏落实到现实世界的方案，而黄老之学……成为一种极具操作性的政治思想。"（曹峰：《近年出土黄老思想文献研究》，北京：中国社会科学出版社，2015年，"导论"第1页）王中江云："黄老学家把道家的'道'同法家的'法'结合起来，既为'法'找到了一个最高和最普遍的根据，同时又使'道'落实成为能具体实行的规范和制度。"（王中江：《黄老学的"法治"原则》，《中国社会科学报》，2013年1月20日）这样的说法是建立在将老子和黄老的"道"混同起来的误解之上的。白奚云："黄老之学发挥老子的道论，而比老子更为注重'道'的实际应用。"（白奚：《学术发展史视野下的先秦黄老之学》，《人文杂志》，2005年第1期，第148页）

③ 余英时：《中国思想传统及其现代变迁》，沈志佳编：《余英时文集》第2卷，桂林：广西师范大学出版社，2004年，第286页。

匹者也。"①黄老著作中起码还有仁义礼乐等儒家语辞。仅从这些语辞看，黄老确实"兼采"和"撷取"各家思想，但这仅是表面。吴光指出："思想家们的'尊君'思潮日益明显，并且成为一种普遍的思想。""战国末期，随着全国统一趋势的明朗化，'尊君'思潮也日益显露出专制主义的倾向，专制帝王的理论偶像也自然地树立起来。"②黄老"兼采"各家是要为"尊君"、为"专制主义"服务，各家思想都要转化成为君王服务的"工具"。余英时指出："一切理论思想，对于集权的统治者而言都具有工具的价值。""个别儒家要真想当权，首先就得法家化，就得行尊君卑臣之事。"③这才是黄老"兼采"各家思想的真正目的。儒道两家必须"法家化"、必须"以吏为师"，必须以承认君主集权为核心，而不能再有独立的价值判断，这是要取消儒道思想的"理想性"和"超越性"，而仅将他们看作有实用价值的"工具"。在承认君主集权的大前提下，才具有"有容乃大"的精神，不承认君主集权，也就不可能"容"，故徐复观指出："在两千零二十年的大一统的长期专制中，凡是完全不受专制利用的思想学说，便不能存在，这是研究中国思想史的人所首须具备的常识。"④在上者绝不会以对"应然"的"道理"的阐发和对人"本真"生活的呼唤为标准衡量思想，只会以是否有利于维护统治为标准。即使吸收的思想，也要转化为对统治有利的"工具"，这就使真正高迈的思想很难有立足之地。

（二）对黄老"重民""爱民""民本"的探讨

黄老文献常有"重民""爱民"的说辞，法家文献则少有，这自然使学者认为黄老主张"民本"。吴光指出："《淮南子》政治观的另一重要内容是他的民本思想。""《淮南子》的上述统治政策，都体现了'民本'思想。"⑤余明光指出："在黄学的社会政治思想中，以民为重的民本主义思想占有重要的地位。"⑥胡先聪指出："'牧民'学说具有农本和民本思想的鲜明特色。"⑦但"民本"与黄老"绝对尊君"的"君本"矛盾，可见两说必有一误。白奚指出："《管子》中的爱民为用民服务。"⑧熊铁基指出："这样

①　萧公权：《中国政治思想史》，北京：商务印书馆，2010 年，第 234 页。

②　吴光：《黄老之学通论》，杭州：浙江人民出版社，1985 年，第 106 页、第 107 页。

③　余英时：《中国思想传统及其现代变迁》，沈志佳编：《余英时文集》第 2 卷，桂林：广西师范大学出版社，2004 年，第 330 页、第 310 页。

④　徐复观：《中国思想史论集》，台北：学生书局，2002 年，第 176 页。

⑤　吴光：《黄老之学通论》，杭州：浙江人民出版社，1985 年，第 213 页、第 217 页。

⑥　余明光：《东方文化的奥秘》，北京：中国文史出版社，2013 年，第 9 页。

⑦　胡先聪：《管子新探》，北京：中国社会科学出版社，2003 年，第 30 页。

⑧　白奚：《稷下学研究——中国古代的思想自由与百家争鸣》，北京：生活·读书·三联书店，1998 年，第 232 页。

做的目的，说到底，无非是要使人们能'给上之征赋车马兵革之费'。"①萧公权指出："盖听其议，顺人心，遂其利者，唯一之目的在使民能为君用，非于民之本身有所爱恤也。"②乔健指出："《文子》一切善待民众的措施均以利用民众为基础为目的。"③这些说法抓住了黄老"重民"观念的本质。"重民"是以引诱民众成为君王的"工具"和"手段"为目的的，黄老并不是真正的"重民"，"重民"只是"手段"，"用民"才是"目的"。真正的"重民"必须以"人人平等"为基础，黄老并不主张"人人平等"。孔孟均言"仓廪实而知礼节"，这是说民吃饱肚子，进而追求文化知识，故在行为上能自觉收束自己，孔孟意在培养独立自主的人格，他们不会有"仓廪实"后应成为君王"富国强兵"的"工具"和"手段"的思想，故萧公权提出："孔子之论养民，以民生裕足为目的。进乎此者，如战国时代之富强政策，则非其所能想象或许可。"④黄老"重民"与儒家"仁政"也根本不同，萧公权指出："仁政者以不忍人之心，行推恩之政。小则一国，大则天下，始于亲亲，极于爱物。"⑤"亲亲"是自然的"爱"，"仁政"就是将自然的"爱"推及于他人。黄老"重民"根本没有以"爱"为基础，只是"利弊"之下的权宜选择。徐复观指出："孟子在政治上谈仁义、谈王道的具体内容，只是要把政治从以统治者为出发点，以统治者为归结点的方向，彻底扭转过来，使其成为一切为人民而政治。"⑥"以君为本"就不可能真正"重民"，儒道才真正站在百姓立场上。

《符言》曰："天之道，其犹响之报声也。德积则福生，祸积则怨生。"文子的"天道"是现实利害的指导原则，所以他说"德积则福生，祸积则怨生"，这是在比较"德"与"祸"后，认为"德"的好处大一点，"德"也就是黄老的"文"与"柔"，指给百姓一些甜头。《上德》曰："夫有阴德者，必有阳报；有隐行者，必有昭名。树黍者不获稷，树怨者无报德。"《符言》曰："其施厚者其报美，其怨大者其祸深；薄施而厚望，畜怨而无患者，未之有也。察其所以往者，即知其所以来矣。""阴德"和"隐行"指给百姓好处，君主给百姓好处，百姓就给君主"美报"，并最终成为君王"富国强兵"的"工具"和"手段"。《上德》曰："乳犬之噬虎，伏鸡之搏狸，恩之所加，不量其力。"犬、鸡本是力量弱小的一方，但只要给弱小的犬鸡一点"恩惠"，就可以使其"不量其力"地与虎狸相斗，这就是文子强调向民众施"恩"的理

---

① 熊铁基：《秦汉新道家略论稿》，上海：上海人民出版社，1984年，第138页。
② 萧公权：《中国政治思想史》，北京：商务印书馆，2010年，第197页。
③ 乔健：《论〈文子〉对老子思想的修正》，《中国哲学史》，2014年第2期，第17页。
④ 萧公权：《中国政治思想史》，北京：商务印书馆，2010年，第70页。
⑤ 萧公权：《中国政治思想史》，北京：商务印书馆，2010年，第92页。
⑥ 徐复观：《中国思想史论集》，台北：学生书局，2002年，第135页。

由①。《精诚》曰："子之死父，臣之死君，非出死以求名也，恩心藏于中而不违其难也。"臣也与犬、鸡类似，君主给点好处，他们就以死报君。"人"在文子眼中其实很"低贱"，人没有自主判断的能力，没有人格尊严，只要给点好处，就可以被利用。这里还要注意文子把君臣比作父子，子为父死有自然而然的一面，可以说得通，但君臣关系并不是"自然"的。徐复观指出："将事亲事君混同起来，于是人君便可以向人臣作人父对于人子的同样要求。父子之间有种自然之爱，以发生自然的融和作用。……君是代表一种政治权力，人君向人臣要求无条件的义务，即是人臣向权力做无条件的屈服。这便使君权无限制的扩张，而助长了专制的气焰。"②文子以父子间的"自然"关系要求"臣"为"君"绝对尽忠是对儒家君臣"以义合"思想的严重偏离，甚至文子把父子关系也看成利益交换关系，这纯粹就是法家的观点了。上述引文清楚表明君王给百姓"好处"只不过为使百姓成为君王"富国强兵"的"工具"和"手段"，这种"好处"只不过是被君王捕捉到的一个"诱饵"，所以说黄老有"民本"思想似乎言过其实了。

（三）对《老子·一章》的一些看法

我们在研究《文子》时，发现《文子》引用最多的是《老子》的"道可道，非常道。名可名，非常名"一句，总共引用5次，分别出现在《道原》《精诚》《上仁》《上义》《上礼》中，均作为反常道、反儒家、反智而主张时变和法治的论据使用。"道可道，非常道。名可名，非常名"又恰属《老子》的"第一章"，但通观《老子》全文，"二十五章"似更加重要、更能体现老子思想，因为"二十五章"是奠定"道"之地位的一章，表明"道"是万物得以生长的"形上"之源，在"二十五章"的基础上我们才能更好地理解老子思想。而且如果不是在"二十五章"的基础上理解"道可道，非常道。名可名，非常名"，就非常有可能认同黄老的说法。曹峰指出："这种观念虽然认可'道'不可言、不可名，但重点不在于此，而是在道物二分的思想背景下，阐述如何借助'道'之名，使圣人站在'无名'、'无形'的立场上，去把握有名有形、可分可定的世界。"③反过来就更可见"二十五章"的重要性。巧合的是郭

①　这一点我们也可以当作文子对人性的观察。知恩图报应该说是较好的人性，文子正是利用了这一点。在本文中提到文子对人性的看法至少有三点：一是性静，一是好利恶害，一是知恩图报。这些又如何统一呢？仿照徐复观对荀子人性论的看法，我们也可将文子的人性论分成两个层次：一是从"生之所以然"的根源处论人性，也就是先天，指性静；一是从"生之谓性"的经验现实层面论人性，也就是后天，指好利恶害、知恩图报、饮食欲望等。在荀子的人性论中，先天的一面并不重要，但在文子的思想中，这两层人性论都很重要，都与"法治"紧密关联（徐复观：《中国人性论史》，台北：商务印书馆，2010年，第232—233页）。

②　徐复观：《中国思想史论集》，台北：学生书局，2002年，第185页。

③　曹峰：《〈老子〉首章与"名"相关问题的重新审视》，《哲学研究》，2011年第4期，第63页。

店《老子》没有"第一章",却有"二十五章",当然由此我们也不能推断"第一章"不是《老子》原文,因为郭店《老子》本身也不是全本①。而且"二十五章"出现在郭店《老子》甲组简文中,甲组简是《老子》三组简中最长的(甲组简长 32.3 厘米,乙组长 30.6 厘米,丙组 26.5 厘米),原整理者李零根据"钩形符号"将甲组简文分为上下篇,将"二十五章"置于上篇的第一章②。据高华平、周凤五的研究,郭店《老子》甲组简属于"经文",乙丙两组属于解说"经文"的"传文"③,从简的长短以及古书体例而言,这是有可能的。

还有一些值得注意的现象,《道原》是《文子》的第一篇,《道原》开首就在诠释《老子》"二十五章","道原"的称法在《黄老帛书》中就已经存在了,《淮南子》称作"原道"。《黄老帛书·道原》的首句"恒无之初,迥同大虚。虚同为一,恒一而止。湿湿梦梦,未有明晦。神微周盈,精静不熙"似也在解释《老子》"二十五章"的首两句,这些都与《老子》"第一章"没有关系。《文子·道德》篇引用儒家的"圣智"说,据陈来的说法,"圣智"在子思的思想中具有重要位置④,《文子》中也出现《孟子》的语句,总体上看《文子》的撰作时代应在《孟子》之后。根据以上诸点,我们进一步推测"二十五章"可能是原本《老子》的"第一章",传世诸本《老子》的章节划分应该是在黄老思想的主导下形成的。"二十五章"在原本《老子》中应具有更加重要的位置,正如刘笑敢所言"此章在竹简本出现,说明竹简本的抄者并非不重视所谓形而上学的问题"⑤。不过似乎更应说老子重视"形而上学"问题,老子总是从"形上"的"道"处看问题,而"第一章"的"形上"味要比"二十五章"弱得多。帛书《老子》分"德经"和"道经",而且"德经"在前,"道经"在后,也就是"三十八章"是"第一章","三十八章"讲"上德""下德",但如果不在"超越"的"道"的参照下,"上德""下德"的区分就没有标准,总之突出"二十五章"才能彰显老子思想的"超越性"。传世本与帛书本的分章均没有很好体现老子思想,如果李零将"二十五章"置于篇首的做法能体现原本《老子》的分章法,这无疑也是更能体现老子思想的分章法。

---

① 参见许抗生:《再读郭店竹简〈老子〉》,《中州学刊》,2000 年 9 月第 5 期,第 74—75 页。

② 李零:《郭店楚简校读记》(增订本),北京:中国人民大学出版社,2007 年。但在荆门市博物馆出版的《郭店楚墓竹简》中,"二十五章"处在甲组简文的下篇,也就不是"第一章"了。

③ 参见高华平:《对郭店楚简〈老子〉的再认识》,《江汉论坛》,2006 年第 4 期,第 93 页、第 95 页。

④ 陈来指出:"子思学派强调圣智,孔子和孟子都没有强调圣智。"(陈来:《竹简〈五行〉篇讲稿》,北京:生活·读书·新知三联书店,2012 年,第 17 页)这就能说明今本《文子》中还是有比较早的材料的。

⑤ 刘笑敢:《老子古今》(上卷),北京:中国社会科学出版社,2006 年,第 285 页。

一、平王、文子考

自《文子》问题进入学术视野以来，对平王、文子是依托还是真有其人，看法也较为分歧。以目前的研究而言，对平王其人有五种看法：一、班固在《汉书·艺文志》中认为是周平王；二、马端临、孙星衍认为是楚平王；三、李定生认为是齐平公；四、张丰乾认为非真有其人，实属伪托；五、齐襄王，这是张丰乾在其书中根据王葆玹的提示而指出的。对文子其人的看法，也有多种，班固最早认为文子是老子之弟子，李暹等人认为文子是计然，江瑔认为是文种，李定生认为文子是彭蒙之师，谭宝刚认为文子是关尹，王廷洽指出文子是田文。我们认为在判断平王与文子最有可能是谁的问题上应该有一些最基本的标准：首先，平王应与文子同时，平王、文子之间是君臣问答；其次，平王、文子的时代应与《文子》一书所显示的思想论题的时代吻合。虽然先秦子书未必都合此标准，但符合此标准者无疑对撰作者、成书时间之判定更有意义。根据这两条标准，我们得出平王最有可能是齐襄王，文子最有可能是田文。

（一）有关平王诸说的辨析

比较上述诸说，我们认为平王最不可能是周平王。如果认为平王是周平王，那么，《文子》一书要么是实录，要么就是依托。从《文子》表现的思想看，绝不可能是周平王时代的典籍，那就只能是依托。但是，从《汉书·艺文志》的记载来看，凡是依托之人，均是古代有名的圣君贤相，而周平王又不具备圣君的名誉，所以从各个方面来看，最先应该排除平王是周平王之说，只能说班固将《文子》中的"平王"误读成了"周平王"。

"平王"被解读为"楚平王"，也只是一种猜测，目的是为了解决周平王的年代与老子之弟子的年代衔接不上的矛盾。马端临认为"其称平王者，往往是楚平王"①，再未做深入讨论。孙星衍则做了较为深入的论证，他指出老子是老莱子，老莱子又是楚人，文子又是老子弟子，所以文子也可能游乎楚，有可能与平王同时②；孙星衍认准了文子是老子弟子的说法，从而以此为标准寻找可能的平王，又不惜忽视《史记》中明文所著《老莱子》十五篇与《道德经》绝不同，硬将老子、老莱子拉为一

---

① 马端临：《文献通考》第十册，北京：中华书局，2011年，第5945页。
② 孙星衍：《问字堂集》，北京：中华书局，1996年，第88页。

人。再从思想上而言，楚平王是春秋时期人，而《文子》之思想属黄老无疑，应在战国末期，所以此平王也不是楚平王。

李定生将平王解读为齐平公是为了使文子成为彭蒙之师，从而论证文子为黄老学之始祖的观点。李定生主要提出了两点：一是《韩非子》中记载有齐王和文子的问答，二是姜齐平公完全可以称为齐平王①。无论《韩非子》中的齐王是否就是齐平公，与孙星衍之说相比，李定生的说法有一定的理由，尤其第二条论据可以得到王国维、陈盘的支持②。但是齐平公是春秋末战国早期之人，而《文子》中讨论的问题都是战国中晚期才有的，如对帝、王、霸思想的讨论，对人性问题的讨论以及反对法苛刑繁等论，所以我们认为李定生的观点在时间上仍旧过早，与《文子》所展现出来的思想并不一致，平王是齐平公的说法仍旧要排除。

张丰乾认为平王非真有其人，实属伪托，且引《说苑》中"高平王遣使者从魏文侯贷粟"之例，并引向宗鲁之说云："高平王乃当是隐语，犹《庄子》书言监河侯之比。"③张丰乾此说只能算是勉强为平王伪托说找了一个理由而已。从竹简《文子》中文子与平王的频繁往复问答看，怎么也不能得出平王仅仅是一个"隐语"的结论，实际上竹简《文子》的频繁问答，更应是实录。所以，我们也不能同意平王伪托说。

（二）有关文子诸说的辨析

班固在《汉书·艺文志》中指出文子是"老子弟子，与孔子并时"④。可是，班固又是如何得出这个结论的呢？从出土竹简《文子》的情况来看，今本《文子》中的文子问老子答，皆属于《文子》整理者的改动，既然如此，班固又如何知道文子是老子弟子呢？唯独可让班固做出此一判断的唯有今本《文子·道德》篇中平王所问的"吾闻子得道于老聃"之说了。但是，此一句话恰恰在竹简《文子》中没有找到，所以王博指出今本《文子》中的这句话"为后人增益"⑤。可是，假如这句话不可信，班固又如何判断呢？所以，我们认为这句话是可信的，但是它原先的位置未必就是今本《文子》中相应的位置，今本《文子》是经过刻意整理的。现在我们来看，《道德》篇中的这句话是否足以得出文子是老子弟子的说法。我们认为班固的判断建立在一

---

① 李定生、徐慧君：《文子校释》，上海：上海古籍出版社，2004 年，"前言"第 16—18 页。
② 王国维：《古诸侯称王说》，言曰："古诸侯于境内称王，与称君称公无异。""古者天泽之分未严，诸侯在其国，自有称王之俗。"（见《王国维遗书》第三册，上海：上海书店出版社，2011 年，第 48 页、第 49 页）。陈盘曰："春秋时代列国之所谓爵称，并无一定。"（见陈盘：《春秋大事表列国爵姓及存灭表撰异》壹"后叙"，台北："中央"研究院历史语言研究所专刊，第 10 页）
③ 张丰乾：《出土文献与文子公案》，北京：社会科学文献出版社，2007 年，第 221 页。
④ 班固：《汉书》（第六册），北京：中华书局，1960 年，第 1729 页。
⑤ 王博：《关于〈文子〉的几个问题》，《哲学与文化》，1996 年第 8 期，第 1910 页。

系列的误解之上，他错误地判断平王是周平王，又错误地判断文子是老子弟子，根据《道德》篇中的这句话，根本无法得出文子是老子弟子的说法。首先，古人表示在场学习或者说是师徒之间直系相传时，根本不会使用"得道于"这样的说法，一般使用的是"侍""游""役"之类，比如《论语·先进》篇中的"子路、曾皙、冉有、公西华侍坐"①，《列子》中的"子列子好游"②，《庄子》中的"老聃之役有庚桑楚者"等③。其次，"得道"的说法不会是老子的语言系统，它只能是黄老的语言系统。《老子》中反反复复地表示"道"幽微深邃，不可琢磨，难于言说，甚至要"强字之"，又怎么会使用"得道"这样不谦虚的词汇呢？只有黄老将老子的"道"气化、术化之后④，才会有"得道"这样的说法。所以，我们认为《道德》篇里的"得道于"只是说文子的学问受到了老子的影响，或者说是思想的远源在老子处，实质上相当于司马迁在评价田骈等人时所说的"因发明序其旨意"！"得道于"的说法就相当于"发明"，所以"得道于"并不是一个表示师徒之间直系相传的词语。文子并不是老子的直传弟子，班固的判断建立在误解之上。

文子是辛文子，也就是计然的说法流行最广，影响也最大，李暹、李善、徐灵府、杜道坚诸人持此说，但这个判断实不可信。《四库全书总目提要》辨之最明，其言曰："因《史记·货殖传》有范蠡师计然语，又因裴骃《集解》有'计然姓辛，字文子，其先晋国公子'语，北魏李暹作《文子》注，遂以计然、文子合为一人。文子乃有姓有名，谓之辛妍。按马总《意林》列《文子》十二卷，注曰：周平王时人，师老君。又列《范子》十三卷，注曰：并是阴阳历数也。又曰：计然者，葵丘濮上人，姓辛名文子，其先晋国公子也。其书皆范蠡问而计然答，是截然两书，更无疑义。暹移甲为乙，谬之甚矣。"⑤将文子与计然、范蠡扯上关系，还不仅因为"计然姓辛，字文子"，恐怕还有文本内容上的考虑，今本《文子·上德》中有"狡兔得而猎犬烹，高鸟尽而良弓藏，名成功遂身退，天道然也"⑥。这与《史记》中所载范蠡自齐遗大夫种书中的话"飞鸟尽，良弓藏；狡兔死，走狗烹"也很相似⑦，考虑到范蠡与计然的关系，也就难怪会以文子为计然了。再按之以今所见《计然》书，内中多论如何根据天象，早做准备以经商致富之法，更与《文子》不相类。另外，江琼提出

① 杨逢彬：《论语今注今译》，北京：北京大学出版社，2016年，第220页。

② 杨伯峻：《列子集释》，北京：中华书局，2011年，第127页。

③ 曹础基：《庄子浅注》，北京：中华书局，1982年，第342页。

④ 陈丽桂指出："黄老之学推崇老子之道，吸收各家之说，并随着自己的需要，将之转化为术、为气、为理、为法、为刑名。"陈丽桂：《汉代道家思想》，北京：中华书局，2015年，第295页。

⑤ 魏小虎编撰：《四库全书总目汇订》第7册，上海：上海古籍出版社，2012年，第4633页。

⑥ 王利器：《文子疏义》，北京：中华书局，2000年，第263页。

⑦ 司马迁：《史记》（第五册），北京：中华书局，2013年，第2095页。

了一个很有力的反驳，他指出："古人名、字响应，其义必同。计然与文子字义绝不相联属，岂敢一为字，一为名。"① 在江瑔看来古人取名取字，名与字意义相近，计然与文子之间实在看不出来两者哪里有什么联系来。总结上述所论，我们认为应该排除文子是计然的说法。

清人江瑔主张文子是文种，且自以为发古人所未发，颇为激动。实际上总结起来，江瑔的论据不外以下两条：第一，古人称某子之通例，这又分为两种情况，一是连姓而称，如孔子、庄子；一是以学问之宗旨或性情之嗜好为称，如老子、鹖冠子，又认为文子为道家之学，抱朴守真，黜文尚质，则无号曰文子之理，故不能是第二种情况，所以文子的文必是第一种情况，"文"为姓②。但江瑔的这种说法实值得商榷，首先江瑔想当然地以为文子之"文"是"学问之宗旨"或"性情之嗜好"，但以先秦诸子而观，以"文"为"学问之宗旨"或"性情之嗜好"实在怪异，先秦诸子的思想哪一个又不能称为"文"呢！这一点实在不能成为论据。其次，文子之学靠近道家，此点无疑，但是否仅凭这一点就可以判断"无号曰文子之理"呢？恰恰相反，无论简、今本《文子》中都充满着对功名的渴求，0565 简"文子曰：臣闻传曰致功之道"③，今本《文子·道原》篇曰："故有道即有德，有德即有功，有功即有名，有名即复归于道。功名长久，终身无咎。"④ 可见，文子不光追求功名，而且还追求的是终身无咎的长久功名，江瑔所论实不足为据。退一步而言，我们承认江瑔对第二种情况的批判，是否也就可以得出文子的"文"一定是"姓"的"通例"呢？古人有连姓而称子者，如孔子、庄子、孟子、列子等，但这也不能成为"通例"，在《史记》中就记载了多例名后加子者，只能说姓后加子与名后加子的情况并存，这一点我们留待下文再论述。江瑔举出的第二条论据，稍能得到古籍的佐证，他认为文种曾为楚之宛令，其时又正为楚平王之时，故文种为文子。古书有将文种直称为文子者：陆机《豪士赋》中云"文子怀忠敬而齿剑"，李善注以为此文子即文种⑤；《抱朴子·知止》"文子以九术霸越"⑥，明为文种，这说明文种称文子是江瑔说的第一种情形，即姓后加子者。但更要紧的是文种并没有可能与楚平王对话，赵逵夫指出"楚

---

① 江瑔：《读子卮言》，见张丰乾：《出土文献与文子公案》，北京：社会科学文献出版社，2007 年，第 274 页。

② 江瑔：《读子卮言》，见张丰乾：《出土文献与文子公案》，北京：社会科学文献出版社，2007 年，第 274 页。

③ 河北省文物研究所定州汉简整理小组：《定州西汉中山怀王墓竹简〈文子〉释文》，《文物》，1999 年第 12 期，第 32 页。另，本文所引竹简《文子》均出此整理小组，简文不多且有序号标明，故下文出现者不再注释。

④ 王利器：《文子疏义》，北京：中华书局，2000 年，第 53 页。

⑤ 萧统选编、李善等注：《六臣注文选》，杭州：浙江古籍出版社，1999 年，第 844 页。

⑥ 葛洪：《抱朴子外篇》，张松辉、张景译注，北京：中华书局，2013 年，第 1061 页。

平王卒之年，文种不会超过二十二岁，这与文中平王恭敬请问的身份不符。"① 我们认为赵先生的论证是合理的，简本《文子》中平王问文子时，多有"请问"二字，今本《文子·道德》篇在文末又云"寡人敬闻命矣"②，可见平王对文子之尊重，以文种不到二十二岁之年龄，平王断不致于如此恭敬。或者我们也可以这样考虑，如果说《文子》中的文子是文种，平王是楚平王，则《文子》所记应为实录，但简、今本《文子》中均屡次出现的"道德"一词，绝不可能是楚平王时代的词汇。所以，我们认为文子是文种的说法也应该排除。

李定生认为文子是彭蒙之师，但这个判断建立在一条有误的材料上。李先生依据司马贞《索引》中所引刘向《别录》中云"今按墨子书有文子，文子即子夏之弟子，问于墨子"，从而判断文子生于鲁定公初年，与子夏同时，为春秋末年和战国初期人，从而又与齐平公同时，与彭蒙之师年代相仿佛，故云"齐之隐士彭蒙，从而师之"，又从《庄子·天下》篇对彭蒙田骈思想的记载与《文子》有相通处进行证明③。李先生所费工夫甚巨，并且经过这样的"建构"理了出了黄老学发展的清晰线索，但是他所依据的材料实在有误。赵逵夫指出："《别录》中这个文子乃是禽子字坏而误，墨子弟子禽滑又称禽子，见《墨子·所染》。《史记·儒林列传》：田子方，段干木，吴起，禽滑之属，皆受业于子夏之伦。正与《别录》佚文中所谓文子情形相合，所以此条材料难以依据。"④ 两相比照，即可知赵先生所论于篇籍正合，实比李先生之建构更为合理，墨子书中之文子应为禽子。我们还可以从《文子》之思想与墨家思想有无关联方面看，遍检《文子》一书，我们认为可与墨家相比较者，唯有两个方面：一是兼爱说，一是情欲寡浅说。以前者言，《文子·道德》云："何谓仁？曰：为上不矜其功，为下不羞其病，于大不矜，于小不偷，兼爱无私，久而不衰，此之谓仁也。"⑤ 仁就是在上位时不矜功，在下位时不因自己不足而羞愧，"大"时不自鸣得意，"小"时不苟且，常对百姓兼爱无私，行此久久不衰，是谓仁。这一"仁"意源于"德"："文子问德，老子曰：畜之养之，遂之长之，兼利无择，与天地合，此之谓德。"⑥ 天地公平畜养遂长万物，不会以私心对此过分关爱，而对彼心存憎恶，公平地利万物就叫"德"，这与天地的品行相合，而"德"实又源于"道"。可见，《文子》论"兼爱"乃以"道"为根源，"兼爱"成了君主所应坚守的政治伦理，这与墨家认为兼爱则天下和平，兼爱则交利的思想不同。以后者言，《庄子·天下》篇记载宋钘

---

① 见葛刚岩：《文子成书及其思想》，成都：巴蜀书社，2005年，"序"第6页。
② 王利器：《文子疏义》，北京：中华书局，2000年，第256页。
③ 李定生、徐慧君：《文子校释》，上海：上海古籍出版社，2004年，"前言"第18—26页。
④ 葛刚岩：《文子成书及其思想》，成都：巴蜀书社，2005年，"序"第8页。
⑤ 王利器：《文子疏义》，北京：中华书局，2000年，第225页。
⑥ 王利器：《文子疏义》，北京：中华书局，2000年，第224页。

尹文"以情欲寡浅为内"①,而这与《文子》中大量论述养生的内容有相通之处。但宋钘尹文的情欲寡浅似乎只是针对自己以及弟子而言的,如《天下》篇云"其为人太多,其自为太少"②,也就是墨家团体内部的要求。但是《文子》中的养生针对的乃是君主,而且认为通过养生这样的途径,才能得到真智,如《文子·精诚》云"有真人而后有真智"③,《文子·九守》云"神者智之渊也,神清则智明"④。培养君主灵明的统治术,养生是为了经世,《文子·九守》云"养生以经世,抱德以终年"⑤,这也与宋、尹之说不同。可见,文子与墨家的瓜葛实在不多,如果硬要找出一点的话,那也基本上是使用了一些墨家的词语,而至于思想则毋宁更接近于道家。由此也可推知,赵逵夫对李定生所引材料的辨析是正确的,问于墨子的文子是禽子之误。

谭宝刚认为文子是关尹,也脱不了文子是老子弟子的影响。谭宝刚主要是从《列子》《庄子》《吕氏春秋》中有关关尹思想的记载来寻找与《文子》一书相合的证据,他举出了六点内容,并认为诸书所见关尹思想皆见于《文子》,故而关尹即是文子⑥。我们承认关尹思想确实能在《文子》中找到,但这不能成为论证关尹即是文子的根据。《汉书·艺文志》中已经明确地将《关尹子》与《文子》列为两书,且位置毗邻,再说关尹就是文子,那就是欺人之谈了,见过《关尹子》原文的班固没有认为文子即是关尹,生于千年后的我们甚至连《关尹子》是怎样的书都没有见过,怎敢轻易否定前人见解呢!从现有的材料看,关尹是老子弟子的说法是比较可靠的,我们前文已经说过文子不是老子的直传弟子,老子只是文子思想的远源,这就是说关尹在前,而文子在后,在后的文子吸收关尹的思想,而存于书中是完全可能的,如果要以关尹思想见诸《文子》而论证文子即是关尹,则明显不妥,我们不采取这样的观点。

(三)平王、文子为齐襄王、田文考

上面所辨析诸人之观点有一个很大的矛盾,要么平王与文子时代接不上,如张丰乾所谓"势不两立"⑦,要么平王文子的时代与《文子》书所显示的思想背景不符合。从现有研究所发现的蛛丝马迹,进一步爬梳,我们认为平王为齐襄王,文子为田文的说法最可接受,也与各方面的材料能严丝合缝,最起码可以解决平王文子"势不两立"的情形,而且也与《文子》一书所显示的思想背景切合。正如我们上面所列

---

① 曹础基:《庄子浅注》,北京:中华书局,1982年,第500页。
② 曹础基:《庄子浅注》,北京:中华书局,1982年,第500页。
③ 王利器:《文子疏义》,北京:中华书局,2000年,第78页。
④ 王利器:《文子疏义》,北京:中华书局,2000年,第140页。
⑤ 王利器:《文子疏义》,北京:中华书局,2000年,第148页。
⑥ 谭宝刚:《论文子即是关尹》,《贵州民族大学学报》,2014年第6期,第82—84页。
⑦ 张丰乾:《出土文献与文子公案》,北京:社会科学文献出版社,2007年,第211页。

举，认为平王是齐襄王，文子是田文的说法也早已出现于学界，但多属猜测，缺乏具体、深入的论证。

1. 论平王为齐襄王

其一，"平"与"襄"或可通，银雀山汉简《孙膑兵法》中有"南攻平陵"之说，而《史记》《竹书纪年》做"南攻襄陵""围我襄陵"，这是王葆玹的发现，但实际上张震泽在《孙膑兵法校理》所附"平陵考"中早已证平陵为襄陵，并有详细考证①。《史记》《竹书纪年》中是以魏人之口吻记述，称为"襄陵"，而《孙膑兵法》中则以齐人之口吻记述，又称作"平陵"。又从代生《清华简〈系年〉所见齐国史事初探》一文可知齐国有一地名称"襄平"，燕国有一种货币名"襄平布"②，襄与平既连用又能互换，进而我们可以推测齐人呼"襄"或为"平"，平王可称为襄王。

其二，根据平势隆郎之说，《史记》中所载之齐襄王之完整名号或为"齐襄平王"或者"齐平襄王"。平势有一套自己的理论，他说："持续到战国时代的周王朝对于战国时代的诸国而言，无疑是各国想直接继承其权威的对象。"但是，诸侯国继承周王朝权威的模式并不相同，"有的国家推崇周王朝的开国之际，而其他国家则极力鼓吹周王朝的中兴之年"。这一理论具体体现在战国时期君王们的多字名号上，基本上有两种模式，魏国模仿周王朝的开国之际，效仿文王、武王、成王的形式，产生了魏文侯、武侯及惠成王。而齐国则模仿周王朝的中兴之年，齐宣威王（宣王加威王）继承了桓武厉公之位（桓公加武公加厉公），模仿的是周宣王继承周厉王的王位。平势还指出齐国有两个宣王，一个是威宣王（齐威王），一个是湣宣王（齐湣王）③，这或许是为了解决齐国世袭年代问题而做出的调整，但是这样就要取消一位齐宣王，令人生疑。我们只采用平势所说的齐威王的父亲齐桓公午模仿的是周厉王就够了，根据周王朝的世袭：厉王—共伯和—宣王—幽王—平王，田齐世袭：桓公午—威王—宣王—湣王—襄王，两相对照襄王正相当于平王时。不过，这种理论只是平势的一家之言，我们提出来只是提供多一种可能，也不敢以此必为襄王为平王之证。

其三，襄王是否可以称为"天王"。竹简《文子》中出现"天王"之称者两次，2391 简"辞曰：道者，先圣人之传也。天王不赍不□"，0892 简"之。天王若能得其道，而勿废，传之后嗣"。从 0892 简看，这个"天王"就是文子称呼平王的用语。王博以为既然竹简《文子》中出现了"天王"之称，那这个"天王"一定就指周平

① 张震泽：《孙膑兵法校理》，北京：中华书局，1984 年，第 16 页。
② 代生：《清华简〈系年〉所见齐国史事初探》，《烟台大学学报》，2015 年 1 期，第 89、第 93 页。
③ 平势隆郎：《从城市国家到中华》，周洁译，桂林广西师范大学出版社，2014 年，第 78—81 页、第 306 页。

王，只有周平王的天子身份才足以称"天王"，并引《春秋·隐公六年》语为证①。魏启鹏也赞同此说，云："天王一词，春秋时特指周天子"，并引顾炎武语为证②。但"天王"真的就只能指天子吗？《国语·吴语》中云："昔者越国见祸，得罪于天王，天王亲趋玉趾，以心孤勾践，而又宥赦之。"俞樾注云："天王，犹大王也。"《国语·越语上》云："寡君勾践乏无所使，使其下臣种，不敢彻声闻于天王。"俞樾注云："越人称吴为天王，至战国时无不称大王者，天王与大王，亦文异而义同。然则《春秋》书天王，其义亦如此而已。"③《史记·南越列传》云："老臣妄窃帝号，聊以自娱，岂敢以闻天王哉！"④文种称吴王为天王，赵佗当时已经自立为帝，而称汉文帝为天王，可见"天王"并不是天子的专称，只是如俞樾所说"犹大王"也，而且凡有国者，皆可称之，云天王只能是天子称谓，显受后世所构建之严密的五等爵之影响，正如葛刚岩所说"先秦时期，天王这一称呼既然为多人所用，说明它不是一个特殊名称，而是泛称"，可见，襄王亦可以称为"天王"。

其四，怎样理解竹简《文子》中"天子""天下""诸侯"等语。竹简 2327"有天下，贵为天子，富贵不离其身"，2321"诸侯倍反"，0579"一人任与天下为雠，其能久乎"，0695"故有道者立天下，则天下治"，0211"□天子执明堂□中□，天子□□□"，0699"百国之君，皆（歡）然思欲爱"。王博以为竹简《文子》多言"天子""贵为天子""天下"等，显然由于对方具有"天子"的身份。否则诸如"诸侯倍（背）反（叛）""百国之君"的提法便属无稽之谈。由此，而认为此平王必定为周平王⑤。王博的意见有一定道理，但由此而断定只能是周平王的时代，则明显忽视了战国末期的齐秦称帝之举，而且也忽视了《史记》中所载齐湣王称帝之盛况，也与周平王之时代不符合。如果是周平王时代，就不会出现"富贵""一人任""诸侯倍反"这些词语，"富贵"与"一人任"这是战国时代平民上升与君权集中的现象，不会是周平王时代的景象，而周平王时代也没有"诸侯倍反"的现象，相反是诸侯迎立平王，诸侯仍旧拥护帮助周王朝的统治。

实际上，齐湣王称帝后的情形与竹简所称非常吻合。据《史记·六国年表第三》的记载齐湣王在位四十年，三十六年湣王称帝。但据杨宽的考证，湣王在位十七年，

---

① 王博：《关于〈文子〉的几个问题》，《哲学与文化》，1996 年第 8 期，第 1909 页。
② 魏启鹏：《文子学术探微》，陈鼓应主编：《道家文化研究》第十八辑，北京：生活·读书·新知三联书店，2000 年，第 156 页。
③ 俞樾：《群经平议》，徐德明、吴平主编：《清代学术笔记丛刊》第 59 册，北京：学苑出版社，2005 年，第 483 页。
④ 司马迁：《史记》，北京：中华书局，2013 年，第 3572 页。
⑤ 王博：《关于〈文子〉的几个问题》，《哲学与文化》，1996 年第 8 期，第 1909 页。

公元前 300 年为湣王元年，湣王十三年称帝①。《史记》在湣王三十六年下云："为东帝二月，复为王。"董锐《七国考·田齐群礼·谥法》节亦从《史记》之说，云湣王"盖称帝者二月"②，实误，湣王自十三年称帝，至死未去帝号。平势隆郎指出："看史料记载，有些内容给人留下秦齐两国是在较早就舍弃了帝号的印象，但按事件发展的经过来看，实际放弃的时间要晚得多。"③平势所言极是。《史记·田敬仲完世家》云："四十年…燕将乐毅遂入临淄，尽取齐之宝藏器。湣王出亡，之卫。卫君辟宫舍之，称臣而共具。湣王不逊，卫人侵之。湣王去，走邹、鲁，有骄色，邹、鲁君弗内，遂走莒。"④四十年实为湣王十七年，当年湣王即死。湣王出逃于卫，卫君称臣，在邹、鲁有骄色，当是仍摆帝王架子而见憎于邹、鲁，可见湣王至死都未去帝号。《史记·鲁仲连邹阳列传》云："齐湣王将之鲁，夷维子为执策而从，谓鲁人曰：子将何以待吾君？鲁人曰：吾将以十太牢待子之君。夷维子曰：子安取礼而来待吾君？彼吾君者，天子也。天子巡狩，诸侯辟舍，纳菅篅，摄衽抱机，视膳于堂下，天子已食，乃退而听朝也。……当是时，邹君死，湣王欲入吊，夷维子谓邹之孤曰：天子吊，主人必将倍殡棺，设北面于南方，然后天子南面吊也。"⑤湣王欲入鲁、邹，皆因欲袭天子之礼而与邹、鲁发生冲突，终不得入。此时，已是湣王末年。上述两条材料可证，湣王至死未去帝号。更重要的是战国中晚期人所讨论的帝、王、霸之事并非仅仅是观念之语，还有相应的礼节以及国际关系上的改变。《史记·田敬仲完世家》云："齐南割楚之淮北，西侵三晋，欲以并周室，为天子。泗上诸侯、邹鲁之君皆称臣，诸侯恐惧。"⑥齐湣称帝，泗上诸侯、邹鲁之君以臣礼而朝，"帝"号并非空头虚语，实有国家间地位之转换，湣王虽逃亡，亦是帝，故夷维子称为"巡狩"，要求诸侯"辟舍""视膳"。帝号如此，战国早期的"王"号亦如此，我们比较一下，就可知帝号、王号之差别。《史记·田敬仲完世家》云："于是齐最强于诸侯，自称为王，以令天下。"⑦这是齐威王时期的事情，威王加"王"号后，就能"令天下"，这也不是虚语，而有事实。《孙膑兵法》中有"吾攻平陵，南有宋，北有卫"，张震泽注曰："当时宋、卫皆齐之与国。古代运输困难，兵入敌境，往往就地取给，掠敌为粮，…此句盖谓平陵南北是吾与国之地，不便取粮。"⑧所谓的"令天下"即是领导同盟之与

① 杨宽：《战国史》增订本，上海：上海人民出版社，1998 年，第 729 页。
② 董说：《七国考》，北京：中华书局，1998 年，第 205 页。
③ 平势隆郎：《从城市国家到中华》，周洁译，桂林：广西师范大学出版社，2014 年，第 304 页。
④ 司马迁：《史记》：北京：中华书局，2013 年，第 2290 页。
⑤ 司马迁：《史记》：北京：中华书局，2013 年，第 2972 页。
⑥ 司马迁：《史记》：北京：中华书局，2013 年，第 2290 页。
⑦ 司马迁：《史记》：北京：中华书局，2013 年，第 2282 页。
⑧ 张震泽：《孙膑兵法校理》，北京：中华书局，1984 年，第 7 页。

国，盟主国之兵经过与国时不能掠夺与国的粮食。基本上，在"王"号下同盟的各国，地位仍旧是平等的，只是盟国要听从盟主的号令。但"帝"号下的各国就完全不同了，各国要以臣礼侍奉，各国君主在其国内虽为君，但于称"帝"者而言，实相当于诸侯、封君。

现在我们来研究上所引竹简《文子》中之材料与齐湣称帝之关系。"天下"之语，在齐威王加"王"号后就在使用，就更不论有帝号的湣王了，称天子、天下、诸侯实无足怪者。我们认为文子是在一方面给襄王讲述何谓道德之治，一方面以湣王败死亡国的事件作为例子，来说明何非道德之治。反思湣王称帝后之种种行为，而言之于襄王，希望襄王能采用"道德之治"，避免发生湣王亡国败死之事。所谓"诸侯倍反""一人任与天下为雠，其能久乎？"指的就是湣王所行不当政策而造成的严重后果。下面我们再进行一些考证。

齐湣称帝实为齐国最为强盛之时，但是由于湣王实行的政策有误，最终导致崩盘亡国。劳干曰："在齐宣王的十九年中，…他的战略是利用三晋来抵抗秦，对三晋做相当的协助，而自己却是南下对于楚国地区做相当的进展。这是由于齐相靖国君及孟尝君两代相续的政策是这样的。""可是到湣王即位，和宣王就有很大的不同，……湣王七年时他驱逐周最而用秦五大夫吕礼为相，这就变成了亲秦的路线，从此对三晋不再援助。""齐用秦人吕礼为相，就表示齐与秦在某些地方合作，而齐和秦各在国外取得某些利益。他们的协商条件虽然不能知道，不过按照后来的发展来看，秦人用力攻三晋，而齐也用力攻淮泗的国家。"① 劳先生的研究指明了湣王时期齐国政策的改变，换句话说田婴田文执行的是合纵以抗秦的政策，而湣王则实行连秦的"远交近攻"之策，《孟尝君列传》云："后齐湣王灭宋，益骄，欲去孟尝君。"②但是灭宋的政策也导致齐为燕所乘，最终亡国，《乐毅列传》云："若先王之报怨雪耻，夷万乘之强国，收八百岁之蓄积。"③"报怨雪耻"指齐宣王时齐军入燕，乐毅以为今夷平万乘之强齐，乃为先王雪耻，最可注意的是"收八百岁之蓄积"，可见湣王为战争所搜刮之物资何等惊人！难怪淖齿质问湣王曰"夫千乘、博昌之间，方数百里，雨血沾衣，王知之乎？""嬴、博之间，地坼至泉，王知之乎？""人有当阙而哭者，求之则不得，去之则闻其声，王知之乎？"④这当是湣王连年战争，民间凋敝的景象。在当时人看来，湣王所行之事已引起人神共愤。再从《战国策》记载来看，齐湣刑法亦严，《战国策·齐六》云："齐负郭之民有狐晅者，正议闵王，斮之檀衢，百姓不

① 劳干：《古代中国的历史与文化》，北京：中华书局，2006年，第69—70页。
② 司马迁：《史记》，北京：中华书局，2013年，第2853页。
③ 司马迁：《史记》，北京：中华书局，2013年，第2937页。
④ 缪文远：《战国策新校注》，成都：巴蜀书社，1987年，第441页。

附。齐孙室子陈举直言，杀之东间，宗族离心。司马穰苴为政者也，杀之，大臣不亲。"① 湣王不听劝谏，任用刑法，杀戮众多。我们知道齐俗宽缓，而湣王亦欲争天下，则必要集中物资，以刑法驱人，否则就无法集中人力物力，但这与齐人之性又不合，故多杀伤人，致使民心散，这就是"诸侯倍反""一人任与天下为雠，其能久乎？"的背景。

2.论文子为田文

其一，田文能否称为文子。田文可称为文子，史有明文，《史记·范雎蔡泽列传》云："王（齐湣王）曰：文子为之。大臣作乱，文子出走。"② 《战国策·魏策》云："犀首许诺…招文子而相之魏。"③ 齐人称子的情况有三种，一是名后加子，如文子，还有《史记·楚世家》中的"婴子""盼子"，《孙膑兵法·擒庞涓》中的"忌子"，《战国策·齐一》中的"章子"，这都是姓名只有二字者。田婴为田文之父，田盼、田忌皆为田氏宗亲，章子为齐威王时将匡章，田忌匡章皆齐威王时人，在战国早期，田文是战国末期人。姓名三字者如鲁仲连，也称为"仲子"，大概也可以称为"连子"。二是姓名后加子，如上举《史记·楚世家》中的"田盼子"，《战国策·齐六》中的"鲁仲子"，《汉书艺文志》中则记载为"鲁连子"。《战国策·齐四》中的"谭拾子""钟离子""叶阳子"。三是姓后加子，如《战国策·齐三》中的"国子"，《战国策·齐四》中的"田子"，《战国策·齐六》中的"公孙子""徐子"等。这主要是我们根据《战国策》得出的齐人称子的情况，但不知道是否他国亦如是。总体上看来，齐人称子比较宽泛，并无严格要求，也似没有贵贱之分，贵族平民皆可称子，尤以鲁仲连之称子可见。所以，田文可称文子。

其二，田文曾为齐湣相且年长于襄王，符合竹简《文子》中双方对话之身份。竹简《文子》中平王曾 7 次使用"请问"来向文子求教，今本《文子·道德》篇末尾又有"寡人敬闻命矣"一句，可见平王对文子之尊重。而《战国策·齐四》中颜斶与齐宣王会面的场景可作为君主不尊重对话人的情况，其言云："齐宣王见颜斶，王曰：斶前。"④ 而《孟子》中亦有梁惠王呼孟子为"叟"者。两相对照，即可见平王使用"请问"以及"敬闻"之分量。那么，田文之身份与功德是否足以让襄王尊重呢？田文乃为田室宗亲，齐、秦、魏三国之相，又为襄王之长辈；《战国策·齐三》中载有齐人赞田文之语，曰："孟尝君可语善为事矣，转祸为功。"⑤ 而祸福是《文子》中一

---

① 缪文远：《战国策新校注》，成都：巴蜀书社，1987 年，第 439 页。
② 司马迁：《史记》：北京：中华书局，2013 年，第 2910 页。
③ 缪文远：《战国策新校注》，成都：巴蜀书社，1987 年，第 821 页。
④ 缪文远：《战国策新校注》，成都：巴蜀书社，1987 年，第 396 页。
⑤ 缪文远：《战国策新校注》，成都：巴蜀书社，1987 年，第 371 页。

个重要的论题，《微明》篇中即有"故善者以弱为强，转祸为福"①。景鲤又语孟尝君"重于天下"。最后，田文有救亡存绝之事，有义于诸侯，与湣王伐灭诸侯者正相反。《战国策·齐三》中公孙戌曰："小国（大国）皆致相印于君者，闻君于齐能振达贫穷，有存亡继绝之义。"②而《文子·精诚》中有"举大功，显令名，体君臣，正上下，明亲疏，存危国，继绝世，立无后者，义也"③，可见，田文与齐湣王的政略不同，田文在存亡继绝中显功名，而齐湣藏"八百岁之蓄积"意在强行统一天下。综此而言之，襄王在湣王败死亡国的紧急形势下即位，其宗室中唯有田文有崇高声望，且富于实践经验，能转祸为福，襄王尊重孟尝君当属情理中事。

其三，田文既是政治家又是与庄子有关系的思想家。根据简本《文子》的用语，文子为臣之身份无疑，我们推断文子为田文，但是竹简《文子》所表述的不仅有政治问题，而且更为重要的是文子在向平王阐述道德之治，则文子之身份亦应是思想家，田文符合这一要求吗？张丰乾曾云文子与田文有"特殊关系"，其所指"特殊关系"即指田文也是一个思想家，是"文子"最可能的伪托对象④。张丰乾书中引有《韩诗外传》的一条重要材料，但是似乎没有得到学界的足够关注，其言曰："夫当世之愚，饰邪说，文奸言，以乱天下，欺惑众愚，使混然不知是非治乱之所存者，则是范雎、魏牟、田文、庄周、慎到、田骈、墨翟、宋钘、邓析、惠施之徒也。此十子者皆顺非而泽，闻见杂博，然而不师上古，不法先王，按往旧造说，务自为工，道无所遇，而人相从。故曰：十子者之工说，说皆不足合大道、美风俗、治纲纪，然其持之各有故，言之皆有理，足以欺惑愚众，交乱朴鄙，则是十子之罪也。若夫总方略，一统类，齐言行，群天下之英杰，告之以大道，教之以至顺，奥要之间，衽席之上，简然圣王之文具，沛然平世之俗起，工说者不能入也。"⑤这段话的口吻和荀子在《非十二子》中的口吻实在太像，其中"饰邪说，文奸言，以乱天下"与《非十二子》"饰邪说，文奸言，枭乱天下"仅差一字，"使混然不知是非治乱之所存者"与《非十二子》"使天下混然不知是非治乱之所存者有人矣"，仅差五字。其中"闻见杂博""不法先王，按往旧造说"更是荀子批判子思孟子的语言，"持之各有故，言之皆有理，足以欺惑愚众"则是荀子批判其余十子的语言，所谓"一统类"更是荀子的核心思想。

那么，这段话与荀子是何种关系呢？这要从《韩诗外传》一书的性质说起。《四

---

① 王利器：《文子疏义》，北京：中华书局，2000年，第314页。
② 缪文远：《战国策新校注》，成都：巴蜀书社，1987年，第375页。
③ 王利器：《文子疏义》，北京：中华书局，2000年，第78页。
④ 张丰乾：《出土文献与文子公案》，北京：社会科学文献出版社，2007年，第217—219页。
⑤ 许维遹：《韩诗外传集释》，北京：中华书局，1980年，第150页。

库全书总目提要》云："其书（《韩诗外传》）杂引古事古说，证以诗词，与经义不相比附，故曰外传。所论多与周秦诸子相出入，班固论三家之诗，称其或取春秋，采杂说，咸非其本义。"①虽云《韩诗外传》成于汉初韩婴之手，实"引古事古说""采杂说"编撰而成，屈守元云："《韩诗外传》从保存古代文献资料讲，在汉初是无第二部书堪与之比并的。"②从论诗之本义而言，班固早已指摘《韩诗外传》失真，所以它的价值并不在于传诗，而在于保存古籍资料上。上引这段话我们就认为是《韩诗外传》所保存的荀子之语，但是这段话又与《非十二子》中不全相同，尤体现在"十二子"中增加了范雎、田文、庄周，少了子思孟子，这又该如何理解呢？从人物分布情况看，《非十二子》中的人物多集中在齐鲁，最远也就是魏之公子牟，而《韩诗外传》中人物仍多集中在齐鲁，但已言及宋楚间之庄周以及秦之范雎。范雎情况稍微复杂，还得多言几句。范雎初在魏，即用范雎之名，但此时范雎贫穷，且在魏受辱，常隐匿。来秦后，初以张禄之名为秦相，须贾访秦之后，始以范雎之名扬名天下，《荀子》中亦载有"应侯"，可见荀子知范雎之名当在荀子访秦后，此时范雎已封侯，再综以庄周，我们推断《韩诗外传》中之"非十二子"当为荀子晚年之手笔，而今《荀子》中之"非十二子"当是荀子早年之手笔。

有上文简略考证之准备，我们再来研究《韩诗外传》中的十二子情况。在《非十二子》中，荀子以思想相近之两人为一组进行批判，那《韩诗外传》中的十二子是否也是思想相近之两人为一组呢？后三组，即慎到田骈一组，墨翟宋钘一组，邓析惠施一组没有疑问，《天下》篇也如此分类。如此看来，前两组也应为思想相近者，范雎魏牟一组，田文庄周一组。为确证此点，就要证明范雎魏牟是一组。荀子在《非十二子》中批评公子牟"纵情性，安恣睢，禽兽行"③，《淮南子·道应训》载公子牟与詹何答问，言曰："中山公子牟谓詹子曰：身处江海之上，心在魏阙之下，为之奈何？詹子曰：重生。重生则轻利。中山公子牟曰：虽知之，犹不能自胜。詹子曰：不能自胜则从之。从之，神无怨乎！不能自胜而强弗从者，此之谓重伤。重伤之人，无寿类矣！"④荀子对魏牟的评价要从詹何所说的重生上来理解，重生则需要对过分的欲望有所控制，但是詹何却不这样教导魏牟，他认为重生也可以纵欲，因为遏制欲望会伤害"神"，以"神"为中心，如何对神有利则如何行之，荀子的批评重在魏牟对欲望的纵恣上。但是，现有的材料却不足以使我们正面把握范雎的生活，唯独《史记·范雎蔡泽列传》中蔡泽游说范雎的话，可以让我们爬梳出一点蛛丝马迹。蔡

① 魏小虎编撰：《四库全书总目汇订》第1册，上海：上海古籍出版社，2012年，第513页。

② 屈守元：《韩诗外传笺疏》，成都：巴蜀书社，1996年，"前言"第4页。

③ 王天海：《荀子校释》，上海：上海古籍出版社，2009年，第199页。

④ 刘文典：《淮南鸿烈集解》，北京：中华书局，1989年，第390页。

泽曰："夫人生百体坚强，手足便利，耳目聪明而心圣智，岂非士之愿与？"又曰："性命寿长，终其天年而不夭伤。"① 游说人者必定对游说对象做过深入了解，知其所好所恶，犹如范雎游说秦昭王时所云只闻太后穰侯而不闻王，以此故意激怒秦昭王，蔡泽所说"百体坚强""性命寿长"必是范雎平生所好所求，方才以此游说，而范雎也竟然真的在蔡泽的游说下不再为相，也颇有道家的风范，则范雎亦为一"重生"学家可无疑。因此，将范雎与公子牟一组也是思想相近的表示。现在，我们就可以非常确定《韩诗外传》中的田文与庄周亦必是思想相近的一组，这对于我们论证田文就是文子非常重要。

在研究《文子》的学者中，已经有不少人注意到《文子》与《庄子》思想的关联。蔡仁厚在论述《淮南子》时指出："论政治多本《老子》，论人生多本《庄子》。"② 此结论于《文子》亦适用。吴光指出"《文子》书中倒有明显的《庄子》学说的影响……《文子》还采取了《庄子》中的寓言故事以申己说。"③ 郭梨华指出："这些论题包含道有始、无始之论，可、不可之论，道可学与否之论，而这些论题又都围绕与庄学极为相关之论，《文子》《庄子》所论似极有针对性、呼应性。"④ 王三峡指出："'传本'《文子》对（《庄子》）外杂篇的影响比较明显"，又指出："至于《庄子》内篇，学者公认是庄子本人的作品，其与《文子》相同的地方也不少"⑤，还有一些《庄子》中很有特色的词汇也出现在了《文子》中，如丁原植所指出的"真人""精诚"⑥，张岱年所引材料中的"坐驰""陆沉"等⑦。不管《文子》《庄子》到底谁先谁后，明显可见的是两人思想的关联性。

据笔者根据何志华等编著之《〈文子〉与先秦两汉典籍重见资料汇编》的统计，见于《文子》的《庄子》内容共有 141 条，远远超过《文子》中所见其余古籍之数，此亦可见《文子》与《庄子》之密切关系，这也难怪《韩诗外传》以田文、庄周为一组。但田文与庄周思想之相近到底何在呢？笔者以为最重要的体现当在两人均看重人之境界的提升，在这点上田文与庄周相同，但终极目的并不同。庄周从人之境界的提升论述精神超越，田文从人之境界的提升论述君主应有灵明的统治心灵。黎惟东在论述《淮南子》对《庄子》思想的诠释时指出："因为它的精神向度并非仅为

---

① 司马迁：《史记》，北京：中华书局，2013 年，第 2921 页。

② 蔡仁厚：《中国哲学史》，台北：台湾学生书局，2009 年，第 340 页。

③ 吴光：《〈文子〉新考》，《河北师院学报》，1984 年第 2 期，第 21 页。

④ 郭梨华：《〈文子〉哲学初探》，杨国荣主编：《思想与文化》第九辑，上海：华东师范大学出版社，2009 年，第 227 页。

⑤ 王三峡：《文子探索》，武汉：湖北人民出版社，2003 年，第 135—136 页。

⑥ 丁原植：《文子新论》，万卷楼图书有限公司，1999 年，第 294 页、第 310 页。

⑦ 张岱年：《试谈〈文子〉的年代与思想》，陈鼓应主编：《道家文化研究》第五辑，北京：生活·读书·新知三联书店，2000 年，第 134 页。

了精神卓然超拔于尘垢之外，而同时为了更好地参与世间生活。"① 罗因在研究《淮南子》的养生思想时指出："《淮南子》虽然讲究养生，但是，却并不以追求长生不死为目的，而是以'天下自服'作为他养生思想的终极关怀。"② 这也就是说庄周、田文的思想在提升人之境界的方向上是相同的，但是终极关怀又不同，荀子看到了他们思想方向的相同，但并没有看到他们最终关怀的不同。

其四，《淮南子·览冥训》曰："昔雍门子以哭见于孟尝君，已而陈辞通意，抚心发声。孟尝君为之增欷歍唈，流涕狼戾不可止。精神形于内，而外谕哀于人心，此不传之道。"③ 这则事例极可注意，何宁曰："哭，犹歌也。见，犹感也。"④ 雍门子以歌声感动孟尝君，这种歌声乃是"精神形于内"所发出的。关键是雍门子感动的对象乃是孟尝君，这说明孟尝君对"精神形于内"的一套功夫至为熟悉。而今本《文子》中多处提到了"精神形于内"所能达到的外在效果：《精诚》云："故精诚内形，气动于天，景星见，黄龙下，凤凰至，醴泉出，嘉谷生，河不满溢，海不波涌。"⑤ 精诚是精神之至诚，这样就可以招致祥瑞，使农业丰收，没有自然灾害。还可以齐一风俗，使天下没有犯罪之人《精诚》云："人主之思，神不驰于胸中，智不出于四域，怀其仁诚之心，……法省不烦，教化如神，法宽刑缓，囹圄空虚，天下一俗，莫怀奸心。"⑥ 类似的渲染，还有很多，不再一一举出。雍门子以哭感动孟尝君的事情可以从侧面证明文子就是田文。

（四）论襄王与田文对话之时间

上文我们论证了平王是齐襄王，文子是田文，现在我们来进一步考证两人对话的时间。据《战国策》记载襄王即位后，田单为相，但田单为相实在很可疑。《战国策·齐六》云："齐以破燕，田单之立疑，齐国之众，皆以田单为自立也。襄王立，田单相之。"⑦ 这实在是说田单自立为相，并非襄王任命。《史记·田单列传》也没有提到田单为相，而且在《战国策》中还记载了不少襄王与田单交恶之事。《战国策·齐六》云："襄王恶之，曰：'田单之施，将欲以取我国乎？不早图，恐后之。'左右顾无人，严下有贯珠者，襄王呼而问之曰：汝闻吾言乎？"⑧ 田单将自己的衣服给了渡

---

①　黎惟东：《〈淮南子〉对庄子养生思想的诠释与其在政治上运用之研究》，《哲学与文化》，2015年第4期，第164页。

②　罗因：《〈淮南子〉的养生思想》，《华梵人文学报》，2010年第13期，第117页。

③　刘文典：《淮南鸿烈集解》，北京：中华书局，1989年，第194页。

④　刘文典：《淮南鸿烈集解》，北京：中华书局，1989年，第194页。

⑤　王利器：《文子疏义》，北京：中华书局，2000年，第62-63页。

⑥　王利器：《文子疏义》，北京：中华书局，2000年，第82-83页。

⑦　缪文远：《战国策新校注》，成都：巴蜀书社，1987年，第451页。

⑧　缪文远：《战国策新校注》，成都：巴蜀书社，1987年，第451页。

河的老人，襄王以为田单在收买人心，意欲对己不利。《战国策·齐六》又云"且安平君之与王也，君臣无礼，而上下无别。且其志欲为不善。内牧百姓，循抚其心，振穷补不足，布德于民；外怀戎翟、天下之贤士，阴结诸侯之雄俊豪杰。其志欲有为也。愿王之察之。"① 安平君指田单，这两条材料可以互证，足见田单与襄王交恶不虚。但是田单与襄王交恶是在莒时还是在临淄时呢？应是在临淄时，上面所引第一条材料已明言是齐破燕后，田单自立为相。《史记·田敬仲完世家》又云："襄王在莒五年，田单以即墨攻破燕军，迎襄王于莒，入临淄。齐故地尽复属齐。齐封田单为安平君。"② 田单攻破燕军后从莒地将襄王迎入国都临淄，但是襄王并未任命田单为相，田单以功自立为相，故齐人疑之，且田单甚对襄王无君臣上下礼，所以襄王嫉恶田单，欲早图之。但是，此时田单势力强大，当襄王说出要早点除掉田单的想法后，问左右之人，左右之人皆避免回答，亦可见田单之势力。那么，襄王要怎样从田单手中夺权呢？

《史记·孟尝君列传》记载了一条材料，其言曰："齐襄王立，而孟尝君中立于诸侯，无所属。齐襄王新立，畏孟尝君，与连和，复亲薛公。文卒，谥为孟尝君。"③ 湣王死后，齐国最有实力者当属田单与田文，田单因破燕复齐，有功劳，孟尝君为湣王相，且有封邑，因与湣王意见不合，免相在薛。襄王为莒人所立时，孟尝君中立于诸侯，也就是说襄王之立非孟尝君之意，故襄王亦畏孟尝君。但是襄王与孟尝君"连和"指的又是什么呢？检《史记》注疏，诸家无说。唯曹相成译为"畏惧孟尝君，跟他和好，重新亲近他"④。"和"译"和好"，但"连"字仍旧无着落。鄙意以为"连和"当指襄王借助孟尝君势力，从田单手中夺权之事，因为有此缘故，故襄王复亲孟尝君，这都是发生在襄王五年之后的事情，而此时已是孟尝君之晚年，故《史记》在"复亲薛公"后，立马记载了"文卒"。竹简《文子》中平王与文子的对话即发生在襄王五年之后，此时齐已复国，外患已除，襄王又借助孟尝君的帮助巩固了权力，面临的乃是如何重新治民的事情，竹简《文子》中的对话就发生在此背景之下。

现在我们将此背景与竹简《文子》再进行对照，就会发现无论是人物身份或是与平王所关心的事情都非常吻合。前文我们说过平王多用"请问"二字向文子求教，这一来因为孟尝君已在耄耋之年，二来孟尝君有帮助襄王夺权的功劳，三来孟尝君于齐有声望，这就怪不得襄王格外尊重孟尝君了。从襄王关心的问题而言，竹简0880"王曰：人主唯（虽）贤，而曹（遭）淫暴之世，以一"，竹简0837"【之权】，

① 缪文远.《战国策新校注》，成都：巴蜀书社，1987年，第454页。
② 司马迁.《史记》：北京：中华书局，2013年，第2291页。
③ 司马迁.《史记》：北京：中华书局，2013年，第2853页。
④ 王利器主编.《史记注译》，西安：三秦出版社，1988年，第1807页。

欲化久乱之民，其庸能"，对应的今本《文子·道德》篇"今贤人虽有道，而遭淫乱之世，以一人之权，而欲化久乱之民，其庸能乎? 文子曰：夫道德者，匡邪以为正，振乱以为治，化淫败以为朴，淳德复生，天下安宁，要在一人"①。无论是"虽贤"或者是"虽有道"，平王都在强调自己意欲一番作为，想收拾湣王留下的烂摊子，但是面对"淫暴之世"，他不知该如何治理"久乱之民"，故向文子请教治国之策，文子提出了道德之治。从文子的说法来看，道德能使民朴，使淳德复生，实现襄王治国的目标。

但我们要接着问又是什么使民不朴，使淳德消失呢? 《文子》中主要强调了两条：一是君主的欲望，一是法苛刑繁，而这两条又都是湣王时期的主要特征。文子认为百姓的贫穷，民心的伪诈，道德的败坏，民风的不淳朴并不是百姓懒惰或者是本性恶造成的，而是君主向人民索取得过多造成的，君索取的多，民有的就少，少就要绞尽脑汁夺取他人以存活，这样民就不朴，淳德就会消失，故《文子·精诚》云："夫上好取而无量，即下贪功而无让，民贫苦而分争生，事力劳而无功，智诈萌生，盗贼滋彰，上下相怨，号令不行，夫水浊者鱼噞，政苛者民乱，上多欲即下多诈，上烦扰即下不定，上多求即下交争，不治其本而救之于末，无以异于凿渠而止水，抱薪而救火。"②《文子·道德》篇又曰："法烦刑峻即民生诈，上多事即下多态，求多即得寡，禁多即胜少，以事生事，又以事止事，譬犹扬火而使无焚也，以智生患，以智备之，譬犹挠水而欲求清也。"③在文子看来，法、刑越是繁多刚猛，人民就越是诈伪，在上者越是多事于民，民就越要用各种虚伪情态应付在上者，对人民限制的越多，成功的越少，文子将这种治理方法称之为是"以事生事，又以事止事"，刑法再多再严也没有用。《下德》云："末世之法，高为量而罪不及也，重为任而罚不胜也，危为其难而诛不敢也。民困于三责，则饰智而诈上，犯邪而行危，虽峻法严刑，不能禁其奸。兽穷即触，鸟穷即啄，人穷即诈，此之谓也。"④这里文子表明刑法越是严苛，百姓之道德就越是败坏。在前文的论述中，我们知道齐湣王为实现其争夺天下的大欲，向百姓掠夺了"八百年之蓄积"，文子所言的"邪""乱""淫败"，正是湣王向民间强力索取所造成的后果。文子一方面在批判湣王的政治举措，另一方面又是在提醒襄王必须放弃湣王治国理政的方式，转向道德之治，才能使民淳朴。

由于史料的不足，我们无法掌握平王与文子对话的具体时间，唯独可以确定的是在襄王五年之后，也就是公元前 279 年之后，田文的晚年时期，他帮助襄王从田

---

① 王利器：《文子疏义》，北京：中华书局，2000 年，第 247 页。
② 王利器：《文子疏义》，北京：中华书局，2000 年，第 83 页。
③ 王利器：《文子疏义》，北京：中华书局，2000 年，第 249 页。
④ 王利器：《文子疏义》，北京：中华书局，2000 年，第 404 页。

单手中夺取了权力，并与襄王之间有一场关于如何治国理民的对话，在这之后不久，田文就去世了。那么，古本《文子》编撰于何时又是因何而编撰呢？一般认为，"平王"是死后之谥，但"文子"却是生时也可以称呼的，谨慎起见我们将古本《文子》的编撰放在齐王建元年之后，也就是公元前264年之后。由于《吕氏春秋》中引有大量的《文子》之语，我们将《吕氏春秋》的成书时间作为古本《文子》成书的下限，也就是说古本《文子》编撰于公元前264年至公元前239年的25年时间内。这一结论与赵建伟的研究所得出的结论有些出入，赵建伟认为这是今本《文子》的成书时间，其言曰："今所见之《文子》，可能即是襄王、王建时稷下学者所追忆和重新整理的。"① 又认为"《文子》之主体部分撰写于齐威、滑之间"②。他所说的主体部分大概相当于古本《文子》。而我们的研究则认为古本《文子》成书于齐王建时期，今本《文子》成书于汉初，这将在下一章中阐明。

（五）附论"朝请"

以上我们论述了平王文子的身份，也推定了古本《文子》的编撰时间，基本上确定为战国末期文子学派的作品。但是，这一结论却需要经受一个严肃的挑战，这就是何志华首先在竹简《文子》中发现的"朝请"一说，下面我们就对"朝请"再做一些研究。

竹简《文子》2212简曰："【朝】请不恭，而不从令，不集"，对应于今本《文子·道德》篇则为"诸侯轻上，则朝廷不恭，纵令不顺"。何志华引《史记·魏其武安侯列传》"太后除窦婴门籍，不得入朝请"，又引《史记集解》所云"律，诸侯春朝天子曰朝，秋曰请"，而云"朝请为汉律"，又云今本《文子》误"朝请"为"朝廷"于义未通，进而推断《文子》为先秦已有之典籍也不足信。但是何志华却也同时指出"请"与"廷"字古音相近，故疑"廷"为"请"之声误③。何志华首先提出此说之后，张丰乾又引大量事例，对"朝请"做了更为细致的研究，但结论与何志华有差异。张丰乾指出朝请制度由古代的朝聘和朝觐之礼演化而来，在汉初是一项加强中央集权的重要制度，但认为朝请并不是至汉才有的制度，而是在秦始皇时期就已经在实行了，并认为朝请制度和始皇帝的废分封、立郡县有关。他认为有资格朝请的是诸侯、一些重要的大臣以及皇后妃嫔。所以，张丰乾将《文子》成书的上限限定在秦始皇时期④。但是李锐并不同意这样的说法，他首先指出"廷"与"请"

---

① 赵建伟：《〈文子〉断代研究》，《哲学与文化》，1996年第9期，第2017页。
② 赵建伟：《〈文子〉断代研究》，《哲学与文化》，1996年第9期，第2016页。
③ 何志华：《〈文子〉著作年代新证》，香港：香港中文大学出版社，2004年，第53页。
④ 张丰乾：《出土文献与文子新证》，北京：社会科学文献出版社，2007年，第156—159页。

为邻纽叠韵，完全可以通假。其次，他指出今本《文子》的"朝廷不恭"也并不是如何志华所云的"文义未通"，如张丰乾所云的"传世本《文子》没有理解竹简《文子》中的说法"，他认为"朝廷"引申为"在朝廷上"，今本《文子》的意思是诸侯在朝廷上（或朝于廷的时候）对君主不恭敬，并引《大戴礼记·曾子问》"临事而不敬，居丧而不哀，祭祀而不畏，朝廷而不恭，则吾无由知之矣"为证，所以他认为"朝请"与"朝廷"不但古音相近，而且在文本中的意思也相近，各自的使用都成立[①]。

可见，"朝请"问题的关键是应该将"朝请"理解为汉律呢，抑或理解为"朝廷"的通假词。前者何志华、张丰乾主之，后者李锐主之。我们认为李锐的意见是正确的，此处之文应以今本《文子》中的"朝廷"为是，竹简《文子》中的"朝请"是"朝廷"的通假字，理解为通假字则通，理解为汉律中的礼节则属自相矛盾。

首先，"朝请不恭"如果理解为诸侯朝请时对天子不恭，则属自相矛盾之说，也不符合事实。"朝请"已经代表诸侯对天子恭敬，诸侯对天子不恭则表示为"不朝请""不朝"，如《史记·陈丞相世家》云："陵怒，谢疾免，杜门竟不朝请，七年而卒。"[②]《史记·吴王濞列传》云："今吴王前有太子之，诈称病不朝，于古法当诛，文帝弗忍，因赐几杖。"[③]"朝请"是一项制度，诸侯执行这项制度，就已经代表了对皇帝权威的认可，正如张丰乾所云："汉代的王侯则用'不朝请'或派人'代为朝请'来表示自己的不满。"[④]张丰乾既已知道诸侯表达不满的方法是不朝请，而又主张诸侯朝请时不恭，显属自相矛盾，而其竟未察觉，实际上何志华、李锐也没有察觉到此中矛盾。

其次，"朝廷不×"是先秦时期的惯用语言，如今本《文子》中的"朝廷不恭"[⑤]，《大戴礼记·曾子立事》中的"朝廷而不恭"[⑥]，《荀子·臣道》中的"故正义之臣设，则朝廷不颇"[⑦]。尤其是《大戴礼记》中竟然使用了与今本《文子》几乎相同的语言形式，更可证"朝廷不恭"是先秦时期的常用语，相反像"朝请"不恭这样的句子是不会出现的，"朝请"只会以"朝请"的多少有无论，不会以恭敬不恭敬论，如《后汉书·皇后纪第十下》云"操出，顾左右，汗流浃背，自后不敢复朝请"[⑧]，是说

---

① 李锐：《新出简帛的学术探索》，北京：北京师范大学出版社，2010 年，第 90—91 页。
② 司马迁：《史记》，北京：中华书局，2013 年，第 2488 页。
③ 司马迁：《史记》，北京：中华书局，2013 年，第 3399 页。
④ 张丰乾：《出土文献与文子新证》，北京：社会科学文献出版社，2007 年，第 159 页。
⑤ 王利器：《文子疏义》，北京：中华书局，2000 年，第 248 页。
⑥ 王聘珍：《大戴礼记解诂》，北京：中华书局，1983 年，第 75 页。
⑦ 王天海：《荀子校释》，上海：上海古籍出版社，2009 年，第 573 页。
⑧ 范晔：《后汉书》，北京：中华书局，1964 年，第 453 页。

以后再也不去朝请了。《汉书·外戚传第六十七下》云："皇后自知罪恶深大，朝请希阔。"① "希阔"是说很少去"朝请"，朝请得少或者不朝请才是罪名。朝堂为严肃之地，岂有不恭之理！况且在叔孙通为汉制朝仪后，更无不恭之理。

再次，"朝廷不恭"到底是何意思呢？如李锐所理解，将《大戴礼记·曾子问》中的"朝廷而不恭"理解为在朝廷时不恭敬，文意可通，而且前面数句也可以理解为"在临事时""在居丧时""在祭祀时"，但今本《文子》中的"朝廷不恭"理解为在朝廷上不恭可以吗？笔者觉得不妥当，这个理解仍旧是受"朝请"的影响得出的，"朝廷"应是君主的代称。据李锐所言《大戴礼记》中的曾子诸章，与上博简《内豊》有对应内容，故云时代比较早，而前文我们说过文子与平王的对话发生在战国末期，齐襄王五年后，所以我们还是用同时代的《荀子》中的内容来考察"朝廷"到底其意云何。《荀子·臣道》中云："故正义之臣设，则朝廷不颇。谏争辅拂之人信，则君过不远。"② 前句以"正义之臣"与"朝廷"相对，后句以"谏争辅拂之人"与"君"相对，可见"朝廷"正是"君"的代称；《荀子·强国》篇云："观其朝廷，其间听决百事不留，恬然如无治者，古之朝也。"王先谦注云："其间，朝退也。"③ 可见，此句中的"朝廷"依旧指的是"君"。那么，今本《文子》中的"朝廷不恭"是否可以理解为是"君"的代称呢？完全可以。另外，我们注意到无论是《荀子》还是《文子》，在"朝廷"后跟的是表示人的行为品格之类的词语，如"不颇""不恭"，据王先谦注"颇"为"邪"之意，更可见"朝廷"代指"人"没有问题，李定生注云"朝廷，指最高统治机构。"④ 未若直接指为君主确当。现在，我们确定了"朝廷"代指"君主"，那么"朝廷不恭"就指的是君不恭了，这个理解符合原文之意吗？

竹简2212前后的句子多能与今本《文子》相合，故我们直以今本《文子》为据。《道德》篇云："夫无道而无祸害者，仁未绝，义未灭也，仁虽未绝，义虽未灭，诸侯以轻其上矣，诸侯轻上，则朝廷不恭，纵令不顺，仁绝义灭，诸侯背叛，众人力政，强者陵弱，大者侵小，民人以攻击为业，灾害生，祸乱作，其亡无日，何期无祸也。"这段话有个显著特征，那就是从诸侯和天子的相互关系上来立言，而有几处省略掉了主语，我们将其补上，并排列如下：

1.夫（天子）无道而无祸害者，仁未绝，义未灭也，（天子）仁虽未绝，义虽未灭，诸侯以轻其上矣。

2.（天子）仁绝义灭，诸侯背叛。

① 班固：《汉书》，北京：中华书局，1960年，第3999页。
② 王天海：《荀子校释》，上海：上海古籍出版社，2009年，第573页。
③ 王天海：《荀子校释》，上海：上海古籍出版社，2009年，第664页。
④ 李定生、徐慧君：《文子校释》，上海：上海古籍出版社，2004年，第214页。

3.诸侯轻上，则朝廷（天子）不恭，纵（天子）令（诸侯）不顺。

从我们补上的内容来理解，由于诸侯轻视天子，天子也就对诸侯不恭敬，"纵"，彭裕商注云"即使"，并云"纵使天子有令，下之诸侯群臣也不顺从"①。可见，将"朝廷"理解为天子即符合此段话的句式关系，文意也通。但如果理解为李锐所说的"在朝廷上"，虽然文意也通，但并不符合这段话的句式关系。所以，我们还是认为"朝廷"代指的是天子。至于2212简，只能说"朝请不恭"后省略了主语"诸侯"二字，可以理解为天子不恭敬，诸侯不从令不和安。在今本《文子》中我们还检出了两条材料，可以证明君主不恭这种说法是成立的，《道德》篇云："何谓礼？曰：为上则恭严，为下则卑敬，退让守柔，为天下雌。"②这是说在上位的人应该恭严，《上仁》云："为天下有容者，豫兮其若冬涉大川，……俨兮其若容者，谦恭敬也。"③这是说治理天下的人应该谦虚恭敬，这两条材料都是正面告诫君主应该恭敬，从反面说就是君主不恭敬，可见我们上面的说法是完全可以成立的。总之，这句话竹简本《文子》和今本《文子》之间虽有字句多少之差异，但表达的意思是相同的，"朝请"不能理解为汉律中的礼仪则属确定无疑。

以上我们处理了"朝请"问题，这就更使我们确信古本《文子》的成书在战国末期，而非张丰乾等人据此所判断的汉初。不过，笔者也颇怀疑所谓的"朝请"是汉律之说，虽然张丰乾又将"朝请"提前到了秦始皇时期，但即使是秦始皇时期也使人怀疑。李锐用"黔首"的事例来说明，"朝请"可能是在秦始皇之前就有的制度，只不过明文著为律令则在秦始皇后，这虽然与本文的关系不大，但是笔者在此仍旧要提出一个假说。《史记·礼书》云："至秦有天下，悉内六国礼仪，采择其善。"④而"朝请"似乎也主要是针对有封地的列侯而言的，所以笔者颇怀疑，"朝请"是齐湣王称帝后制定的制度，意在使泗上诸侯朝拜天子，以显其尊隆身份，而《史记·田敬仲完世家》也记载"泗上诸侯邹、鲁之君皆称臣"⑤，独立国家如何向另一个国家称臣呢？不就是用"朝请"的礼仪来象征的吗？这种独立国家向另一个独立国家称臣的情况也只有称天子时间较长的齐国才有，故笔者推断"朝请"的制度应该是齐湣王时期建立的，不过目前齐湣王时期的材料并不能直接明白地证成此点，所以我们只是先将此问题提出来，留待新史料的发现后再处理。

---

① 彭裕商：《文子校注》，成都：巴蜀书社，2006年，第108页。
② 王利器：《文子疏义》，北京：中华书局，2000年，第225页。
③ 王利器：《文子疏义》，北京：中华书局，2000年，第458—459页。
④ 司马迁：《史记》，北京：中华书局，2013年，第1368页。
⑤ 司马迁：《史记》，北京：中华书局，2013年，第2290页。

二、今本《文子》之形成：以"经传体"为核心

《文子》文本真伪问题较为复杂，在柳宗元之前未见有何疑虑之声，柳宗元后方成为问题，宋以来更是指其为"伪书""真书"者皆有之。1973年在河北定州出土了竹简《文子》后，真伪之辩变成了"真多伪少"与"伪多真少"之辩，围绕《文子》的诸多问题仍旧没有多大进展。本文将首先辨析已有的诸种说法，进而从"经传体"的角度来解释困扰今本《文子》研究的诸多问题。我们的结论是今本《文子》形成于汉初，整理者将原本"文子学派"的作品刻意整理成《老子》之传，这就是今本《文子》有大量"老子曰"的缘故，而这个整理者则非常有可能是汉初的黄老学家黄子。经过此种刻意整理后，古本《文子》的文本形式发生了重大变化，但是思想内容却并不会有多少改变。班固所见本《文子》以及今本《文子》就是经过刻意整理的文本，而《淮南子》所参照的文本则是古本《文子》，但《淮南子》也经过了赋体化的处理，竹简《文子》也是接近于古本《文子》的文本。今本《文子》、竹简《文子》《淮南子》所参照本《文子》最大的不同都是形式的不同，而其思想内容不会有大的变动，撇开今本《文子》的文本形式，其思想内容仍旧是我们研究"文子学派"的可靠资料。

（一）驳书说

柳宗元首谓《文子》为"驳书"，他主要是从两个方面来立论，首先是《文子》中有先秦其他书的内容，如《管子》《孟子》等；其次是《文子》各篇内容的思想有矛盾之处[1]。后胡应麟亦同意柳宗元说，持"驳书"之见[2]。对这种"驳书"说，也有一些解释的意见，晁公武认为三代之书，经秦火幸存之者，大概皆错乱参差[3]；宋濂则从解老的角度认为《老子》书宏博，故《文子》杂以黄老名法儒墨之言以明之，也就怪不得驳且杂了[4]。晁公武的解释从历史角度立言，宋濂的解释从义理角度立言，都有一定的价值。现代学者多从黄老的角度看待《文子》，所以对其书中之驳杂也可谓见怪不怪。平心而论，"驳书"说本是对《文子》一书内容的客观观察，本可以由

① 见张丰乾：《出土文献与文子学案》，北京：社会科学文献出版社，2007年，第257页。
② 见张丰乾：《出土文献与文子学案》，北京：社会科学文献出版社，2007年，第266页。
③ 见张丰乾：《出土文献与文子学案》，北京：社会科学文献出版社，2007年，第243页。
④ 见张丰乾：《出土文献与文子学案》，北京：社会科学文献出版社，2007年，第258页。

此更进一步迈入《文子》思想之研究中，或可有更深入发现，但是柳宗元之后的研究，却更多地进入了真伪之辩，致使《文子》之研究并未获有重大进展。

（二）伪书说

旗帜鲜明地提倡"伪书"的也只有黄震、姚际恒、黄云眉、梁启超四人而已，黄震的论据主要是文子、老子、周平王之间的年代矛盾以及《文子》书中出现了一些战国时期的史事、语辞①。姚际恒先同意柳宗元驳书的观点，后又确定《文子》为伪书，考其原因乃在《文子》半袭《淮南子》②。黄云眉只是比较了孙星衍与黄震之说，认为黄震的说法更有理致，故认为《文子》是伪书③。梁任公认为今本《文子》乃"伪中出伪"④，然考其所由，无任何理据，纯属臆测。黄震所提出的问题实是年代错置问题，而这纯粹是一个班固遗留的问题，是班固首先认为平王是周平王才引出的，如果对平王问题再进行重新认识，那黄震的说法也立不住脚，此点我们也不再论。还有一种虽未明言"伪书"，但观其意仍旧是伪书的论点，钱熙祚认为《文子》是割裂补凑《淮南子》而成，其具有如下两点：一是今本《文子》故意省去平王前之"周"字，以掩其依托之迹，现竹简《文子》亦无"周"字，可证钱说之误，此点可不论；二是《淮南子》虽杂采诸书，但收尾条贯，《文子》则离为数段，且不顾是否符合《老子》之意，而并云老子之言，且又认为《文子》章首有"老子曰"，后又以"故曰"引述老子之言，岂是老子自著又自引⑤。陶方琦主要阐述了五点，有两点与黄震、钱熙祚说相同，故不论，只论其异者三点：一是《汉书·艺文志》中《文子》在道家，而《淮南子》在杂家，但明明《文子》中杂有名法兵刑礼乐杂喻等，应与《淮南子》同在杂家，而今在道家，与《淮南子》不合，是袭《淮南》而不知其体；二是《淮南子》之篇目是《原道》《精神》《说林》《兵略》，而《文子》则改为《道原》《精诚》《上德》《上义》。三是《淮南·道应训》篇多先引旧事，而以老聃语做结，而《文子》删故事全以为老子语⑥。不过，这两人虽然认为《文子》是伪书，但是也认为《文子》在校勘《淮南子》上是有价值的，未可遽废。竹简《文子》出土之后，纯以"伪书"论《文子》者已绝迹，而是变成了"伪多真少"论。

① 见张丰乾：《出土文献与文子学案》，北京：社会科学文献出版社，2007年，第261页。
② 见张丰乾：《出土文献与文子学案》，北京：社会科学文献出版社，2007年，第281页。
③ 见张丰乾：《出土文献与文子学案》，北京：社会科学文献出版社，2007年，第282页。
④ 见张丰乾：《出土文献与文子学案》，北京：社会科学文献出版社，2007年，第280页。
⑤ 见张丰乾：《出土文献与文子学案》，北京：社会科学文献出版社，2007年，第267页。
⑥ 见张丰乾：《出土文献与文子学案》，北京：社会科学文献出版社，2007年，第268—271页。

（三）伪多真少说

在竹简《文子》发现之前，倡此说的也只有章太炎，而他的论据也实只是《文子》与《淮南子》重复的太多而已，又因为张湛注过《文子》，故怀疑张湛伪作，又见曹植已引《文子》中语，故云"其书盖亦附辑旧文"，"杂以伪语耳"①，章太炎所论实已不能自洽，只能左右弥缝，故云亦有"旧文"。在竹简《文子》发现之后，凡是认为只有今本《文子》与竹简《文子》能对应的内容和不见于《淮南子》的今本《文子》中的内容为可依据者，皆可归入"伪多真少说"中，这两方面内容在今本《文子》中实也无几。

李学勤是竹简《文子》的整理者，他的一些说法也几乎左右了简今本《文子》的研究。李学勤指出了四点：一是简本《文子》的问答主客是平王文子，而今本《文子》是老子文子；二是他怀疑竹简 2465"文子上经□智明王"中的"□智明王"应是竹简《文子》的篇题；三是竹简《文子》能与今本《文子》对应的只有今本《文子·道德》篇中的一些内容，其余还有一些与《道原》《精诚》《微明》《自然》有少量对应，但是又"似是而又不确是"；四是竹简《文子》能与今本《文子·道德》中的对话体对应，而除"民有道所同行"一章外，无法与"老子曰"开首的其他部分对应。李学勤特意指出："与古本关系最多的《道德》篇是这样，今传本其他各篇的状况也就不难想象了。"他又认为古人整理《文子》时，"所据古本残缺不全，整理时不主保留真相，而是按照主观意图力求成为内涵丰富、价值崇高"的文本②，这实际上是对今本《文子》中大量"老子曰"的解释，也就是说李学勤认为今本《文子》中的"老子曰"是为了提高《文子》一书的价值而增加的。虽然，李学勤也没有明言今本《文子》"伪多真少"，但他的这些说法已经不啻是表明了"伪多真少"的态度。

陈丽桂接着李学勤的说法，指出凡是简今本《文子》可以对应的各问答章节，都不与《淮南子》相重，反之，凡属非问答体的"老子曰"各章均与《淮南子》相重，包括"民有道所同行"一章。所以，她得出结论说今本《文子》是残简《文子》与《淮南子》的混合体，是后人在残本《文子》的基础上增入了很多《淮南子》的内容，她又确实地指出除非今本《文子》与《淮南子》相重合的部分有共同来源，否则即是今本《文子》抄袭《淮南子》，她的理由是凡属古本《文子》的内容，为什么《淮南子》都不抄入③？但这是陈丽桂失检造成的，何志华排比了竹简《文子》0198 简，确证这一条简文即见于《文子·上礼》篇中的"老子曰"部分，又与《淮

---

① 见张丰乾：《出土文献与文子学案》，北京：社会科学文献出版社，2007 年，第 279—280 页。
② 李学勤：《试论八角廊简〈文子〉》，《文物》，1996 年 1 期，第 36—39 页。
③ 陈丽桂：《近四十年出土简帛文献思想研究》，北京：中华书局，2015 年，第 59—60 页。

南子·泰族训》合。为了更好说明问题，我们抄录于此。竹简《文子》0198"以壹异，知足以知权，疆足以蜀立，节□"，今本《文子》"智足以知权"，《淮南子》"信足以一異，知足以知变者"。这是一条与今本《文子》《淮南子》对应较好的简文。何志华指出："陈丽桂以为凡今本《文子》作老子曰者，皆不见竹简《文子》，并以为此等段落皆后人据《淮南》增入，更属曲说，未足服人。"① 但丁原植指出："虽然此则残文（0198 简）较明显与今本《文子》及《淮南子》相近，但就 2000 余字的简文来说，这种比例仍是太少了些。"② "少"不等于意义小，虽然目前仅仅检出了这一条简文为三本俱见，但是它的意义实甚为重大。我们要知道陈丽桂的结论乃是源于她认为凡是今本《文子》中的"老子曰"部分与《淮南子》重合者均是抄袭自《淮南子》，而且今本《文子》中的"老子曰"皆不见于竹简《文子》，那么这一条材料的发现就能说明她的结论是不成立的。这并不在于材料的多少上，而是在于这条简文的发现对凡是做如此论证的学者的结论有否定意义上。在将今本《文子》与《淮南子》对照的基础上，陈丽桂又补充了三点，大体都是说今本《文子》之议论多属直论，无举证，而《淮南子》则有铺垫、侧说，而今本《文子》中的直论又恰对应于《淮南子》中的结论，《文子》中的内容简省，而《淮南子》则多铺叙。李学勤没有将对《淮南子》的讨论纳入其文中，陈丽桂则将《淮南子》引入研究，以实其今本《文子》乃残简《文子》与《淮南子》之混合体，但仔细思考她的这一论点，还是来自《淮南子》没有抄入竹简《文子》中的对话体内容。但是，《淮南子》没有抄入对话体，要从《淮南子》本身来考虑，而并不能由此论今本《文子》抄袭《淮南子》。

曾达辉认为古本《文子》全部是问答体，并研究了除《道德》篇之外的其余 8 章对话，结果发现有 7 章见于《淮南子》，所以今本《文子》中就只有 9 章可信，这一结论没有被接受，因为这甚至要将不见于《淮南子》的今本《文子》中的非对话体部分都要去除，这显然太激进了。曾达辉还具体指出《淮南子·道应训》中的 4 则故事，与《庄子》《吕氏春秋》都同，唯独在《文子》中没有了具体人物而成了老子的独白③，这些问题陶方琦和陈丽桂也有发现，但是引出《庄子》和《吕氏春秋》后，分量就不一样了，这应该说是《文子》中的一个普遍现象。

葛刚岩对简今本《文子》以及今本《文子》和《淮南子》之间的关系都有研究。先说简今本《文子》，他指出了三个方面：一是简本《文子》中的思想有些与今本

---

① 何志华：《〈文子〉著作年代新证》，香港：香港中文大学出版社，2004 年，第 65 页。

② 丁原植：《文子新论》，台北：万卷楼图书有限公司，1999 年，第 12 页。

③ 曾达辉：《今本〈文子〉真伪考》，陈鼓应主编：《道家文化研究》第十八辑，北京：生活·读书·新知三联书店，2000 年，第 252—253 页。

《文子》合，但不全然①。这应该说是一个很正常的现象，并不足以论述两本之间的差异，因为首先简本《文子》是残本，我们能看到的思想论题有限，而有些则是葛刚岩自己的理解有缺，如他说简本《文子》更加倾向于论述人事之道，少有涉及本质论的恒常之道，而今本《文子》则是两方面都涉及，又云今本《文子》中没有"师徒之道"与"人道"的论述，对于"人道"的论述，今本《文子》中有明确提及，是葛刚岩本身失检，而今本《文子》中确实没有出现对"师徒之道"的论述，但王三峡在《太平御览》所引《文子》佚文中却发现了有关"师徒之道"的论述②。大体上而言，葛刚岩从思想方面对简今本《文子》的差异所做的论述并不算成功，我们也不再一一详解。二是行文格式上简今本《文子》之间有差异，表现在对话的次数和频率上，明显简本《文子》的对话次数和频率要比今本《文子》多得多③，这是一个很客观的观察，也确实是简今本《文子》之间差异较大的地方。三是从简今本《文子》与《老子》的关系上论述，葛刚岩认为简本《文子》只有一处引述《老子》，与今本《文子》大量引用《老子》不同，而且葛刚岩还认为今本《文子》中所引的《老子》接近于西汉末期的本子，他主要是从个别字句与避讳上来证成他的这一说法④，我们知道《老子》版本众多，后出的未必就是晚的，如傅奕本就传说是出自项羽妾冢本，更重要的是宁镇疆的研究结论与葛刚岩的完全相反，他也是从《文子》引老的角度来考察，今传世的《老子》版本，第27章均做"物无弃物"，《淮南子》所引亦同，《文子》所引则做"弃材"，而帛书甲乙本《老子》也做"弃物"⑤，如果真如同葛刚岩所说，那这又如何解释呢？这些都说明葛刚岩将《文子》中所引的《老子》判在西汉末期甚至更后的说法不能成立。避讳也是判断古书年代的一种常用方法，但是这种方法有明显的局限，正如彭裕商所言："仅据避讳，只能推断某书的某一传本抄于何时，不能推断其成书年代。"⑥葛刚岩认为今本《文子》中所引的《老子》避刘邦、刘盈、刘恒、刘启之讳，从而认为《文子》所引《老子》时代较晚，但这并不能成立。葛刚岩所论述的简今本《文子》之间的差异除第二点是客观平实的观察外，其余两点我们都不采用。葛刚岩从六点内容论述今本《文子》与《淮南子》的关系，有五点都不脱离我们上文所引述的内容，不再细论，唯独有一点提到今本《文子》将《淮南子》"注"的内容抄入了正文中，还需说明。据葛刚岩统计，今

① 葛刚岩：《〈文子〉成书及其思想》，成都：巴蜀书社，2005年，第87页。

② 王三峡：《文子探索》，武汉：湖北人民出版社，2003年，第96页。

③ 葛刚岩：《〈文子〉成书及其思想》，成都：巴蜀书社，2005年，第90—94页。

④ 葛刚岩：《〈文子〉成书及其思想》，成都：巴蜀书社，2005年，第96—102页。

⑤ 宁镇疆：《从出土材料再论〈文子〉及相关问题》，《华东师范大学学报》，2002年第2期，第52页。

⑥ 彭裕商：《文子校注》，成都：巴蜀书社，2006年，"前言"第10页。

本《文子》引《淮南子》注入正文的有三十余处，并解释说抄袭者这么做的理由乃是为了一方面使文意不出现变化，另一方面使《文子》与《淮南子》的"雷同"程度降低①，这是葛刚岩不知道古人注书的体例而生出的误解。何志华的《高诱据文子注解淮南子证》一文明确指出："考古人注书，每据重文为说，其始可上溯《诗》毛《传》。"②并引毛《传》、《孔子家语》王肃注、《国语》韦昭注为证，进而论《淮南子》注家亦每据《文子》与《淮南子》相重之异文注解《淮南子》③，这是古书注解的一种常见体例，而葛刚岩云《文子》抄袭《淮南子》注文并不能成立。

另外，张丰乾、胡文辉、荷兰学者孔锐也对此多有论述④。张丰乾主要使用了文本语意比较的方法，但这种方法实质上因个人倾向的不同而不同，很难得出客观的结论，我们不再叙述。胡文辉、孔锐的论证也多与陈丽桂、葛刚岩似，也不再论述。

现在，我们再对上述学者所发现的问题再做一次总结，可归纳为以下几条：

1. 篇名问题。在竹简《文子》发现之前，陶方琦就已经指出《文子》的篇名多抄袭《淮南子》而有改动，但马王堆汉墓帛书出土了《道原》篇，与《文子·道原》篇正合，可证陶方琦所说误。竹简《文子》发现后，李学勤又怀疑"□智明王"是竹简《文子》的篇题，但张固也认为"圣智明王"是章题，而且对竹简《文子》做了很好的复原工作。

2. "老子曰"问题。这包括今本《文子》中为什么要添加大量的"老子曰"，是什么时间添加上去的，钱熙祚认为《文子》段落开头的"老子曰"将使老子自引己书，根本无法说通，但是这种简单的问题，难道添加"老子曰"的人不知道吗？"老子曰"问题是今本《文子》研究中的难点。

3. 今本《文子》与简本《文子》的差异。这包括三个大问题：一是对话主体改变；二是对话次数频率改变；三是竹简《文子》中的对话体不见于《淮南子》，今本《文子·道德》篇中以"老子曰"开头的部分都能在《淮南子》中找到。

4. 今本《文子》与《淮南子》之差异。对这个问题的讨论主要集中在对比《文子》与《淮南子》文本之优劣，《淮南子》注文被抄入《文子》以及《淮南子》中有具体人物的对话体，在《文子》中变成了老子的独白。前两者已经说过，独后者确实还需要解释。

---

① 葛刚岩：《〈文子〉成书及其思想》，成都：巴蜀书社，2005年，第125页。

② 何志华：《〈文子〉著作年代新证》，香港：香港中文大学出版社，2004年，第3页。

③ 何志华：《〈文子〉著作年代新证》，香港：香港中文大学出版社，2004年，第3—6页。

④ 张丰乾：《出土文献与文子学案》，北京：社会科学文献出版社，2007年，第55—68页、第70—73页；胡文辉：《〈文子〉的再考辨》，王元化主编：《学术集林》第十七卷，上海：上海远东出版社，2000年，第73—75页；孔锐：《释义以游说——古本〈文子〉的论说特点》，杨国荣主编：《思想与文化》第九辑，上海：华东师范大学出版社，2009年，第186—188页。

简而言之，"老子曰"问题、简今本《文子》的差异问题以及《淮南子》中有人物的对话体变成了今本《文子》中的老子独白，这三个问题确实是今本《文子》存在的最大问题，也是最不好解释的问题。下面我们看论证今本《文子》为真者又是如何论证的，是否对这些问题提出了崭新的看法。

（四）真书说

王应麟主要从引书的角度论证《文子》为真，他指出荀子、汲黯、魏相、董仲舒、枚乘、王吉、班固等都引用了《文子》之文[①]。但王应麟的举证遭到了张丰乾的辩驳，他每每指出凡是王氏所云引用《文子》之文的都是引自他书，或者是当时习见之语，人所共知，遇到实在无法解释通的，就说是可能引自古本《文子》[②]，张丰乾之说看似甚辩，细思之又不然。他书即使有与《文子》相同之语，也不能证明后世之人所引用的就一定不是《文子》中语。以汲黯一例来说，颜师古注《汉书》云汲黯所引语出自《曾子》，王应麟认为出自《文子》，张丰乾又引李学勤语认为汲黯所引可能出自《淮南子》，此实以王应麟所说为是。汲黯本黄老，引《文子》语实乃理所当然，退一步而言曾子早于文子，文子在其书中引曾子语也说得通，这也并不能得出汲黯就一定引的是《曾子》。李学勤之说更不可为据，汉时中央朝廷对官员与地方诸侯很有戒心，况且汲黯与淮南王同时代人，引淮南书的可能性几乎没有。

孙星衍主要从今本《文子》与《淮南子》文本的"优劣"比较上来论证今本《文子》早于《淮南子》[③]，但这也遭到了张丰乾的辩驳，文本比较的方法可以作为辅助方法，但不能成为决定性的方法，因为这与个人倾向有极大关系。孙星衍主张《文子》早，则眼中尽是《淮南子》误，张丰乾眼中《淮南子》早，则眼中尽是《文子》误。实际上，早的文本未必就没有错的地方，迟的文本未必就没有对的地方，尤其是重合率如此之高的文本，更难以此方法决定"优劣"了。

李定生论述《文子》早于《淮南子》主要从以下几个方面着手：一是与《文子》同时出土的《论语》《儒家者言》是先秦古籍，《文子》不大可能是抄袭《淮南子》的伪作，而且淮南王是谋反罪死之人，中山王的墓葬里不可能将谋反之人的书抄下来随葬。这些虽然看起来都是些推测的语言，却非常有道理。但我们要注意的是李定生是将简今本《文子》等同来对待的，这是以简本《文子》的情况在说今本《文子》；二是他认为韩非在战国末期时已经读过《文子》，他举的是《韩非子·内储说上》中的一段话，其言曰："赏誉薄而漫者下不用，赏誉厚而信者下轻死。其说在文

---

① 张丰乾：《出土文献与文子学案》，北京：社会科学文献出版社，2007 年，第 258—259 页。

② 张丰乾：《出土文献与文子学案》，北京：社会科学文献出版社，2007 年，第 75—85 页。

③ 孙星衍：《问字堂集》，北京：中华书局，1996 年，第 89 页。

子，称若兽鹿。"李定生认为这是韩非读过《文子》一书的证据，并说今本《文子》中虽然没有这几句话，但是有思想相近的语言①。但是何志华、葛刚岩、张丰乾皆根据《内储说上》之体例，认为这里的文子不是书名，而是人名，但是先秦又有多个文子，这到底是哪一个文子呢②！从而认为李定生的论证是不成立的。但是，即使这里的文子是人名，不是书名，就一定能认定韩非真的没有读过《文子》一书吗？王三峡指出韩非坚决反对行宽缓之政，都是针对文子学派的③，《韩非子·五蠹》曰："如欲以宽缓之政，治急世之民，犹无辔策而御悍马，此不知之患也。"④《难二》曰："今缓刑罚行宽惠，是利奸邪而害善人也，此非所以为治也。"⑤确实如王三峡所说文子学派主张宽缓之政，这在简今本《文子》中都有体现，竹简《文子》0582 有"循道宽缓"之语，今本《文子·精诚》有"法宽刑缓，囹圄空虚"⑥。我们认为不仅王三峡指出的这点，《韩非子》中所批判的"恍惚之言""恬淡之学"也针对的是《文子》，韩非认为所谓的"恍惚之言""恬淡之学"都无用，而且是天下的惑术，但是在《文子》中"恍惚之言""恬淡之学"都有极高的地位，代指的往往是"道"，《文子》将"道"看作治国的指导原则，韩非对《文子》的批判是治国理念的不同导致的，今《韩非子》中当有更多对《文子》的批判之语，不暇考。三是从引书之例进行论证，与王应麟所举证多同，但是李定生要比王应麟分析得更为细致，而且更有说服力。如对武帝建元六年刘安谏书的分析，刘安曰："臣闻军旅之后，必有凶年……此老子所谓师之所处，荆棘生焉。"今传本《老子》中的"军旅之后，必有凶年"本非《老子》中语，实是误入，证诸帛书《老子》甲乙本以及景龙、龙兴碑本皆然，而刘安亦是以此两句解释《老子》的"师之所处，荆棘生焉"，而这两句恰是《文子》中语⑦。可见，刘安见过《文子》无疑，李定生的这种论证是非常有说服力的，而亦未见对此有何反驳之声音。四是从《文子》所引《老子》比《淮南子》所引更接近古本来立言。五是从《淮南子》抄误《文子》来立言，这些我们都不再细言。

彭裕商则从今本《文子》中保有战国古字古词来论证，他指出"壄""炁""眎"是"野""气""视"之古文，而这三个字分别在今本《文子》《道德》《下德》《上

① 李定生、徐慧君：《文子校释》，上海：上海古籍出版社，2004 年，"前言"第 4—7 页。
② 何志华：《竹简〈文子〉研究四十载回溯》，方勇主编：《诸子学刊》第四辑，上海：上海古籍出版社，2010 年，第 242—245 页；葛刚岩：《〈文子〉成书及其思想》，成都：巴蜀书社，2005 年，第 27—37 页；张丰乾：《出土文献与文子学案》，北京：社会科学文献出版社，2007 年，第 165—167 页。
③ 王三峡：《文子探索》，武汉：湖北人民出版社，2003 年，第 210 页。
④ 《韩非子》校注组：《韩非子校注》，周勋初修订，南京：凤凰出版社，2009 年，第 552 页。
⑤ 《韩非子》校注组：《韩非子校注》，周勋初修订，南京：凤凰出版社，2009 年，第 425 页。
⑥ 王利器：《文子疏义》，北京：中华书局，2000 年，第 83 页。
⑦ 李定生、徐慧君：《文子校释》，上海：上海古籍出版社，2004 年，"前言"第 8—10 页。

仁》篇中①，观其口气，当有更多古文字，只是彭氏未一一举出。而苏晓威又在彭裕商之基础上又增加了"由"，"氺"等字为证，从而使战国古文字分布在了今本《文子》的六篇之中②。彭裕商又从用词方面指出今本《文子·道原》篇中的"以退取先"是较早的说法，后世的说法则均以"后"与"先"相对，而今本《文子》中《道德》《上仁》两篇也是以"退"与"先"相对③。

王三峡对涉及《文子》的一些重大问题做过全面研究，我们先看她对"老子曰"问题的处理，她指出"老子曰"可能是在两个不同时期进入《文子》中的，一是班固之前，并且不排除《文子》的原始版本中就有"老子曰"的可能，一是在魏晋以后④。这等于说王三峡一方面认为古本《文子》中本来就有一些"老子曰"，只是没有如现今所见那么多，魏晋之后的人又大量地加进了很多"老子曰"，从而使《文子》呈现出了如今的面貌，她还引述李零的话，认为文本的形成乃是一个漫长的过程，有时老师的话和学生的话并不能分得很清楚，这也算是对"老子曰"问题的一个补充说明。总得来看，王三峡一方面认《文子》为真，但也没有排除《文子》的文本经过后人的整理，但看得出来她认为这些"老子曰"的加入并不影响今本《文子》为真。在论述《文子》《淮南子》谁先谁后的问题时，她主要从六个方面进行论证，包括韵读、《淮南子》的失韵、《淮南子》的重复矛盾、先简而后详的常情、句式、语义优劣。相比较而言，韵读方面比较客观，先秦韵与汉韵不同，比较能看出时代先后，王三峡发现《文子》显示出来的是先秦语音的特点，而《淮南子》则不是⑤。另外，我们还需对"先简而后详"这一条做一些说明，王三峡指出《淮南子》与《文子》相重的部分，都是《淮南子》繁而《文子》简，而《淮南子》繁则主要体现在举例说明上，又引《淮南子》中所云"吾将据类而实之"来说明《淮南子》的"繁"是有意为之。这其实是王三峡对"《淮南子》中有人物对话的部分，在《文子》中变成了老子的独白"这一问题的回应，也就是说即使《文子》中没有人物对话而《淮南子》中有，也是后出的《淮南子》"举类而实之"的结果，并不是《文子》对《淮南子》的抄引。但是，王三峡的这一处理很难解释为什么《淮南子》中的人物对话和《庄子》《吕氏春秋》这些先秦典籍同，而唯独《文子》是老子曰的论述体，以人物对话均为《淮南子》后面加上去的恐怕还不是太令人满意的解释。在简今本《文子》的关系上，王三峡并不讳言简本《文子》对话次数频率明显高于今本《文子》

---

① 彭裕商：《文子校注》，成都：巴蜀书社，2006 年，"前言"第 2 页。
② 苏晓威：《〈文子〉与〈淮南子〉关系再认识》，《中国国家博物馆馆刊》，2013 年 1 期，第 86—89 页。
③ 彭裕商：《文子校注》，成都：巴蜀书社，2006 年，"前言"第 3 页。
④ 王三峡：《文子探索》，武汉：湖北人民出版社，2003 年，第 30 页。
⑤ 王三峡：《文子探索》，武汉：湖北人民出版社，2003 年，第 33—60 页。

这一点，但她指出："交互问答、三重问答是可以起到使论述逐步深化、环环相扣的作用，不过，提问过多过繁，也会使人感到零乱。文子的论述因提问而割断为数节，使内在的逻辑联系不能很好地表现出来。何况有的提问似无必要。这就为今本《文子》的某些改动提供了理由。"①笔者对此深表同意。之后，王三峡又提出了"传本《文子》"之说，认为今本《文子》与《淮南子》相重的地方来源于"传本《文子》"，而"传本《文子》"主要保存于今本《文子》中以"老子曰"开头的部分中②。这主要仍旧是在说《文子》早于《淮南子》。王三峡还对郭店楚简进行了研究，她认为《文子》与郭店简中的道儒两家文献都有密切的关系，她在研究《太一生水》时发现"反辅"的宇宙论模式与《文子》中的"反合"模式有一定的相似处，这大概是王三峡的慧眼所在。《文子》中"德、仁、义、礼"的四经以及"圣智"等能在郭店简《五行》中发现其踪迹，而且有取自《五行》的可能。在郭店简《成之闻之》中出现了三次"天常"，《文子·道原》中有"天常之道，生物而不有"，注家有据《淮南子》"太上之道"而欲改《文子》"天常"者，其实如王三峡所指出"天常"本是先秦哲学术语，《吕氏春秋》中亦有"天常"之说，而《淮南子》已不知"天常"为何，故改为"太上"了③。可以说，王三峡的这些论证又为今本《文子》早于《淮南子》提供了重要的证据。

赵建伟从避讳、五行生胜模式、引书模式等论证《文子》早出，这其中最可注意的一点是赵建伟所发现的古人引书之体例。《文子》引书多以"是故""故曰""故"的形式出现，而段落开头的"夫"字所领往往是文子自己的话，但赵建伟发现《淮南子》在引《文子》以"夫"开头的句子时，将"夫"改成了"故"，以"故"开头的句子时，又增加一个"是"字，成为"是故"④。我们举一个例子来说明，《文子·道原》篇曰："夫德道者，志弱而事强……故贵必以贱为本，高必以下为基……故柔弱者生之干也，坚强者死之徒……故圣人随时而举事，因资而立功。"《淮南子·原道训》则为："故得道者，志弱而事强……是故贵者必以贱为号，而高者必以下为基……是故欲刚者，必以柔守之；欲强者，必以弱保之……是故柔弱者，生之干也。"果如赵建伟所言，《淮南子》辗转引书之例乃在"故"前加"是"，成为"是故"。从这种引书体例看，《淮南子》亦并不讳用《文子》之文，且有清晰之迹可寻。在我们省略掉的部分中，多是《淮南子》训释"故"后之语，则王利器所云"《淮南子》乃《文子》之义疏耳"的说法也是有例可按。

---

① 王三峡：《文子探索》，武汉：湖北人民出版社，2003 年，第 75 页。
② 王三峡：《文子探索》，武汉：湖北人民出版社，2003 年，第 154—156 页。
③ 王三峡：《文子探索》，武汉：湖北人民出版社，2003 年，第 259—276 页。
④ 赵建伟：《〈文子〉断代研究》，《哲学与文化》，1996 年第 9 期，第 2002—2010 页。

王利器认为刘安将《文子》之常用语改写成了楚语①，但是何志华并不认同。他指出《淮南子》一书多用楚语乃理所当然，如果《淮南子》改《文子》之语为楚语，则《淮南》凡用楚语的地方，必能对应《文子》用常用语的地方。他举了18个《淮南子》用楚语的例子，但是在《文子》中均找不到例证，因此认为《淮南子》中之楚语乃固有，非改《文子》而为②。但是何志华的论证并不正确，他的论证正确的前提必定是《淮南子》全书皆袭自《文子》，而实质上《淮南子》仅仅袭用了《文子》的一部分内容而已，此18个例子虽然不能证明《淮南子》之楚语改自《文子》，但并不能证明《淮南子》不是改自他书，况且王利器确确实实地指出了多例《淮南子》改用楚语之证。王利器还倡导两个老子之说，以作为对今本《文子》中众多"老子曰"的解释。他指出一为关尹著道德五千言之老子，一则为黄老学者所依托之老子③，这等于说今本《文子》中的"老子曰"都是黄老学者依托老子所为。

陈鼓应认为今本《文子·上德》篇中保存了先秦解易派的说法，而这种说法又与汉世易家的说法不一样④。魏启鹏则从《吕氏春秋》、秦简《为吏之道》所引《文子》语论证《文子》早出⑤，其例甚多，不再详举，但是有些句子看起来也是似是而非的。谭家健则从对道的不同理解、文章结构、君权起源论、著作体裁等方面进行论证⑥。当然还有一些论述，但论证的不是很严谨，就从略了。

将真书说者与伪多真少说者进行比较，我们发现"伪多真少"者大多是从文本形式论证，而即使是从形式论证，也由于何志华检出了0198简而出现了破洞，并且这种形式的论证也集中在今本《文子·道德》篇中，但真书说者的论证则不止方法多，包括思想、古文字古文词、音韵、引书等，而且还能至少从今本《文子》的六篇中发现其为先秦古籍的气息。我们当然倾向于认为今本《文子》是先秦古籍。虽然如此，这也不等于说我们忽视真多伪少学者的发现。确实简今本《文子》之间是有差异的，《淮南子》中有对话人物的部分，在《文子》中变成了老子的独白。今本《文子》中的"老子曰"如何解释，这些问题真书说者也有论述，但总体而言着墨不多，且有些说法并不能使人满意，如李定生将今本《文子》中的"老子曰"全部改成"文子曰"就有些轻率，王利器的"两个老子说"以及王三峡认为《淮南子》中

---

① 王利器：《文子疏义》，北京：中华书局，2000年，"序"第12—13页。

② 何志华：《〈文子〉著作年代新证》，香港：香港中文大学出版社，2004年，第97页。

③ 王利器：《文子疏义》，北京：中华书局，2000年，"序"第5—6页。

④ 陈鼓应：《论〈文子·上德〉的易传特色》，陈鼓应主编：《道家文化研究》第十二辑，北京：生活·读书·新知三联书店，1998年，第203—205页。

⑤ 魏启鹏：《文子学派与秦简为吏之道》，陈鼓应主编：《道家文化研究》十二辑，北京：生活·读书·新知三联书店，1998年，第164—179页。

⑥ 谭家健：《〈文子〉成书时代琐议》，《长沙电力学院学报》，1998年第2期，第80—84页。

有人物对话的故事体皆是刘安"举类而实之"的结果等。对于这些伪多真少学者的发现是否还有其他的解释呢？从两方面来看，两者所关注的焦点都在今本《文子》的真伪上，这就造成真书说者的论据，伪多真少说者无法辩驳，伪多真少说者发现的问题，真书说者也不能很好解决，双方各持意见，谁也说服不了谁。实质上，问题的关键是伪多真少学者所发现的《文子》文本形式上的那些问题是否单纯地可以被用来论证今本《文子》之伪？如果不能用来证明今本《文子》之伪，那么还有其他更好的解释吗？我们认为这种解释是存在的，历代以来认为今本《文子》是《老子》之"传"的说法提供了解决问题的可能，我们现在就来看这种说法。

（五）《老子》之"传"说

李暹云："（文子）本受业于老子，文子录其遗言，为十二篇云。"[1]实际上这可以看作李暹对今本《文子》中大量"老子曰"的解释。观李暹之说，亦对"老子曰"有疑虑，但又苦于找不到其他说法，故云是老子的遗言，文子仅仅录出而异，这等于说李暹把今本《文子》中的"老子曰"都看作老子的思想话语。这种说法其实还比较流行。杜道坚云："文子于章首多称老子曰者，尊师也，此盖当时记习老子之言，故不敢自有其名。"杜道坚也认为《文子》中的"老子曰"是老子之言。马骕云："《道德》疏义，语必称老子，尊所闻以立言。"[2]马骕的意思大概是说《文子》是《道德经》的疏义，"称老子"是因为其学出自老子，故尊老子立言，这等于说今本《文子》中的"老子曰"是为了尊重学问所自出，但"老子曰"后的内容并不是老子的话，不过马骕的说法还是比较含糊的，宋濂则明确指出："考其言，壹祖老聃，大概《道德经》之义疏尔。"[3]洪迈、高似孙也持此看法，均认为文子之学出自老子，吴全节云："《文子》者，《道德经》之传也。"[4]以上诸人均将文子与老子联系在一起考察，或以为今本《文子》中的"老子曰"是老子的话，或以为仅是文子发挥老子的话，为了尊重老师起见而称之为"老子曰"，这虽然也是解释"老子曰"的一种说法，但是这总感觉与书名《文子》不相称。

今本《文子》是《老子》之"传"的说法与真书说、伪书说、驳书说并列而为一说，但是时代越靠后，真伪之辩越成为主流，竹简《文子》发现之后，只有江世荣仍持此说，而再未见有人主张如此。事实上，在大量的真伪论辩中，"传"说被严重忽视了，但真书说者又无法解释简今本的明显差异，伪书说者也无法辩驳证真者

---

① 见张丰乾：《出土文献与文子学案》，北京：社会科学文献出版社，2007年，第243页。
② 见张丰乾：《出土文献与文子学案》，北京：社会科学文献出版社，2007年，第255页。
③ 见张丰乾：《出土文献与文子学案》，北京：社会科学文献出版社，2007年，第258页。
④ 见张丰乾：《出土文献与文子学案》，北京：社会科学文献出版社，2007年，第283页。

的论据。我们抛开"真伪""抄袭"说，还有没有其他角度可以用来分析围绕在今本《文子》文本上的问题呢？答案当然是肯定的。我们试着从更加客观实际的方面考虑，将今本《文子》的形成放在先秦秦汉人著述体例的大背景中思考，就会发现今本《文子》的面貌可以从"经传体"的角度得到很好的解释，而这一角度当然是在《老子》之"传"说的启发下得出的。

（六）从"经传体"的角度解释今本《文子》之问题

为了对"经传体"有较为清晰的认识，我们要稍微做一点解释。"经传体"是古人学习、解释经典文本的一种形式，"经"往往是权威文本，如出土的《五行》篇，较早的郭店简中只有经文，陈来指出"经"为子思所作；"传"又可以称之为"解""说"等，是对"经"的注疏、引申，"传"传述"经"文大意，但未必字字句句不离"经"，往往是"传"文依托"经"文表达了做"传"者的思想①。"经"往往比"传"的时间要早，但如果经传同书，那就会有一个时间叠加的问题潜藏其中，时间早的内容和时间晚的内容混合在一本书中。"经"流传时间早，有权威，也有名称，但"传"文仅仅是对权威文本的学习或者叫作心得体会之类，"传"没有固定名称，往往随方便称呼，从竹简《文子》看，或称为"传""辞""言"等。这种称法的多样说明"传"文并无固定的名称，称呼比较随意。在经传同书的情况下，就有可能将传文的内容以经的名字而称之，这种情况在汉代就存在。陈鼓应对《周易》的研究中就发现了这样的事例，他指出："它们（指《二三子问》、《缪和》、王充——笔者注）征引卦爻辞及《易传》，都统称之'易曰'，这也很能说明'传'的地位。"②无论此例中的《易传》为什么被称作《易》，是如陈鼓应所说的"传"上升为"经"，还是别的什么原因，对于我们而言，重要的是汉人将《易传》也称呼为《易》。这就给我们研究今本《文子》中的"老子曰"给与了很大启发。

从《越绝书》《韩诗外传》《淮南子》等较早的书所引《文子》语看，也称之为"传"。《淮南子·修务训》曰："盖闻传书曰：神农憔悴，尧瘦臞，舜霉黑，禹胼胝。"③引自今本《文子·自然》篇"神农形悴，尧瘦臞，舜霉黑，禹胼胝"④。《越绝书·德序外传》云："传曰：人之将死，恶闻酒肉之味，邦之将亡，恶闻忠臣之气。身死不为医，邦亡不为谋。"⑤引自今本《文子·微明》篇"人之将疾也，必先不甘鱼肉之味；

---

① 陈来：《竹简〈五行〉篇讲稿》，北京：生活·读书·新知三联书店，2012年，第6—7页。
② 陈鼓应：《论〈文子·上德〉的易传特色》，陈鼓应主编：《道家文化研究》第十二辑，北京：生活·读书·新知三联书店，1998年，第204页。
③ 刘文典：《淮南鸿烈集解》，北京：中华书局，1989年，第634页。
④ 王利器：《文子疏义》，北京：中华书局，2000年，第372页。
⑤ 李步嘉：《越绝书校释》，北京：中华书局，2013年，第368页。

国之将亡也，必先恶忠臣之语。故疾之将死者，不可为良医；国之将亡者，不可为忠谋"①。《韩诗外传·卷一》曰："传曰……夫利为害本，而福为祸先。唯不求利者唯无害，不求福者唯无祸。"②引自《文子·符言》："利为害始，福为祸先，不求利即无害，不求福即无祸。"③但是成于汉昭帝时期的《盐铁论》中节引有《文子·自然》篇中的一句话，其言曰："老子曰：贫国若有余，非多财也，嗜欲众而民燥也。"④已与今本《文子》称"老子曰"者相同，这就说明在汉景帝至汉昭帝的时期内，《文子》文本已经发生了变化，变化的最大体现就是"传"的消失，"老子曰"的出现。现在该如何解释这种变化呢？论者往往以为"老子曰"的出现是《文子》一书自抬身价的表现，但是无论从汉初的引书情况看抑或从景帝至昭帝时期的社会情况看，均无需借助老子来提高《文子》的知名度，这期间的变化绝不能用我们后世的眼光来解释，这一变化当有更加客观的原因。

古本《文子》本是文子学派的著作，从丁原植、王三峡的研究来看，古本《文子》主要包括：解老部分、论易部分、古格言隽语以及一些独立论述⑤，这也就是说古本《文子》与老子有关系，但并不像今本《文子》那样关系密切，古本《文子》中的"传"有可能解老，但也有可能不是解老，而是对其他经典的解读。但是今本《文子》却变成了宋濂、吴全杰所说的《老子》之"传""义疏"，这说明整理者刻意将古本《文子》整理成了《老子》之"传"，使今本《文子》的体例变成了"经传体"。今本《文子》中段首的"老子曰"实是一种省略的称法，全称应为"《老子》之传曰"。正如我们上文所说，"传"无固定名称，完全依"经"而定，撰作者将其用于解读《易经》，是为易传，将其用于解读《老子》，是为《老子》之传。汉人于此心知肚明，所以将"传"字去掉而加上"老子曰"，正是为了表明这是《老子》之传，正与陈鼓应发现《易传》可以称为《易》一样，在汉人将"《老子》之传"称为"老子曰"实是非常清楚的事情。

将古籍文本加工整理成某一经典之传的做法，在汉代初期就存在，我们举最典型的《韩诗外传》为例。

《韩诗外传·卷一》曰：

传曰：在天者莫明乎日月，在地者莫明于水火，在人者明乎礼义。故日月不高，

① 王利器：《文子疏义》，北京：中华书局，2000年，第336页。
② 许维遹：《韩诗外传集释》，北京：中华书局，1980年，第14—15页。
③ 王利器：《文子疏义》，北京：中华书局，2000年，第198页。
④ 马非百：《盐铁论简注》，北京：中华书局，1984年，第6页。
⑤ 丁原植：《文子新论》，香港：万卷楼图书有限公司，1999年，第219—245页；王三峡：《文子探索》，武汉：湖北人民出版社，2003年，第148—154页。

则所照不远；水火不积，则光炎不博；礼义不加乎国家，则功名不白。故人之命在天，国之命在礼。君人者降礼尊贤而王，重法爱民而霸，好利多诈而危，权谋倾覆而亡。诗曰：人而无礼，胡不遄死①！

又《荀子·天论》曰：

在天者莫明于日月，在地者莫明于水火，在物者莫明于珠玉，在人者莫明于礼义。故日月不高，则光晖不赫；水火不积，则晖润不博；珠玉不睹乎外，则王公不以为宝；礼义不加于国家，则功名不白。故人之命在天，国之命在礼。君人者，隆礼尊贤而王，重法爱民而霸，好利多诈而危，权谋倾覆幽险而尽亡矣②。

很明显可以看出，《韩诗外传》将荀子的话稍微做了一些加工，前面加上"传曰"而变成了诗传。我们还可以举一个《韩诗外传》加工古本《文子》之言而成为诗传的例子。《韩诗外传·卷一》曰：

传曰：喜名者必多怨，好与者必多辱，唯灭迹于人，能随天地自然，为能胜理，而无爱名；名兴则道不用，道行则人无位矣。夫利为害本，而福为祸先，唯不求利者为无害，不求福者为无祸。诗曰："不忮不求，何用不臧。"③

今本《文子·符言》作：

人与道不两明。人爱名即不用道，道胜人即名息，道息人名章即危亡。

善怒者必多怨，善与者必善夺，唯随天地之自然，而能胜理。故誉见即毁随之，善见即恶从之。利为害始，福为祸先。不求利即无害，不求福即无祸④。

很明显，《韩诗外传》将《文子》分置在两处的内容混融在一起，前面再加上"传曰"，变成了诗之传。这在《韩诗外传》中大量存在，我们也就不再举其他例子了。韩婴之手法也大体不过将古籍中的材料汇于一炉而使其成为《诗经》之传，这

① 许维遹：《韩诗外传集释》，北京：中华书局，1980年，第6页。
② 王天海：《荀子校释》，上海：上海古籍出版社，2009年，第694页。
③ 许维遹：《韩诗外传集释》，北京：中华书局，1980年，第14—15页。
④ 王利器：《文子疏义》，北京：中华书局，2000年，第198页。

在汉人本来没有什么问题。为将古本《文子》做成《老子》之传，整理者就在段首加上了"老子曰"，以表示这是《老子》之传。这样一来，原本的子书由于要做成经传体的形式，体例发生了改变，势必就要对文本中不符合经传体的内容做一些改变，最典型的体现就是简今本《文子·道德》篇所体现出来的差异。

我们先不管对话人物的改变这一事实，只论述为什么简本《文子》中频繁往复的对话关系，在今本《文子》中变成了一问一答。今本《文子》的这种改变是在何种动机下进行的呢？我们认为今本《文子》减少简本《文子》对话频率的主要目的是为了整齐体例，使《道德》篇更加接近于"经传体"的形式，以与《文子》其余各篇相一致。如果将竹简《文子》与今本《文子》对照，就能发现竹简《文子》频繁往复的对话与今本《文子》各篇的气息极度不一致，虽然竹简《文子》中也引用了一句《老子》经文，但是更多的却是文子教育平王行"道德之治"的话语，所以我们不能将这种对话体看作《老子》之"传"，而被整理过的今本《文子·道德》篇虽然仍旧保持了问答的痕迹，但却变成了一问一答。这种一问一答的形式恰恰向着解经体过渡了，尤其明显的是这样的几问："文子问道""文子问德""文子问圣智"，毫无疑问，接下来的"老子曰"一定是对"道""德""圣智"的解释了。因此，我们认为简、今本《文子》之间的差异并不能证明今本《文子》之伪，而只能说今本《文子》被有意识地整理过，这种整理不是为了作伪，而是为了将古本《文子》整理成《老子》之传。于是刻意将简本《文子》中的频繁对话关系做了整理，删除了一些在整理者看来无用或者是近于常识性的内容，如简本《文子》中出现的"天地者，万物也"之类，使其更加精简，更接近于"经传体"。那么，删减频繁往复的对话是否与改平王文子为老子文子同步呢？笔者以为是同步的，将古本《文子》改成《老子》之"传"就是为了拉近《文子》与《老子》的距离。如果书中留下平王与文子的对话，则显得不类，故而一并将平王文子对话改成了文子老子对话，这都是为了使《文子》更加接近于《老子》的举措。那为什么今本《文子·道德》篇末尾又留下了一句"平王问吾闻子得道于老聃"呢？笔者以为这大致有两方面的意义：一是这是整理者将古本《文子》能整理成《老子》之"传"的内证，也就是说正由于这句话的证明，才有足够的理由将古本《文子》整理成《老子》之"传"；一是整理者并不讳言这本《老子》之传是从古本《文子》整理的，就像韩婴拾缀古籍以成一书一样，因为整理者没有后人那种所谓的作伪心，因此也用不着去掩饰，故而留下了这一句平王问。

同样，从"经传体"的角度也可以说明今本《文子》与《淮南子》的重合与不重合问题。论者以为简本《文子》中的对话没有与《淮南子》相重合，而今本《文子》中的"老子曰"与《淮南子》有大量重合，从而认为今本《文子》抄袭《淮南子》。但实质上这样的理解忽视了刘安与门客在编撰《淮南子》时需要什么样的素材这一问题，将今本《文子》与《淮南子》相比较，知道《淮南子》有浓厚的赋体文风格。竹简《文子》中既朴素又频繁的对话如何才能改成华丽的赋体文呢？相对而言，以"老子曰"开头的论述体部分转换为赋体就要简单容易得多。况且《文子》中有很多《庄子》式的语言，这就更容易转换为赋体了。《淮南子》不取什么素材要从《淮南子》一书的需求角度来考虑，而不是反过来认为《文子》抄《淮南子》。所以，我们认为《淮南子》与今本《文子》的大量重合是因为《文子》中有大段的经传体可以较为容易地改成赋体文，符合刘安的要求，所以才被采用，频繁的对话无法满足刘安的要求，所以才被放弃的。

涉及《淮南子》与今本《文子》谁抄袭谁的问题时还有一个需须解释的问题。《淮南子》中有人物关系的故事说理类型，在今本《文子》中被取消了人物关系，从而变成了纯粹说理的内容。我们认为这依旧可以从"经传体"的角度予以说明。《淮南子》与今本《文子》中相对应的部分，凡是有故事、有人物对话的部分，大多数是古本《文子》的面貌，当然也不排除《淮南子》后面又增加故事人物的情况。《文子》的整理者刻意将古本《文子》中的对话人物取消，将对话体变成纯论述体，再加上"老子曰"，本是为了使古本《文子》变成纯粹的《老子》之"传"而采取的措施，在汉人看来这并没有什么大惊小怪的。下面我们就举三个例子来分析。

第一个例子：

《淮南子·道应训》曰：

太清问于无穷曰："子知道乎？"无穷曰："吾弗知也。"又问于无为曰："子知道乎？"无为曰："吾知道。""子知道，亦有数乎？"无为曰："吾知道有数。"曰："其数奈何？"无为曰："吾知道之可以弱，可以强；可以柔，可以刚；可以阴，可以阳；可以窈，可以明；可以包裹天地，可以应待无方。此吾所以知道之数也。"太清又问于无始曰："向者，吾问道于无穷，曰：'吾弗知之。'又问于无为，无为曰：'吾知道。'曰：'子之知道亦有数乎？'无为曰：'吾知道有数。'曰：'其数奈何？'无为曰：'吾知道之可以弱，可以强；可以柔，可以刚；可以阴，可以阳；可以窈，可以明；可以包裹天地，可以应待无方，吾所以知道之数也。'若是，则无为知与无穷之弗知，孰是孰非？"无始曰："弗知之深而知之浅，弗知内而知之外，弗知精而知之粗。"太清仰而叹曰："然则不知乃知邪？知乃不知邪？孰知知之为弗知，弗知之为知邪？"无始曰："道不可闻，闻而非也；道不可见，见而非也；道不可言，言而非也，孰知形之不形者乎？"故老子曰："天下皆知善之为善，斯不善也。故'知者不言，言者不知'也。"①

《庄子·知北游》作：

泰清问乎无穷曰："子知道乎？"无穷曰："吾不知。"又问乎无为。无为曰："吾知道。"曰："子之知道，亦有数乎？"曰："有。"曰："其数若何？"无为曰："吾知道之可以贵，可以贱，可以约，可以散，此吾所以知道之数也。"泰清以之言也问乎无始曰："若是，则无穷之弗知与无为之知，孰是而孰非乎？"无始曰："不知深矣，知之浅矣；弗知内矣，知之外矣。"于是泰清中而叹曰："弗知乃知乎！知乃不知乎！孰知不知之知？"无始曰："道不可闻，闻而非也；道不可见，见而非也；道不可言，言而非也。知形形之不形乎！道不当名。"无始曰："有问道而应之者，不知道也。虽问道者，亦未闻道。道无问，问无应。无问问之，是问穷也；无应应之，是无内也。以无内待问穷，若是者，外不观乎宇宙，内不知乎大初，是以不过乎昆仑，不游乎太虚"。②

今本《文子·微明》则作：

老子曰："道可以弱，可以强；可以柔，可以刚；可以阴，可以阳；可以幽，可以明；可以包裹天地，可以应待无方。知之浅，不知之深；知之外，不知之内；知之粗，不知之精。知之乃不知，不知乃知之，孰知知之为不知，不知之为知乎！夫道不可闻，闻而非也；道不可见，见而非也；道不可言，言而非也。孰知形之不形者乎！故天下皆知善之为善也，斯不善矣！知者不言，言者不知"。③

三者相比较，《淮南子》对道的刚柔阴阳等之描述与《文子》同，而与《庄子》远，但在故事的叙述模式上又与《庄子》近。在《文子》中太清、无始、无为皆被去掉，而且最为显明的是《文子》全部删除掉了对于论述"道"而言，不起作用的部分，比如开首的太清之问，等于说《文子》留下的全部是论道的"干货"，后面又以"故"的形式引出老子之言。《文子》的整理者用这种形式将古本《文子》变成了《老子》之"传"，这种手法甚至可以称之为一种做"传"的模式。

第二个例子：

---

① 刘文典：《淮南鸿烈集解》，北京：中华书局，1989年，第378—379页。
② 曹础基：《庄子浅注》，北京：中华书局，1982年，第336页。
③ 王利器：《文子疏义》，北京：中华书局，2000年，第304页。

《淮南子·道应训》曰：

田骈以道术说齐王，王应之曰："寡人所有，齐国也。道术难以除患，愿闻国之政。"田骈对曰："臣之言无政，而可以为政。譬之若林木无材而可以为材。愿王察其所谓，而自取齐国之政焉已。虽无除其患害，天地之间，六合之内，可陶冶而变化也。齐国之政，何足问哉！"此老聃之所谓"无状之状，无物之象"者也。若王之所问者，齐也。田骈所称者，材也。材不及林，林不及雨，雨不及阴阳，阴阳不及和，和不及道①。

《吕氏春秋·执一》曰：

田骈以道术说齐。齐王应之曰："寡人所有者齐国也，愿闻齐国之政。"田骈对曰："臣之言，无政而可以得政。譬之若林木，无材而可以得材。愿王之自取齐国之政也。骈犹浅言之也，博言之，岂独齐国之政哉？变化应来而皆有章，因性任物而莫不宜当，彭祖以寿，三代以昌，五帝以昭，神农以鸿。"②

《文子·微明》曰：

老子曰："道无正而可以为正，譬若山林而可以为材。材不及山林，山林不及云雨，云雨不及阴阳，阴阳不及和，和不及道。道者，所谓无状之状，无物之象也。无达其意，天地之间，可以陶冶而变化也。"③

　　三者相比较，较早的《吕氏春秋》中没有引用《老子》之语，而《文子》与《淮南子》中皆有"无状之状，无物之像"一语。和第一个例子相同，《文子》仍旧是删除了对论述"道"无用的部分，而只取"干货"，后又以"所谓"的形式引出老子之语，以变成《老子》之传的形式。以上的两例对话比较容易改造成经传体，但并不是所有的对话都容易改成经传体。在这种情况下，《文子》的整理者也往往保留对话，但是却将原先对话的人物转变成老子文子之间的对话，不过对话的频率次数大为删减，成为最简洁的一问一答形式。

---

① 刘文典：《淮南鸿烈集解》，北京：中华书局，1989年，第381页。
② 许维遹：《吕氏春秋集释》，北京：中华书局，2016年，第408页。
③ 王利器：《文子疏义》，北京：中华书局，2000年，第309页。

《淮南子·道应训》曰：

　　惠子为惠王为国法，已成而示诸先生，先生皆善之。奏之惠王，惠王其说之，以示翟煎，曰："善！"惠王曰："善，可行乎？"翟煎曰："不可。"惠王曰："善而不可行，何也？"翟煎对曰："今夫举大木者，前呼邪许，后亦应之，此举重劝力之歌也，岂无郑卫激楚之音哉？然而不用者，不若此其宜也。治国有礼，不在文辩。"故老子曰："法令滋彰，盗贼多有。"此之谓也 [①]。

《吕氏春秋·淫辞》曰

　　惠子为魏惠王为法。为法已成，以示诸民人，民人皆善之。献之惠王，惠王善之，以示翟翦。翟翦曰："善也。"惠王曰："可行邪？"翟翦曰："不可。"惠王曰："善而不可行，何故？"翟翦对曰："今举大木者，前呼舆謣，后亦应之，此其于举大木者善矣，岂无郑、卫之音哉？然不若此其宜也。夫国亦木之大者也。" [②]

《文子·微明》曰：

　　文子问曰：为国亦有法乎？老子曰：今夫挽车者，前呼邪轩，后亦应之，此挽车劝力之歌也，虽郑卫胡楚之音，不若此之义也。治国有礼，不在文辩。法令兹彰，盗贼多有 [③]。

　　三者相比较，《吕氏春秋》《淮南子》中频繁往复的对话，在《文子》中仅保留了一问一答，与整理《文子·道德》篇的手法也同。而且由于这段对话并不容易抽取"干货"，《文子》的整理者还进行了改写，最为明显的一句是《吕氏春秋》《淮南子》中的"郑卫之音"都是问句，而在《文子》中被改成了一个陈述的假设句。后面又以老子语做结，变成解老的形式。

　　从上面三个例子，我们发现容易被改成经传体的对话，古本《文子》的整理者都是用"老子曰"的形式来表示，而且去掉了一些无用的细枝末节部分，全部抽取的是于论述主题有用的"干货"。而不那么容易改成经传体的对话，则使用最为简洁的一问一答，而且改变原先的对话人物关系而使其成为老子文子间的对话，并且对

---

①　刘文典：《淮南鸿烈集解》，北京：中华书局，1989年，第380—381页。
②　许维遹：《吕氏春秋集释》，北京：中华书局，2016年，第428—429页。
③　王利器：《文子疏义》，北京：中华书局，2000年，第307页。

内容也会进行一些改写，但无论是形式的改变，还是内容的改写，我们都发现除了形式上的"脱胎换骨"之外，原先文本所要表达的核心思想并未改变，而且更为集中突出了。但是对于这一点也不能过分乐观，因为改写故事成为论述体，容易使我们以为这全是原先作者的主张，但实质上有些故事可能是正面的，而有些故事则可能是反面的，但经过一改写之后，到底是正面还是反面作用就看不出来了。传统以来认为今本《文子》"驳杂"，思想有矛盾之处的看法可能与此也有一定的关系，所以在具体处理《文子》的思想时还是要更加谨慎一些。另外，频繁往复的对话被改成一问一答以及对话主体改变，也与今本《文子·道德》改变简本《文子》的手法相当一致，所以我们认为将古本《文子》改成今本《文子》的面貌是一次性完成的，并不存在后世之人的多次加工。接下来，我们就古本《文子》的整理者做一点考证工作。

（七）古本《文子》的可能整理者

上文我们曾经说过古本《文子》面貌的改变发生在汉景帝至汉昭帝之间，进一步研究我们认为景帝时期的黄子是可能的整理者，这主要是从对"道论"的研究中得出的。古本《文子》在汉初时应该被称作"道论"。《史记·太史公自序》云："太史公学天官于唐都，受《易》于杨何，习道论于黄子。"[1]《淮南子·要略》云："夫道论至深，故多为之辞，以抒其情。"[2] 其中《易》明为书，无疑。天官、道论又指的是什么呢？天官也应该是书，或者全称应为"天官书"。《史记》中有《天官书》一篇，其开首至"太史公曰"明为一书之节录。如此说来，"道论"也当为一书，《淮南子》亦称"道论"，可见道论是一书之专称。如果道论不是一个专称，那么《史记》与《淮南子》未必就同用"道论"之名。《淮南子》的意思是《道论》这书很艰深，所以要繁词予以解释。

将"道论"与古本《文子》联系在一起的理由有三点：一是《文子》本身就是论道之书；一是《文子》与《淮南子》有大量重合，又云："道论至深，故多为之辞。"而王利器、王三峡、赵建伟都发现《淮南子》在阐释《文子》；一是司马谈论《六家要旨》中所述"道家"之思想与《文子》最为符合，而司马谈又是跟随黄子学习道论。前两者习知，可不论，我们重点论述后者。实际上，赵雅丽已经发现"文子学派思想与司马谈所论最为相合"[3]。这是她字比句析司马谈所言道家全文之后得出的结

---

① 司马迁：《史记》，北京：中华书局，2013 年，第 3965 页。
② 刘文典：《淮南鸿烈集解》，北京：中华书局，1989 年，第 707 页。
③ 王雅丽：《〈文子〉思想及竹简〈文子〉复原研究》，北京：北京燕山出版社，2005 年，第 444 页。

论，但她是将司马谈所论道家之思想作为衡量黄老的标准，来论述文子学派是黄老，这也是目前学界划分黄老的主要标准。但是，我们在使用这一标准来判断某书的思想是否为黄老学时，却能发现有时候某书的思想总是和司马谈所说的某一部分相对应，但未必全对应，而《文子》则不止思想与司马谈所说完全对应，就是文气、用语亦极为相合，这也就是赵雅丽所说的"最为相合"。我们举《黄老帛书》为例来说，这是典型的黄老之学无疑，可是它的思想和司马谈所论道家只是部分相合。以司马谈所言形神关系来说，其言曰："神大用则竭，形大劳则蔽，形神离则死。…神者生之本也，形者生之具也。不先定其神形，而曰我有以治天下，何由哉？"①司马谈注重君主的形神兼养，将身体与精神的调治当做治国理天下的基础工作，但《黄老帛书》中对这一部分思想的论述就很缺乏，尤其形神关系更不在其所论之列。而在《文子》中这却是全书的核心内容，而且司马谈所言与《文子》所说完全相合。《文子·精诚》云："精神越于外，智虑荡于内者，不能治形。"②《文子·下德》云："夫纵欲失性，动未尝正，以治生则失身，以治国则乱人。"③又云："治身，太上养神，其次养形。神清意平，百节皆宁，养生之本也。"④《文子》中还有大量这样的论述，不备举。

再以《管子四篇》为例而言，从《心术》《白心》《内业》的篇名来看，其论心与精神之修养没有问题，也兼及因术、时变，但再考虑到司马谈所用之语句、语气，以及"无成势，无常形，故能究万物之情；不为物先，不为物后，故能为万物主"等语看⑤，仍旧与《文子》为近，《文子·道原》云："夫执道以耦变，先亦制后，后亦制先。……时之变则间不容息，先之则太过，后之则不及。"⑥就是司马谈所说的"不为物先，不为物后"。更重要的是《管子》在战国末期已经集结成书，《韩非子·五蠹》云："今境内之民皆言治，藏商、管之法者家有之，而国愈贫，言耕者众，执耒者寡也。境内皆言兵，藏孙、吴书者家有之，而兵愈弱，言战者多，被甲者少也。故明王用其力，不听其言；赏其功，必禁无用，故民尽死力以从其上。"⑦商、管之法与孙、吴之书并列，可见"商管之法"就是商管之书。而且《韩非子·难三》明引《管子·权修》篇，云："《管子》曰：'见其可，说之有证；见其不可，恶之有形。赏罚信于所见，虽所不见，其敢为之乎？见其可，说之无证；见其不可，恶之无形，

---

① 司马迁：《史记》，北京：中华书局，2013 年，第 3969 页。
② 王利器：《文子疏义》，北京：中华书局，2000 年，第 86 页。
③ 王利器：《文子疏义》，北京：中华书局，2000 年，第 393 页。
④ 王利器：《文子疏义》，北京：中华书局，2000 年，第 381 页。
⑤ 司马迁：《史记》，北京：中华书局，2013 年，第 3969 页。
⑥ 王利器：《文子疏义》，北京：中华书局，2000 年，第 45 页。
⑦ 《韩非子》校注组：《韩非子校注》，周勋初修订，南京：凤凰出版社，2009 年，第 559 页。

赏罚不信于所见，而求所不见之外，不可得也。'"①韩非已经直接称呼为《管子》，且引其文，更可见战国末期时《管子》已经集结成书。又《史记·管晏列传》云："吾读管氏《牧民》《山高》《乘马》《轻重》《九府》，及《晏子春秋》，详哉其言之也。既见其著书，欲观其行事，故次其传。至其书，世多有之，是以不论，论其轶事。"②战国末期至汉初之人都已经直接称呼为管子或管氏，可见现今被称作《管子四篇》的东西不可能被单独称作"道论"，只会被称作《管子》或者是单列其篇名。

由上文所论，我们推测司马谈习于黄子的"道论"指的就是古本《文子》。《淮南子》所云的"道论"也指的是古本《文子》，这也就解释了有些人指出的既然汉初已经有《文子》这本书，为什么没见有人谈起过《文子》之名。因为成书于战国末期的古本《文子》，原先还并无《文子》之书名，而是被汉人称作"道论"，《文子》之名应该是刘向校书时才加上去的。现在我们进一步推论古本《文子》的整理者，既然司马谈所言的"道论"习于黄子，则可见黄子乃当时治"道论"之大师，而黄子的生活年代也正在汉景帝时期。《法苑珠林》卷五十五《辨圣真伪》阚泽对孙权曰："汉景帝以黄子、老子义体尤深，改子为经，始立道学，敕令朝野悉讽诵之。"③这句话中的黄子老子该做何理解呢？首先，《老子》为经，不是汉初的事，在战国中晚期就有大量阐释《老子》的人与书存在；其次，《老子》在汉初时已非常风靡，无需汉景下令讽诵；再次，黄子也不可能指的是《汉书·艺文志》中所录的以黄帝为名的书，因为黄帝为名的书是一大类，且性质不同，列在兵、农、道、阴阳之下，大体有关于实用，不可能用"义体尤深"这样的词汇，而且黄帝也不称为黄子，汉人一般要么称黄、老，要么称黄帝、老子，而未有称黄子者。那么，这句中的黄子老子该作何解释呢？笔者以为即是黄子《老子》，也就是黄子的《老子》书，黄子为人名，《老子》为书名，但这个《老子》却不是指《道德经》，而说的是《文子》，因为是黄子将古本《文子》改成了今本《文子》中处处"老子曰"的面貌，故阚泽直以《老子》称之。或者也可以理解为《黄子》《老子》，但《黄子》仍旧不是《汉书·艺文志》中的黄帝书，而是指《文子》，只不过这是以人名称书名，但是考虑到《老子》在战国至汉初的风靡情况，笔者仍旧认为应该是黄子的《老子》。汉景帝认为经过黄子整理的古本《文子》"义体尤深"，遂改子书为经，也就出现了2465简中的"文子上经□智明王"字样。

黄子一般认为即是在《史记·儒林传》中与博士辕固生讨论革命的黄生，恐亦为博士。黄生所体现出来的"尊君"思想也与《文子》合，黄生云："冠虽敝，必加于

---

① 《韩非子》校注组：《韩非子校注》，周勋初修订，南京：凤凰出版社，2009 年，第 453 页。
② 司马迁：《史记》，北京：中华书局，2013 年，第 2585 页。
③ 周叔迦、苏晋仁：《法苑珠林校注》，北京：中华书局，2003 年，第 1651 页。

首；履虽新，必关于足。何者？上下之分也。"① 《文子·上德》云："蘱之为缟也，或为冠，或为末。冠则戴枝之，末则足碾之。"② 《上义》云："法之生也以辅义，重法弃义，是贵其冠履而忘其首足也。"③ 冠履之比为《文子》常用，《上德》又云："尊卑有序，天下定矣。"④ 《精诚》云："别男女，明上下。"尊君之义明显。考秦汉世为经做传者，多为博士群体，如韩生。《史记·儒林列传》云："韩生者，燕人也。孝文帝时为博士，景帝时为常山王太傅。韩生推《诗》之意而为内外传数万言。"⑤ 伏生：《儒林列传》云："伏生者，济南人也。故为秦博士。"⑥ 所谓《尚书大传》即为伏生所授；董仲舒：《儒林列传》云："董仲舒，广川人也。以治《春秋》，孝景时为博士。……唯董仲舒名为明于《春秋》，其传公羊氏也。"⑦ 博士通经，为经做传以教授，为极自然之事。黄子将古本《文子》改造成《老子》之传，亦循博士故例。

（八）结语

上文我们围绕着"经传体"对困扰《文子》的一些重要问题做出了全新的解释，只是希望我们今后的研究能从"真伪""抄袭"的视野中走出来，多从古之实情出发，从更加客观实际的方面展开思考。"经传体"的角度未必是解读《文子》问题的最好角度，但起码这是我们抛开"真伪""抄袭"的成见向更加客观的方向迈出的第一步。

现在还剩下的一个问题是黄子改编了古本《文子》后，古本《文子》就消失了吗？从定州竹简《文子》看，古本《文子》仍旧在地方上流传，黄子改编的本子只是在中央的博士官与其生徒中流传的本子。所以，笔者认为古书在流传过程中大致可以分为两种情况：一是经汉代的博士群体改编的古籍文本，一是流传于地方上，为诸侯贵族所搜求的古本。当代出土的简帛古籍很少能与传世本完全对应的情况，或与此有极大关系。博士群体的改编意在文本更加简洁，思想更加突出，做成一个经典文本，这就与原本出现了不小的差距。与竹简本《文子》相比，今本《文子》对话内容大为减少，显得相当干练，也表达出了主要的思想内涵。从事考据的现代学者，当然更看重古本《文子》，但是我们要思考这样一个问题，为什么竹简《文子》没有流传下来？流传下来的反倒是改编本呢？这里面当然可能有很多的偶然性因素，但就事论事，说明改编本在知识群体中是得到认可的，也是有利于流传的。如果我

---

① 司马迁：《史记》，北京：中华书局，2013 年，第 3767 页。
② 王利器：《文子疏义》，北京：中华书局，2000 年，第 264 页。
③ 王利器：《文子疏义》，北京：中华书局，2000 年，第 463 页。
④ 王利器：《文子疏义》，北京：中华书局，2000 年，第 294 页。
⑤ 司马迁：《史记》，北京：中华书局，2013 年，3768—3769 页。
⑥ 司马迁：《史记》，北京：中华书局，2013 年，3769 页。
⑦ 司马迁：《史记》，北京：中华书局，2013 年，第 3772—3773 页。

们只以古本为标准，那么就会将后代在整理古籍上做出贡献的人群抹杀掉，甚至给予一个"作伪"的难堪字眼，形成一种现代的"自大症"。由于竹简《文子》的残缺，篇幅上的有限，今本《文子》仍旧是我们研究《文子》思想的最主要材料，竹简《文子》《淮南子》则是有益的补充材料。

参考文献

一、古籍

[1] 《老子》，陈鼓应注译本，北京：中华书局，2006 年。

[2] 《老子》，高明校注本，北京：中华书局，1996 年。

[3] 《庄子》，曹础基浅注本，北京：中华书局，1982 年。

[4] 《管子》，陈鼓应诠释本，北京：商务印书馆，2006 年。

[5] 《黄老帛书》，陈鼓应注译本，北京：商务印书馆，2007 年。

[6] 《论语》，杨逢彬注译本，北京：北京大学出版社，2016 年。

[7] 《周易》，周振甫译注本，北京：中华书局，1991 年。

[8] 《中庸》，宋天正注译本，台北：商务印书馆，1977 年。

[9] 《孟子》，杨伯峻译注本，北京：中华书局，2005 年。

[10] 《大戴礼记》，王聘珍解诂本，北京：中华书局，1983 年。

[11] 《礼记》，孙希旦集解本，北京：中华书局，1989 年。

[12] 《文子》，王利器疏义本，北京：中华书局，2000 年。

[13] 《文子》，李定生、徐慧君校释本：上海：上海古籍出版社，2004 年。

[14] 《文子》，彭裕商校注本，成都：巴蜀书社，2006 年。

[15] 《慎子》，钱熙祚校本，上海：上海书店，1986 年。

[16] 《列子》，杨伯峻集释本，北京：中华书局，2011 年。

[17] 《孙膑兵法》，张震泽校理本，北京：中华书局，1984 年。

[18] 《战国策》，缪文远校注本，成都：巴蜀书社，1987 年。

[19] 《荀子》，王天海校释本，上海：上海古籍出版社，2009 年。

[20] 《韩非子》，周勋初修订本，南京：凤凰出版社，2009 年。

[21] 《吕氏春秋》，许维遹集释本，北京：中华书局，2016 年。

[22] 《韩诗外传》，许维遹集释本，北京：中华书局，1980 年。

[23] 《韩诗外传》，屈守元笺疏本，成都：巴蜀书社，1996 年。

[24] 《新书》，王洲明注评，南京：凤凰出版社，2011 年。

[25] 《淮南子》，刘文典集解本，北京：中华书局，1989 年。

[26] 《春秋繁露》，曾振宇、傅永聚新注本，北京：商务印书馆，2010 年。

[27]《史记》修订本，北京：中华书局，2013 年。

[28]《盐铁论》，马非百简注本，北京：中华书局，1984 年。

[29]《汉书》，北京：中华书局，1960 年。

[30]《后汉书》，北京：中华书局，1964 年。

[31]《越绝书》，李步嘉校释本，北京：中华书局，2013 年。

[32]《抱朴子外篇》，张松辉、张景译注，北京：中华书局，2013 年。

[33]《文选》，李善等注本，杭州：浙江古籍出版社，1999 年。

[34]《法苑珠林》，周叔迦、苏普仁校注本，北京：中华书局，2003 年。

二、专著

[1] 徐复观：《两汉思想史》（一二三卷），台北：学生书局，1976 年。

[2] 余英时：《中国知识阶层史论》，台北：联经出版事业股份有限公司，1980 年。

[3] 熊铁基：《秦汉新道家略论稿》，上海：上海人民出版社，1984 年。

[4] 徐复观：《学术与政治之间》，台北：学生书局，1985 年。

[5] 吴光：《黄老之学通论》，杭州：浙江人民出版社，1985 年。

[6] 唐君毅：《中国哲学原论·原道篇》，台北：学生书局，1986 年。

[7] 张纯、王晓波：《韩非思想的历史研究》，北京：中华书局，1986 年。

[8] 余英时：《中国思想传统的现代诠释》，台北：联经出版公司，1987 年。

[9] 傅武光：《中国思想史论集》，台北：文津出版社，1990 年。

[10] 陈丽桂：《战国时期的黄老思想》，台北：联经出版事业公司，1991 年。

[11] 袁保新：《老子哲学之诠释与重建》，台北：文津出版社，1991 年。

[12] 安乐哲：《主术——中国古代政治艺术之研究》，滕复译，北京：北京大学出版社，1995 年。

[13] 孙星衍：《问字堂集》，北京：中华书局，1996 年。

[14] 陈丽桂：《秦汉时期的黄老思想》，台北：文津出版社，1997 年。

[15] 丁原明：《黄老学论纲》，济南：山东大学出版社，1997 年。

[16] 白奚：《稷下学研究——中国古代的思想自由与百家争鸣》，北京：生活·读书·新知三联书店，1998 年。

[17] 董说：《七国考》，北京：中华书局，1998 年。

[18] 杨宽：《战国史》增订本，上海：上海人民出版社，1998 年。

[19] 丁原植：《〈文子〉资料探索》，台北：万卷楼图书有限公司，1999 年。

[20] 刘泽华：《中国古代的王权主义》，上海：上海人民出版社，2000 年。

[21] 陈启云：《中国古代思想文化的历史论析》，北京：北京大学出版社，2001 年。

[22] 徐复观：《中国思想史论集》，台北：学生书局，2002 年。

[23] 牟宗三：《中国哲学十九讲》，台北：联经出版有限责任公司，2003 年。

[24] 刘泽华：《洗耳斋文稿》，北京：中华书局，2003 年。

[25] 胡先聪：《管子新探》，北京：中国社会科学出版社，2003 年。

[26] 王三峡：《文子探索》，武汉：湖北人民出版社，2003 年。

[27] 徐复观：《中国思想史论集续编》，上海：上海书店出版社，2004 年。

[28] 刘泽华：《先秦士人与社会》，天津：天津人民出版社，2004 年。

[29] 何志华：《〈文子〉著作年代新证》，香港：香港中文大学，2004 年。

[30] 余英时：《中国思想传统及其现代变迁》，沈志佳编《余英时文集》第 2 卷，桂林：广西师范大学出版社，2004 年。

[31] 吴经熊：《法律哲学研究》，北京：清华大学出版社，2005 年。

[32] 张岱年：《中国哲学大纲》，南京：江苏教育出版社，2005 年。

[33] 劳思光：《新编中国哲学史》第一卷，桂林：广西师范大学出版社，2005 年。

[34] 唐君毅：《中国哲学原论·原性篇》，北京：中国社会科学出版社，2005 年。

[35] 俞樾：《群经平议》，徐德明吴平主编：《清代学术笔记丛刊》59 册，北京：学苑出版社，2005 年。

[36] 王雅丽：《〈文子〉思想及竹简〈文子〉复原研究》，北京：燕山出版社，2005 年。

[37] 葛刚岩：《文子成书及其思想》，成都：巴蜀书社，2005 年。

[38] 刘笑敢：《老子古今》，北京：中国社会科学出版社，2006 年。

[39] 蒙文通：《先秦诸子与理学》，桂林：广西师范大学出版社，2006 年。

[40] 池桢：《静静的思想之河——战国时期国家思想研究》，台北：文津出版社，2006 年。

[41] 陈鼓应：《老子注译及评介》，北京：中华书局，2006 年。

[42] 劳干：《古代中国的历史与文化》，北京：中华书局，2006 年。

[43] 刘北成、陈新编《史学理论读本》，北京：北京大学出版社，2006 年。

[44] 费迪南·布伦蒂埃等著：《批判知识分子的批判》，北京：中国社会科学出版社，2007 年。

[45] 张丰乾：《出土文献与文子学案》，北京：社会科学文献出版社，2007 年。

[46] 余英时：《人文与理性的中国》，程嫩生、罗群等译，上海：上海古籍出版社，2007 年。

[47] 陈鼓应：《黄帝四经今注今译》，北京：商务印书馆，2007 年。

[48] 李零：《郭店楚简校读记》增订本，北京：中国人民大学出版社，2007 年。

[49] 陈赟：《天下或天地之间：中国思想的古典视域》，上海：上海书店，2007年。

[50] 余英时：《知识人与中国文化的价值》，台北：时报出版社，2008年。

[51] 乔健：《中国古代思想研究》，北京：民族出版社，2008年。

[52] 庞朴：《中国文化十一讲》，北京：中华书局，2009年。

[53] 陈盘：《春秋大事表列国爵姓及存灭表撰异》，台北："中央研究院"历史语言研究所专刊，2009年。

[54] 张翰书：《比较中西政治思想》，长春：吉林出版集团有限责任公司，2009年。

[55] 王晓波：《道与法：法家思想和黄老哲学解析》，台北：台湾大学出版社，2009年。

[56] 徐复观：《中国人性论史》，台北：商务印书馆，2010年。

[57] 萧公权：《中国政治思想史》，北京：商务印书馆，2010年。

[58] 郑国瑞：《文子研究》，台北：花木兰文化出版社，2010年。

[59] 刘笑敢：《庄子哲学及其演变》，北京：中国人民大学出版社，2010年。

[60] 李锐：《新出简帛的学术探索》，北京：北京师范大学出版社，2010年。

[61] 潘戈编：《古典政治理性主义的重生——施特劳斯思想入门》，郭振华等译，北京：华夏出版社，2011年。

[62] 韦政通：《传统与现代之间》，北京：中华书局，2011年。

[63] 王国维：《王国维遗书》，上海：上海书店出版社，2011年。

[64] 孙伟、李冬松编译：《吴经熊法学文选》，北京：中国政法大学出版社，2012年。

[65] 方东美：《原始儒家道家哲学》，北京：中华书局，2012年。

[66] 陈来：《竹简〈五行〉篇讲稿》，北京：生活·读书·新知三联书店，2012年。

[67] 魏小虎编撰：《四库全书总目汇订》，上海：上海古籍出版社，2012年。

[68] 梁治平：《寻求自然秩序中的和谐——中国传统法律文化研究》，北京：商务印书馆，2013年。

[69] 余明光：《东方文化的奥秘》，北京：中国文史出版社，2013年。

[70] 许倬云：《求古编》，北京：商务印书馆，2014年。

[71] 余英时：《论天人之际》，台北：联经出版事业股份有限公司，2015年。

[72] 吴经熊：《正义之源泉——自然法研究》，张薇薇译，北京：法律出版社，2015年。

[73] 陈丽桂：《汉代道家思想》，北京：中华书局，2015年。

[74] 陈丽桂：《近四十年出土简帛文献思想研究》，北京：中华书局，2015 年。

[75] 徐炳主编：《黄帝思想与道、理、法研究》，北京：社会科学文献出版社，2015 年。

[76] 曹峰：《近年出土黄老思想文献研究》，北京：中国社会科学出版社，2015 年。

[77] 潘知常：《头顶的星空：美学与终极关怀》，桂林：广西师范大学出版社，2016 年。

[78] 刘再复：《两度人生——刘再复自述》，郑州：河南文艺出版社，2016 年。

[79] 北京大学哲学系外国哲学史教研室编译：《西方哲学原著选读》上册，北京：商务印书馆，2016 年。

三、期刊报纸论文

[1] 刘泽华：《论慎到的势、法、术思想》，《文史哲》，1983 年第 1 期。

[2] 吴光：《〈文子〉新考》，《河北师院学报》，1984 年第 2 期。

[3] 黄钊：《论〈文子〉的黄老新道家思想特色》，《湖南大学学报》，1990 年第 4 期。

[4] 苗润田：《〈庄子〉内篇与早期黄老思想的比较》，《文史哲》，1991 年第 3 期。

[5] 吴显庆：《〈文子〉政治辩证法思想初探》，《北京大学学报》，1992 年第 3 期。

[6] 庆明：《黄老思想的法哲学高度》，《比较法研究》，1993 年第 3 期。

[7] 白奚：《〈黄帝四经〉与百家之学》，《哲学研究》，1995 年第 4 期。

[8] 李学勤：《试论八角廊简〈文子〉》，《文物》，1996 年 1 期。

[9] 刘笑敢：《"无为"思想的发展——从〈老子〉到〈淮南子〉》，《中华文化论坛》，1996 年第 2 期。

[10] 王博：《关于〈文子〉的几个问题》，《哲学与文化》，1996 年第八期。

[11] 赵建伟：《〈文子〉断代研究》，《哲学与文化》，1996 年第 9 期。

[12] 沈清松：《〈文子〉的道论——兼论其与老子的比较》，《哲学与文化》，1996 年第 8 期。

[13] 曾春海：《竹简〈文子〉与汉初道家的"无为"观》，《哲学与文化》，1996 年第 9 期。

[14] 谭家健：《〈文子〉成书时代琐议》，《长沙电力学院学报》，1998 年第 2 期。

[15] 崔永东：《帛书〈黄帝四经〉中的刑法思想》，《法学研究》，1998 年第 3 期。

[16] 魏启鹏：《文子学派与秦简为吏之道》，陈鼓应主编《道家文化研究》第十二辑，北京：生活·读书·新知三联书店，1998 年。

[17] 陈鼓应:《论〈文子·上德〉的易传特色》,陈鼓应主编:《道家文化研究》第十二辑,北京:生活·读书·新知三联书店,1998 年。

[18] 河北省文物研究所定州汉简整理小组:《定州西汉中山怀王墓竹简〈文子〉释文》,《文物》1999 年第 12 期。

[19] 褚兆勇:《论〈文子〉中"法"的思想》,《管子学刊》,2000 年第 4 期。

[20] 许抗生:《再读郭店竹简〈老子〉》,《中州学刊》,2000 年 9 月第 5 期。

[21] 魏启鹏:《文子学术探微》,陈鼓应主编:《道家文化研究》第十八辑,北京:生活·读书·新知三联书店,2000 年。

[22] 张岱年:《试谈〈文子〉的年代与思想》,陈鼓应主编:《道家文化研究》第五辑,生活·读书·新知三联书店,2000 年。

[23] 曾达辉:《今本〈文子〉真伪考》,陈鼓应主编:《道家文化研究》第十八辑,北京:生活·读书·新知三联书店,2000 年。

[24] 胡文辉:《〈文子〉的再考辨》,王元化主编:《学术集林》第十七卷,上海:上海远东出版社,2000 年。

[25] 葛荣晋:《论"无为"思想的学派性》,《齐鲁学刊》,2001 年第 1 期。

[26] 商原李刚:《论〈文子〉的道治主义政治文化取向》,《长安大学学报》,2001 年第 1 期。

[27] 李存山:《庄子思想中的道、一、气》,《中国哲学史》,2001 年第 4 期。

[28] 梁涛:《竹简〈性自命出〉的人性论问题》,《管子学刊》,2002 年第 1 期。

[29] 葛荃:《先秦诸子论君权合法性思想析要》,《南开政治学评论》,2002 年第 1 期。

[30] 刘绍云:《文子法思想探析》,《理论学刊》,2002 年第 1 期。

[31] 宁镇疆:《从出土材料再论〈文子〉及相关问题》,《华东师范大学学报》,2002 年第 2 期。

[32] 丁四新:《申论〈老子〉文本变化的核心观念、法则及其意义》,《哲学动态》,2002 年第 11 期。

[33] 马作武:《论慎到的法律观》,《法学家》,2003 年第 6 期。

[34] 郑开:《道家心性论研究》,《哲学研究》,2003 年第 8 期。

[35] 白奚:《学术发展史视野下的先秦黄老之学》,《人文杂志》,2005 年第 1 期。

[36] 杨国荣:《天人之辩:〈庄子〉哲学再诠释(上)》,《学术月刊》,2005 年第 11 期。

[37] 高华平:《对郭店楚简〈老子〉的再认识》,《江汉论坛》,2006 年第 4 期。

[38] 杨国荣:《体道与成人——〈庄子〉视域中的真人与真知》,《文史哲》,2006

年第 5 期。

[39] 罗安宪:《儒家人性论的发展路向》,《中国社会科学院院报》,2006 年 12 月 28 日。

[40] 曹峰:《回到思想史:先秦名学研究的新路向》,《山东大学学报》,2007 年第 2 期。

[41] 王沛:《〈文子〉中的黄老"法"理论》,《辽宁大学学报》,2007 年第 4 期。

[42] 曹峰:《〈黄帝四经〉所见"执道者"与"名"的关系》,《湖南大学学报》,2008 年第 3 期。

[43] 许建良:《"辅"——因循哲学的始发轮》,《云南大学学报》,2008 年第 3 期。

[44] 孟鸥:《上善若水:浅析〈文子〉的尚水思想》,《青岛大学师范学院学报》,2008 年第 3 期。

[45] 刘爱敏:《〈淮南子〉儒道融合的人性论》,《中国文化与典籍》,2008 年第 4 期。

[46] 高燕:《道法关系论——慎子法哲学思想探源》,《西南民族大学学报》,2008 年第 4 期。

[47] 乔健:《孔孟"义命分立"的价值与局限》,《史学集刊》,2008 年第 6 期。

[48] 颜炳罡:《郭店楚简〈性子命出〉与荀子的情性哲学》,《中国哲学史》,2009 年第 1 期。

[49] 梁涛:《孟子"道性善"的内在理路及其思想意义》,《哲学研究》,2009 年第 7 期。

[50] 贺璋瑢:《〈黄帝四经〉的性别意识及其哲学基础》,《哲学研究》,2009 年第 10 期。

[51] 郭梨华:《〈文子〉哲学初探》,杨国荣主编:《思想与文化》第九辑,上海:华东师范大学出版社,2009 年。

[52] 孔锐:《释义以游说——古本〈文子〉的论说特点》,杨国荣主编:《思想与文化》第九辑,上海:华东师范大学出版社,2009 年。

[53] 王中江:《〈凡物流行〉的"贵君"、"贵心"和"贵一"》,《清华大学学报》,2010 年第 1 期。

[54] 邓联合:《〈淮南子〉对庄子"逍遥游"思想的改铸》,《人文杂志》,2010 年第 1 期。

[55] 孟鸥:《"守内而不失外"——〈文子〉的人道超越》,《青岛大学师范学院学报》,2010 年第 2 期。

[56] 孟鸥:《〈文子〉论道》,《青岛大学师范学院学报》,2010 年第 4 期。

[57] 王博：《权力的自我节制：对老子哲学的一种解读》，《哲学研究》，2010 年第 6 期。

[58] 罗因：《〈淮南子〉的养生思想》，《华梵人文学报》，2010 年第 13 期。

[59] 陈卫平：《人道与理性：先秦儒学的基本特征》，《学术月刊》，2010 年第 42 卷。

[60] 曹峰：《〈老子〉首章与"名"相关问题的重新审视》，《哲学研究》，2011 年第 4 期。

[61] 孟鸥：《〈文子〉的思想史意义》，《齐鲁学刊》，2011 年第 4 期。

[62] 林启屏：《心性与性情：先秦儒学思想中的"人"》，《文史哲》，2011 年 6 期。

[63] 刘伟：《竹简〈文子〉天道论初探》，《管子学刊》，2012 年第 1 期。

[64] 乔健：《论〈黄帝四经〉对老子思想的修正》，《暨南学报》，2012 年第 9 期。

[65] 王中江：《出土简帛文献与古代思想世界新视野》，《学术月刊》，2012 年第 44 卷。

[66] 王中江：《早期道家的"德性论"和"人情论"》，《江南大学学报》，2012 年第 4 期。

[67] 王中江：《老子的德性论》，《中国社会科学报》，2012 年 9 月 19 日。

[68] 曹峰：《战国秦汉时期"名""法"对举思想现象研究》，《西北大学学报》，2012 年第 6 期。

[69] 王中江：《黄老学的"法治"原则》，《中国社会科学报》，2013 年 1 月 20 日。

[70] 丁四新：《"察一"（"察道"）的功夫与功用——论楚竹书〈凡物流行〉第二部分文本的哲学思想》，《武汉大学学报》，2013 年第 1 期。

[71] 王中江：《出土文献与先秦自然宇宙观重审》，《中国社会科学》，2013 年第 5 期。

[72] 王中江：《〈凡物流行〉"一"的思想构造及其位置》，《学术月刊》，2013 年第 45 卷。

[73] 白奚：《"道"与"术"：老子思想的本义和引申义》，《哲学研究》，2013 年第 1 期。

[74] 苏晓威：《〈文子〉与〈淮南子〉关系再认识》，《中国国家博物馆馆刊》，2013 年 1 期。

[75] 曹峰：《出土简帛文献与先秦思想世界》，《中国社会科学》，2013 年第 2 期。

[76] 曹峰：《〈韩非子〉主道、扬权两篇所见"道"与"名"的关系》，《国学学刊》，2013 年第 3 期。

[77] 梁涛：《荀子对孟子"性善论"的批判》，《中国哲学史》，2013 年第 4 期。

[78] 赵馥洁：《论先秦法家的价值体系》，《法律科学》，2013 年第 4 期。

[79] 赵逵夫：《论慎到的法治思想》，《社会科学战线》，2013 年第 4 期。

[80] 任剑涛：《以尊严论宪政》，《经济观察报·观察家·书评》，2013 年 9 月 30 日。

[81] 罗安宪：《庄子"吾丧我"义解》，《哲学研究》，2013 年第 6 期。

[82] 梁涛：《〈庄子·天下篇〉"内圣外王"本意发微》，《哲学研究》，2013 年第 12 期。

[83] 王玉彬：《从"生成"到"齐通"——庄子对老子之道物关系的理论转换及其哲学关切》，《中国哲学史》，2014 年第 1 期。

[84] 乔健：《论〈文子〉对老子思想的修正》，《中国哲学史》，2014 年第 2 期。

[85] 周耿：《〈文子〉的政治思想体系》，《北京师范大学学报》，2014 年第 3 期。

[86] 曹峰：《〈老子〉的幸福观与"玄德"思想之间的关系》，《中原文化研究》，2014 年第 4 期。

[87] 谭宝刚：《论文子即是关尹》，《贵州民族大学学报》，2014 年第 6 期。

[88] 陈静：《文子之"道"探析》，《职大学报》，2014 年第 6 期。

[89] 余开亮：《〈乐记〉人性论新诠与儒家乐教美学理论体系》，《哲学动态》，2014 年 12 月。

[90] 代生：《清华简〈系年〉所见齐国史事初探》，《烟台大学学报》，2015 年 1 期。

[91] 杨国荣：《〈齐物论〉释义》，《华东师范大学学报》，2015 年第 3 期。

[92] 黎惟东：《〈淮南子〉对庄子养生思想的诠释与其在政治上运用之研究》，《哲学与文化》，2015 年第 4 期。

[93] 罗安宪：《"有用之用""无用之用"以及"无用"》，《哲学研究》，2015 年第 7 期。

[94] 王中江：《早期道家"统治术"的转变（上）》，《哲学动态》，2016 年第 2 期。

[95] 王中江：《终极根源概念及其谱系：上博简〈恒先〉的"恒"探微》，《哲学研究》，2016 年第 1 期。

[96] 王中江：《儒家的精神》，《中国社会科学院院报》，2016 年 1 月 11 日。

[97] 李笑岩：《论先秦黄老之学"内圣治心"理论》，《国学学刊》，2016 年第 2 期。

[98] 郭梨华：《〈文子〉与黄老哲学》，《国学学刊》，2016 年第 2 期。

[99] 李振宏：《从政治体制角度看秦至清社会的皇权专制属性》，《中国史研究》，2016 年第 3 期。

[100] 李振宏：《秦至清皇权专制社会说的思想史论证》，《清华大学学报》，2016年第4期。

[101] 郑开：《试论老庄哲学中的"德"：几个问题的新思考》，《湖南大学学报》，2016年第4期。

[102] 陈鼓应：《早期中国哲学的人性问题》，《文汇报》，2016年8月5日W11版。

[103] 徐文武：《简本〈文子〉与黄老道家思想体系的构建》，《湖北社会科学》，2016年第11期。

[104] 罗安宪：《论老子哲学中的"自然"》，《学术月刊》，2016年第48卷。

[105] 朱汉民：《先秦诸子政治态度平议》，《现代哲学》，2017年第2期。

[106] 王玉彬：《"德""性"之辩——庄子内篇不言"性"释义》，《哲学研究》，2017年第12期。

[107][日] 池田知久：《〈老子〉的形而上学与"自然"思想》，《文史哲》，2014年第3期。

四、国外著作

[1][意] 托马斯·阿奎那：《阿奎那政治著作选》，马清槐译，北京：商务印书馆，1982年。

[2][美] 埃里希·弗洛姆：《恶的本性》，薛冬译，北京：中国妇女出版社，1989年。

[3][古希腊] 亚里士多德：《政治学》，北京：中国人民大学出版社，1997年。

[4][俄] 别尔嘉耶夫：《论人的使命》，张百春译，上海：学林出版社，2000年。

[5][英] 埃德蒙·柏克：《美洲三书》，北京：商务印书馆，2003年。

[6][日] 汤浅邦弘：《战国楚简与秦简之思想史研究》，佐藤将之监译，台北：万卷楼图书公司，2006年。

[7][瑞典] 布克哈特：《世界历史沉思录》，金寿福译，北京：北京大学出版社，2007年。

[8][英] 埃德蒙·柏克：《关于我们崇高与美观念之根源的哲学探讨》，郑州：大象出版社，2010年。

[9][美] 列奥·施特劳斯：《自然权利与历史》，彭刚译，北京：生活·读书·新知三联书店，2011年。

[10][日] 高木智见：《先秦社会与思想》，何晓毅译，上海：上海古籍出版社，2011年。

[11][英] 埃德蒙·柏克:《自由与传统》, 蒋庆、王瑞昌、王天成译, 南京: 译林出版社, 2012 年。

[12][法] 亚力克西·德·托克维尔:《旧制度与大革命》, 钟书峰译, 北京: 中国长安出版社, 2013 年。

[13][德] 卡尔·洛维特:《雅各布·布克哈特》, 楚人译, 北京: 商务印书馆, 2013 年。

[14][日] 平势隆郎:《从城市国家到中华》, 周洁译, 桂林: 广西师范大学出版社, 2014 年。

[15][美] 依迪丝·汉密尔顿:《希腊精神》, 葛海滨译, 北京: 华夏出版社, 2014 年。

后　记

　　回顾我的读书生涯，尤其是上大学以来，我应该算是求知欲比较强的学生。本科时我将吕思勉先生的照片贴在床头，早晨醒来第一眼看见吕先生，就翻身起床读书，从不迟疑，吕先生成为我读书的引导者。硕士时我沉迷在日本和台湾学者的著作中，顺着一书提供的线索再去阅读另一书，书越读越快，如痴如醉，从头到尾三天一本书几无问题。但这两个阶段的学习主要以考据学为中心，思想著作几乎未涉，即使涉猎也提不起兴趣。2010年我硕士毕业，本欲考清华的博士，不幸而未中。如此在社会上延宕三年，直至2013年，我的硕士导师乔健老师能带博士了，我又回到兰大读博，但社会上的这三年也将我的学术感觉磨消很多。乔老师是一位不好声名但思想幽微深邃而又对学生有极高要求的学者，他指出我的10万多字的博士论文《〈文子〉成书及其思想研究》在思想上并无亮点，他认为研究思想史首先自己要有思想，要有独立的价值判断，但这一稿论文显然使他失望。第一稿博士论文可说是我从考据向思想转型的一个失败的试验品，也使我付出沉重的代价。接着我又重新阅读徐复观、萧公权和乔老师等学者的文章，半年多后若有所悟，重新写成《论〈文子〉对儒道思想的修正》，只保留第一稿论文中的两篇考据文章，凡研究《文子》思想的部分均为重写。导师对这一稿的评价是：有自己的东西、思想上有亮点，但仍旧对我的语言提出批评，他认为语言在表达思想的同时还要具有审美价值。有时我觉得乔老师实在太严格，但现在想想要不是他一次又一次推着我甚至扛着我前行，我不会在思想上有较大进步。父母给我形体，我的精神则由乔老师一手培育而成，我将与乔老师的相遇相知称作我生命中的光辉时刻！

　　博士生涯相当难熬，在师弟考上博士的那一刻，我对他说："战胜，以丧礼处之。"幸运的是在枯燥的学术论文之外还有一些由拥有纯真心灵、悲悯情怀的伟大思想家留下的书，这些书使我真正尝到读书的乐趣，使我真正感到生命的可贵与尊严，从而也就减轻了现实的挫败感。与这些思想家为伍，便不会觉得现实的功利有多么迫切，思想的乐趣、审美的愉悦遮盖了世俗的追求。虽然这些思想家并不知我是谁，但我仍旧感谢他们留下的可贵的精神食粮。

　　我要感谢我的导师，恰恰是他把思想的种子播在我心，他使我的人性觉醒，将我带上了追求真理的道路。普遍认为老子是大思想家，但很多人描写的老子却始终处在形下层面，怎么看也不像个大思想家，乔老师有关老子的文章才使我知道何为真正的大思想家。乔老师有关陶渊明、《红楼梦》以及俄国文学的论说才将我带入真正的思想星空，因此顺理成章地当我读到一位作者描写《山海经》中人物所使用的诸如"元气充沛""天然率真""蓬蓬勃勃""生命的诗意""本真""阳刚"等词语时，就充满着迫切的向往。

　　我也要感谢我的同门师兄弟。与这些爱读书而又心思单纯的人在一起，我感觉到无与伦比的形上之乐。我们经常在一起讨论书本的思想性，讨论道，讨论真善美，讨论儒道的高低，讨论电影的思想主题等等。师兄薛小林善良而又正义，我的论文蒙他斧正，生活上又对我多所照料。师弟们也订正了我论文的很多错误，张银霏、刘军军、孔令劭、王睿、丁宇出力犹多，在此就不详表了。在修改论文版式和语句时，路旻、张倩也提供了帮助。最后，还要感谢我的朋友王永祥、景凌云、贾陈亮、马占文等人，这都是一些能够让我任性的人。至于我的亲人，就不是简单的致谢所能表达的了，我就将这一份深深的愧疚藏在心底吧！

　　木心言耶稣是一位大艺术家，基于此，《老子》原文到底是"无为而无不为"还是"无为而无以为"就很好判断。"无为而无不为"明显不够诗意，而"无为而无以为"就非常诗化，前者要吻合老子思想，势必要转好几个弯，这与权术深之又深的特征相当吻合，后者混沌而可爱，直率而单纯，这与大诗人本真如婴儿的心灵正好吻合。写这一段是为了说明思想与生命的关系，我们人如果在现实的功名利禄中过于熙熙攘攘，最终我们的心灵将被套上枷锁，作为灵性之长的人，我们的生命应该主要面向存在问题而不是生存问题。思想要与生命发生切实的关系，就不是教人追逐功名，而是使每个个体回返自我，寻找属于自己的纯真，使生命本身精彩起来，至情至性才能对人类的苦难感同身受，才能常以悲悯疼惜人类，但往往人都将自己的性情隐藏了，因为展露真实的自我恐要面临丧失实际好处的代价。我们所获得的文凭学历不代表一切，希腊悲剧《俄狄浦斯王》揭示的深刻主题——命运不可琢磨，再次来到我的生活，但不管命运如何难以琢磨，我期望的理想生活如下：内心平静安宁又能以美的眼光看待天地万物。

　　本书是在我博士论文基础上完成的，在书稿交付出版社前，兰州理工大学马克思主义学院教授苟颖萍、王海霞，副教授解梅、朱长兵，多次参与了本书内容和结构等方面的修订、补充和完善，在此谨表谢意。

2020 年 8 月